普通物理实验

主编　钟双英　郭守晖　李　寅

科学出版社

北　京

内 容 简 介

本书除绪论与附录外，共4章. 第1章主要阐述了普通物理实验中的误差分析、有效数字运算法则与数据处理的基本方法；第2章介绍了力学、热学、光学、电学等19个Ⅰ类基础性的测量实验；在此基础上，第3章引入了25个Ⅱ类基础实验，重在强调对基本物理量的测量或物理定律的验证；第4章列举了14个综合设计性实验，抛砖引玉式地简述了实验的基本目的与要求，并给予了一些基本提示，让读者自行设计与思考实验方案.

本书的编排基本遵循由易到难、循序渐进的原则. 在第1~3章中，为读者提供了详细的背景知识、公式推导以及实验步骤，并安排了一定量的思考题，用于帮助读者加深对物理测量与基本定律的思考. 在第4章中，通过让读者独立思考、自行查阅资料、推导公式等，主要考查读者对物理实验技术的综合运用能力与解决实际问题的能力.

本书可作为普通高等院校物理学及其相关专业的普通物理实验课程的教材，也可作为其他理工科专业的大学物理实验课程的教材.

图书在版编目（CIP）数据

普通物理实验／钟双英，郭守晖，李寅主编. —北京：科学出版社，2020.1
ISBN 978-7-03-064179-3

Ⅰ. ①普…　Ⅱ. ①钟…　②郭…　③李…　Ⅲ. ①普通物理学-实验-高等学校-教材　Ⅳ. ①O4-33

中国版本图书馆CIP数据核字（2020）第010221号

责任编辑：窦京涛　孔晓慧／责任校对：杨聪敏
责任印制：赵　博／封面设计：迷底书装

科学出版社 出版
北京东黄城根北街16号
邮政编码：100717
http://www.sciencep.com
固安县铭成印刷有限公司印刷

科学出版社发行　各地新华书店经销

*

2020年1月第　一　版　开本：720×1000　B5
2025年1月第五次印刷　印张：17
字数：343 000

定价：54.00元

（如有印装质量问题，我社负责调换）

前　言

本书是依据教育部颁布的《理工科类大学物理实验课程教学基本要求》(2010年版)，结合南昌大学理学院物理系多年来普通物理实验教学的实践经验，在普通物理实验讲义的基础上修编而成.

全书包含绪论、实验不确定度和数据处理方法、基本实验Ⅰ、基本实验Ⅱ及综合设计性实验共五部分，涵盖力学、热学、光学、电学实验项目58个. 基本实验Ⅰ强调对学生基本实验方法、常用实验仪器仪表的规范使用以及数据处理和分析的能力训练，为学生今后专业实验打下扎实的基础；基本实验Ⅱ强调实验内容的实用性和先进性，引入光纤、超声、传感器等现代物理新技术、方法整合实验内容，突出物理学的发展对社会生产的推动作用及实用性，激发学生学习的积极性和参与实验的热情；综合设计性实验中注重物理知识综合运用的能力，要求学生依据选题和实验器材，独立自主开展具有研究性内容的实验训练，强化学生独立动手、分析及撰写实验研究报告等科学研究的基本素质和创新能力. 实验教学内容编排层次递进，具有连续性和先进性，知识传授和能力、素质、创新精神培养并重，既保证贯彻教学基本要求，又为学生提供自主学习的空间.

本书由钟双英教授负责设计全书结构、组织人员编写. 钟双英、郭守晖、李寅主编，刘崧教授对全书进行了修改、统稿和定稿. 各章的具体分工如下：绪论、第一章、第四章由钟双英编写，第三章由郭守晖编写，第二章由李寅编写. 感谢一直以来在南昌大学物理实验教学中辛勤耕耘奉献的老师们，由于我们水平有限，书中难免有疏漏和不妥之处，恳请各位读者和同仁批评指正.

编　者

2019年5月

目　录

绪　论

一、普通物理实验课程地位与任务

课程地位：普通物理实验是物理系学生必修的一门基础课程，不同于一般的探索性的科学实验研究，它的每个实验题目都经过精心设计、安排，实验结果也比较有定论，但它是对学生进行基础训练的一门重要课程. 学生通过对实验现象的观察、分析和对物理量的测量，学习物理实验知识和设计思想，掌握和理解物理理论. 基础性实验过程不仅可以加深学生对理论知识的理解，更重要的是，可使学生获得基本的实验知识，在实验方法和实验技能诸方面得到较为系统、严格的训练，促进团队合作及科研创新能力的提高，培养实事求是的科学态度和勇于科研创新的精神，为今后从事科学实验研究奠定扎实基础.

课程任务：

(1) 学习物理实验的基本理论，包括一些典型的实验方法及其物理思想，例如，电磁学实验中的模拟法、伏安法、电桥法、补偿法、示波法等，以有助于思维与创造能力的培养.

(2) 使学生获得必要的实验知识和操作技能的训练，培养学生初步具有以下各方面的科学实验能力，即正确使用仪器、进行测量、处理数据、分析结果以及撰写实验报告等.

(3) 培养学生严格、细致、实事求是、刻苦钻研、一丝不苟的科学态度以及爱护国家财产的道德品质，培养学生善于动脑、乐于动手、讲究科学方法、遵守操作规程、注意安全等科学习惯.

二、物理实验的三个环节

物理实验学习要求学生：掌握实验依据的实验原理和方法；掌握实验仪器、设备规范、安全操作；正确地记录数据和处理数据；归纳总结并分析实验结果，写出完整的实验报告.

1. 实验预习

预习报告是实验的前期准备，是写给自己参考用的，要带着问号去阅读讲义，清楚本次实验目的，实验依据的物理原理、实验方法、测量物理量及实验注意事项，做到胸有成竹，保证实验过程有目的、有序地进行. 预习报告要完整(实验名称、实验目的、实验原理简述(包括主要公式)或简图(电路图或光路图)、实验步骤、数据记录(分清已知量、指定量、待测量和单位))，无需照抄书上的实验原理和步骤！

2. 实验过程

(1) 遵守实验室规则，了解实验仪器的使用及注意事项.

(2) 检查无误后，按实验步骤有序地进行，规范操作仪器，有问题及时报告.

(3) 仔细观察和认真分析实验现象，如实记录实验数据和现象.

(4) 记录数据，尽量采用列表法，注意标明物理量单位，原始数据不得改动，教师签字认可数据有效.

(5) 关闭仪器电源，整理仪器，清扫实验室，养成良好的实验习惯.

3. 实验报告

实验报告是实验的归纳总结报告，所以必须充分反映自己的实验收获和结果，反映自己的能力水平，要有条理性，并注意运用科学术语，一定要有实验的结论和对实验结果的讨论、分析或评估.

(1) 实验名称、实验目的、实验仪器.

(2) 原理简述(原理图、电路图或光路图，以及主要计算公式等).

(3) 实验数据表格、数据处理计算主要过程、作图及实验结果和结论.

(4) 实验现象分析、误差评估、小结和讨论.

(5) 原始数据粘贴在实验报告最后一页.

实验报告范例

第 1 章　实验不确定度和数据处理方法

物理实验的目的是探寻和验证物理规律，通过对测量数据认真有效地处理，得出合理的结论，从而把感性认识上升为理性认识，形成或验证物理规律. 数据处理是物理实验中一项极其重要的工作，包括数据处理方法，测量误差、有效数字、不确定度评定和实验结果规范表达等.

1.1　测量和误差

1.1.1　测量及分类

做物理实验时，不仅要对物理现象进行定性的观测和研究，更重要的是要对所观测到的物理现象进行定量的测量，得出物理量之间的关系，表明物理性质，得出物理规律. 测量就是把待测物理量与作为计量单位的同类已知量相比较，找出被测量是单位的多少倍的过程.

测量值 ＝ 读数值(有效数字)+单位.

测量的要素：对象、单位、方法、准确度.

测量可分为直接测量和间接测量两类.

直接测量：直接将待测物理量与选定的同类物理量的标准单位相比较得到测量值.

间接测量：利用直接测量量与被测物理量之间的已知函数关系，求得被测物理量.

1.1.2　误差的分类及修正方法

任何一个物理量在一定条件下都存在一个客观值，这个客观值称为**真值**.

测量值与真值之间存在一定的差值，定义测量值与真值的差值为测量**误差**. 任何测量都不可避免地存在误差，所以一个完整的测量结果应该包括测量值和误差两个部分. 误差可用绝对误差表示，也可用相对误差表示.

绝对误差 Δx：表示测量结果 x 与真值 T_x 之间差值以一定的可能性(概率)出现的范围，即真值以一定的可能性(概率)出现在 $(x-\Delta x, x+\Delta x)$ 区间内.

相对误差 $E=\dfrac{\Delta x}{T_x}\approx\dfrac{\Delta x}{x}\times 100\%$：表示绝对误差在整个物理量中所占的比例.

仅根据绝对误差的大小不能全面评价一个测量结果的可靠程度，还需要看测定值本身的大小，或者说看相对误差. 例如，测量一长度时得 1000m，绝对误差 1m；测量另一长度时得 100cm，绝对误差 1cm. 后者的相对误差为 1%，而前者为 0.1%，所以我们认为前者较后者更可靠.

测量误差按其产生的原因与性质分为**系统误差、偶然误差和过失误差**三大类.

1. 系统误差

系统误差的特点是有确定性，由于测量中存在某些确定的不合理因素，因此测量结果向真值的某个方向偏离测量结果(要么都大于真值，要么都小于真值)，来源有以下几个方面：

(1) 仪器不够精密，如刻度不准、零点不对、天平臂不等长、砝码未经校准等.

(2) 实验理论和实验方法不完善，所引用的理论与实验条件不符. 例如，在空气中称质量而没有考虑空气浮力的影响，所以测得结果就偏小；测电压时未考虑电压表内阻对电路的影响等.

(3) 由实验者个人的生理或心理特点、缺乏经验引入的误差. 例如，有人习惯于侧坐斜视读数，眼睛辨色能力较差等，使测量值偏大或偏小.

修正方法：完善实验原理，改变实验方法，提高实验仪器精度，在计算公式中加入修正项，纠正不良实验习惯，使系统误差降到最低限度.

2. 偶然误差(又称随机误差)

在相同的条件下，对同一物理量进行多次测量，即使系统误差减小到最低限度，测量值仍然会出现一些难以预料和无法控制的起伏，而且测量误差的绝对值和符号在**随机变化**，这种误差称为**偶然误差**.

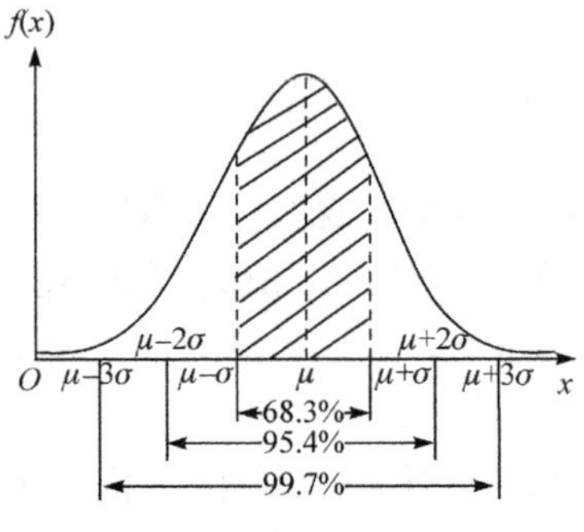

图 1.1.1　正态分布曲线

以测量值 x 为横坐标，以误差出现的概率密度 $f(x)$ 为纵坐标，则多次测量结果的偶然误差概率密度可用图 1.1.1 所示的正态分布曲线表示. 从图中可以看出，测量值在 $x=\mu$ 处的密度最大，相应横坐标点 μ 为测量次数 $n\to\infty$ 时的测量平均值. 图中 σ 为正态分布的标准偏差，是表征测量量分散性的参数. 当曲线与 x 轴之间总面积为 1 时，介于横坐标上任意两点间的面积可用来表示此范围内的概率. 由此曲线可得出偶然误差的特点如下：

(1) 误差的绝对值不会超过某一最大值 $\Delta_{\max}$ ——具有有界性.

(2) 绝对值小的误差出现的概率大，绝对值大的误差出现的概率小——具有单峰性.

(3) 绝对值相同的正、负误差出现的概率相等——具有对称性.

(4) 偶然误差的算术平均值随测量次数的增加而减小——具有抵偿性.

由此可见，偶然误差虽因不可预知而无法避免，从个别测量值来看，它的数值带有随机性，但是测量次数足够多的话，就会发现偶然误差遵从一定的统计规律，可以用概率理论来估算它.

修正方法：采取多次测量的方法尽可能消除偶然误差的影响.

测量值 x 的正态分布函数为

$$f(x)=\frac{1}{\sqrt{2\pi}\sigma}\exp\left[-\frac{1}{2}\left(\frac{x-\mu}{\sigma}\right)\right]^2 \tag{1.1.1}$$

其中，μ 表示 x 出现的概率最大值，在消除系统误差后，μ 为真值，σ 称为标准偏差，它反映了测量的离散程度. 定义 $\xi=\int_{x_1}^{x_2} f(x)\mathrm{d}x$，表示变量 x 出现在 (x_1,x_2) 区间的概率，称为置信概率. x 出现在 $(\mu-\sigma,\mu+\sigma)$ 区间的概率为

$$\xi=\int_{x_1}^{x_2} f(x)\mathrm{d}x=0.683 \tag{1.1.2}$$

说明对任一次测量出现在 $(\mu-\sigma,\mu+\sigma)$ 区间的可能性为 0.683. 为了给出更方便的置信水平，置信区间可扩展为 $(\mu-2\sigma,\mu+2\sigma)$ 和 $(\mu-3\sigma,\mu+3\sigma)$，其置信概率分别为

$$\xi=\int_{x_1}^{x_2} f(x)\mathrm{d}x=0.954,\quad \xi=\int_{x_1}^{x_2} f(x)\mathrm{d}x=0.997 \tag{1.1.3}$$

如果对物理量 x 测量 n 次，每一次测量值为 x_i，则 x 的标准偏差可用贝塞尔公式估算

$$\sigma_x=\sqrt{\frac{\sum_{i=1}^{n}(x_i-\overline{x})^2}{n-1}}=\frac{\sigma}{\sqrt{n}} \tag{1.1.4}$$

其意义为任一次测量的结果落在 $(\overline{x}-\sigma_x,\overline{x}+\sigma_x)$ 区间的概率为 0.683.

算术平均值的标准偏差表示 $\overline{x}$ 对真值的离散程度，估算公式为

$$\sigma_{\overline{x}}=\sqrt{\frac{\sum_{i=1}^{n}(\overline{x}-x_i)^2}{n(n-1)}}=\frac{\sigma_x}{\sqrt{n}} \tag{1.1.5}$$

式(1.1.5)说明，平均值的标准偏差是 n 次测量值的标准差的 $1/\sqrt{n}$，显然 $\sigma_{\bar{x}}$ 小于 σ_x． $\sigma_{\bar{x}}$ 的意义是待测量物理量处于 $\bar{x}\pm\sigma_{\bar{x}}$ 范围内的概率为 0.683. 从式(1.1.5)可以看出，当 n 为无穷大时，$\sigma_{\bar{x}}=0$，即测量次数无穷多时，平均值就是真值.

当测量次数相当多时，测量值才近似为正态分布，上述结果才成立. 在测量次数较少的情况下，测量值偏离正态分布较多，呈 t 分布；当测量次数较多时，t 分布趋于正态分布. 当测量次数较少或置信概率较高时，$t>1$；测量次数 $n\geqslant 10$ 且置信概率为 0.683 时，$t\approx 1$. 在物理实验中，我们建议置信概率采用 0.95. $t_{0.95}$ 和 $t_{0.95}/\sqrt{n}$ 的值见表 1.1.1.

表 1.1.1　t 因子

n	3	4	5	6	7	8	9	10	15	20	$\geqslant 100$
$t_{0.95}$	4.30	3.18	2.78	2.57	2.45	2.36	2.31	2.26	2.14	2.09	$\leqslant 1.97$
$\frac{t_{0.95}}{\sqrt{n}}$	2.48	1.59	1.204	1.05	0.926	0.843	0.770	0.715	0.553	0.467	$\leqslant 0.139$

3. 过失误差(粗大误差)

过失误差是由实验者仪器使用不正确、实验方法及操作不合理造成的，如读错数据、记错数据等，这种误差在实验进程中应绝对避免.

1.2　测量的不确定度和测量结果的表示

不确定度是被测量量的真值在某个量值范围内的一个评定，是表征测量结果具有分散性的一个参数，反映了可能存在的误差分布范围，即随机误差分量和未定系统误差的联合分布范围. 由于真值不可知，误差一般是不能计算的，它可正可负，也可能十分接近零；而不确定度总是不为零的正值，是可以具体评定的. 通过不确定度的分析，可不断改进实验的仪器设备、方法和手段，使测量结果更为完善. 1992 年，国际标准化组织(ISO)发布了《测量不确定度表示指南》(以下简称《指南》)，为世界各国不确定度的统一奠定了基础. 1993 年，ISO 和国际纯粹与应用物理学联合会(IUPAP)等七个国际权威组织联合发布了《指南》的修订版. 1996 年，中国计量科学研究院以《指南》为依据制定了我国的《测量不确定度规范》.

不确定度和误差是两个不同的概念. 前者是在后者理论基础上发展起来的，它们都是由测量过程的不完善引起的. 误差用于定性描述理论和概念的场合，不确定度用于给出具体数值或进行定量运算分析的场合.

1.2.1　不确定度的分类

在同一条件下多次测量，即由一系列观测结果的统计分析来评定的不确定度，简称 A 类不确定度，常记为u_A. 由非统计分析评定的不确定度，简称 B 类不确定度，常记为u_B.

1. A 类不确定度

不确定度的 A 类分量一般取多次测量平均值的标准偏差，一般取置信概率为 0.95. 从表 1.1.1 中可以看出，当$6 \leqslant n < 10$时，有$t_{0.95}/\sqrt{n} \approx 1$，取$\mu_A = \sigma_x$，即在置信概率为 0.95 的前提下，A 类不确定度u_A可以用测量值的标准偏差σ_x估算

$$u_A = \sigma_x = \sqrt{\frac{\sum_{i=1}^{n}(x_i - \overline{x})^2}{n-1}} \tag{1.2.1}$$

2. B 类不确定度

不确定度的 B 类分量是用非统计方法计算的分量，通常用仪器标定的最大允许误差(允差)$\varDelta_{仪}$来表述，即

$$u_B = \varDelta_{仪} \tag{1.2.2}$$

$\varDelta_{仪}$包含了仪器的系统误差，也包含了环境以及测量者自身可能出现的变化(具随机性)对测量结果的影响. $\varDelta_{仪}$可从仪器说明书中得到，它表征同一规格型号的合格产品，在正常使用条件下，可能产生的最大误差. 一般而言，$\varDelta_{仪}$为仪器最小刻度所对应的物理量的数量级. 不确定度的 B 类分量是用非统计方法计算的分量，有时还包括测量者估算产生的部分$\varDelta_{估}$. 对于刻度式仪表，测量估算的不确定度$\varDelta_{估}$常常小于仪器最小刻度的一半；对于数字式仪表，如果数字稳定，没有估算不确定度，如果数字跳动变化，记录其稳定表示的值. 如果用秒表测量时间，估算误差为 0.2s 左右. 在几十秒的时间段，远大于仪器的最大允差. 在暗室中做几何光学实验，进行长度测量时，长度的估算误差也可达±(1～2)mm. 对于$\varDelta_{估}$和$\varDelta_{仪}$，选二者中较大的为测量值的 B 类不确定度. 某些常用仪器的最大允差$\varDelta_{仪}$见表 1.2.1.

表 1.2.1　某些常用仪器的最大允差

仪器(量具)名称	最大允差	备注
米尺	0.5mm	最小分度值的 1/2
游标卡尺	0.02mm(1/50 分度) 0.05mm(1/20 分度)	最小分度值

续表

仪器(量具)名称	最大允差	备注
外径千分尺	0.002mm(0 级) 0.004mm(1 级)	量程 25mm 的外径千分尺
物理天平	0.05g	天平的感量
普通温度计	1℃	最小分度值
指针式电表	$k\% \cdot A_{\mathrm{m}}$	k 为电表精度等级，A_{m} 为电表量程
计时仪器	0.1s	机械秒表取最小分度值
	$(0.01+5.8\times10^{-6}t)$s	电子秒表，t 为计时时间
	0.1ms、1ms 和 10ms	数字毫秒计，取时基值
数字式仪表	$\alpha\%\cdot U_x+\beta\%\cdot U_{\mathrm{m}}$	U_x 表示测量值，即读数；U_{m} 表示满度值，即量程；α、β 对不同的测量功能有不同的读值. 通常将 $\beta\%\cdot U_{\mathrm{m}}$ 用“数字”表示，如“2 个字”等

1.2.2 不确定度的评定和测量量的结果表示

1. 多次直接测量的不确定度评定

在相同条件下，进行多次测量时，待测量 x 的不确定度由 A 类不确定度和 B 类不确定度采用均方根合成式得到，即

$$u_x=\sqrt{u_{\mathrm{A}}^2+u_{\mathrm{B}}^2} \tag{1.2.3}$$

若 A 类分量有 n 个，B 类分量有 m 个，那么合成不确定度为

$$u_x=\sqrt{\sum_{i=1}^{n}u_{\mathrm{A}_i}^2+\sum_{i=1}^{m}u_{\mathrm{B}_i}^2} \tag{1.2.4}$$

2. 单次直接测量量的不确定度评定

待测量 x 为单次测量时，有

$$u_x=\sqrt{u_{\mathrm{B}}} \tag{1.2.5}$$

3. 间接测量量的不确定度评定

若间接测量量的函数 $y=f(x_1,x_2,\cdots,x_n)$，且各直接测量量 x_i 相互独立，则 y 的不确定度 u_y 的计算公式为

$$u_y=\sqrt{\left(\frac{\partial f}{\partial x_1}\right)^2u_{x_1}^2+\left(\frac{\partial f}{\partial x_2}\right)^2u_{x_2}^2+\cdots+\left(\frac{\partial f}{\partial x_n}\right)^2u_{x_n}^2} \tag{1.2.6}$$

间接测量量的相对不确定度的计算公式为

$$u_{\mathrm{r}}=\frac{u_y}{y}=\sqrt{\left(\frac{\partial \ln f}{\partial x_1}\right)^2 u_{x_1}^2+\left(\frac{\partial \ln f}{\partial x_2}\right)^2 u_{x_2}^2+\cdots+\left(\frac{\partial \ln f}{\partial x_n}\right)^2 u_{x_n}^2} \tag{1.2.7}$$

间接测量不确定度表示结果的计算过程如下：

(1) 先求出各直接测量量的不确定度 u_{x_i}.

(2) 依据 $y=f(x_1,x_2,\cdots,x_n)$ 的关系求出 $\frac{\partial f}{\partial x},\frac{\partial f}{\partial y}$ 或 $\frac{\partial \ln f}{\partial x},\frac{\partial \ln f}{\partial y}$.

(3) 用不确定度传递公式(1.2.6)和(1.2.7)求出 u_y 和 u_{r}.

(4) 亦可用传递公式直接用各直接测量量不确定度进行计算(见表 1.2.2).

(5) 给出实验结果表达式

$$\begin{cases} y=(\overline{y}+u) \\ u_{\mathrm{r}}=\dfrac{u}{\overline{N}}\times 100\% \end{cases},\quad \overline{y}=f(\overline{x},\overline{y},\overline{z},\cdots)$$

表 1.2.2　几种常用函数的不确定度(或相对不确定度)传递公式

函数形式	不确定度(或相对不确定度)传递公式
$y=x_1\pm x_2$	$u(y)=\sqrt{u^2(x_1)+u^2(x_2)}$
$y=x_1\cdot x_2$	$\frac{u(y)}{y}=\sqrt{\left[\frac{u(x_1)}{x_1}\right]^2+\left[\frac{u(x_2)}{x_2}\right]^2}$
$y=\frac{x_1}{x_2}$	$\frac{u(y)}{y}=\sqrt{\left[\frac{u(x_1)}{x_1}\right]^2+\left[\frac{u(x_2)}{x_2}\right]^2}$
$y=\frac{x_1^m\cdot x_2^n}{x_3^p}$	$\frac{u(y)}{y}=\sqrt{\left[m\frac{u(x_1)}{x_1}\right]^2+\left[n\frac{u(x_2)}{x_2}\right]^2+\left[p\frac{u(x_3)}{x_3}\right]^2}$
$y=kx$	$u(y)=ku(x)$
$y=k\sqrt{x}$	$\frac{u(y)}{y}=\frac{1}{2}\frac{u(x)}{x}$
$y=\sin x$	$u(y)=\lvert\cos x\rvert\cdot u(x)$
$y=\ln x$	$u(y)=\frac{u(x)}{x}$

4. 测量量的结果表示

一个完整的测量结果不仅要标明其量值大小，还要标出测量的不确定度，以表明该测量结果的可信赖程度.

1) 直接测量量的结果表示

因为不确定度 u 表示的是某一待测量 x 的真值在一定的置信概率下可能存在的范围，所以测量结果表示为 $\overline{x} \pm u_x$，这是不确定度的绝对表示法，它反映的是测量结果的可靠程度. 为了能够反映不确定度在所测量结果中的比例，测量结果还可用相对不确定度 $\frac{u_x}{\overline{x}} \times 100\%$ 表示. 总之，对物理量 x 进行直接测量，其测量结果的表达式为

$$\begin{cases} x = \left(\overline{x} \pm u_x\right) \text{单位} \\ u_{\mathrm{r}} = \dfrac{u_x}{\overline{x}} \times 100\% \end{cases}$$

2) 间接测量量的结果表示

间接测量量的结果表示与直接测量量的结果表示形式相同，即

$$\begin{cases} y = \left(\overline{y} \pm u_y\right) \text{单位} \\ u_{\mathrm{r}} = \dfrac{u_y}{\overline{y}} \times 100\% \end{cases}$$

例题 1 用不确定度表示声速测量实验的测量结果，实验数据见下表. 已知：$f = 35.038\mathrm{kHz}$ (驻波法)，$\mu_{f\mathrm{B}} = 0.001\mathrm{kHz}$，$\mu_{\lambda\mathrm{B}} = 0.001\mathrm{mm}$.

项目 i	1	2	3	4	5	6	7	8	9	10
x_i /mm	62.134	67.017	72.021	76.872	81.942	86.799	91.954	96.720	102.032	106.487
$x_{i+5}-x_i$	24.665	24.937	24.699	25.160	24.545					

解 (1) 见上表用逐差法求 $\Delta x_i = x_{i+5} - x_i$，则波长 λ_i 的值如下：

$$\lambda_1 = \frac{2\Delta x_1}{5} = 9.866\mathrm{mm},\ \lambda_2 = 9.975\mathrm{mm},\ \lambda_3 = 9.880\mathrm{mm},\ \lambda_4 = 10.064\mathrm{mm}$$

$$\lambda_5 = 9.818\mathrm{mm},\ \overline{\lambda} = \frac{\sum\limits_{i=1}^{5}\lambda_i}{5} = 9.921\mathrm{mm}$$

直接测量量波长 $\overline{\lambda}$ 的合成不确定度

$$\mu_{\lambda\mathrm{A}} = \sigma_\lambda = \sqrt{\frac{\sum\limits_{i=1}^{5}\left(\overline{\lambda} - \lambda_i\right)^2}{4}} \approx 0.0492\mathrm{mm},\quad \mu_\lambda = \sqrt{\mu_{\lambda\mathrm{A}}^2 + \mu_{\lambda\mathrm{B}}^2} \approx 0.05\mathrm{mm}$$

波长的测量结果表示

$$\lambda = \overline{\lambda} + \mu_\lambda = (9.92 \pm 0.05)\mathrm{mm}$$

(2) 间接测量量声速的计算.

声速计算公式 $\overline{v}=\overline{\lambda}f$ (或 $\ln\overline{v}=\ln\overline{\lambda}+\ln f$)，代入数据得

$$\overline{v}=\overline{\lambda}f=9.92\times35.038=347.57696(\text{m/s})$$

不确定度合成如下(频率 f 只有 B 类不确定度)：

不确定度传递公式

$$\mu_v=\sqrt{\left(\frac{\partial v}{\partial\lambda}\right)^2\mu_\lambda^2+\left(\frac{\partial v}{\partial f}\right)^2\mu_f^2}$$

$$=(\text{代入数据})\approx2.8\text{m/s}(\text{取2位有效数字})$$

相对不确定度

$$\mu_{\text{r}v}=\frac{\mu_v}{\overline{v}}\approx8\%$$

实验结果表达式

$$\begin{cases}v=(347.6\pm2.8)\text{m/s}\\ v_{\text{r}v}\approx8\%\end{cases}\quad(\text{注意结果有效数字位置与不确定度对齐})$$

例题 2　为测一个尺寸约为 100mm×16mm×1mm 的薄金属片之体积，对其长 a、宽 b、厚 c 进行单次测量，要求相对不确定度不大于 1.5%，应如何选择适当的测量仪器？

解　$V=abc,\quad \dfrac{\mathrm{d}V}{V}=\dfrac{\mathrm{d}a}{a}+\dfrac{\mathrm{d}b}{b}+\dfrac{\mathrm{d}c}{c}$

取相对不确定度的最大值，则有

$$1.5\%=\frac{\mathrm{d}V}{V}=\frac{\mathrm{d}a}{a}+\frac{\mathrm{d}b}{b}+\frac{\mathrm{d}c}{c}$$

按不确定度均分原理

$$\frac{\mathrm{d}a}{a}=0.5\%,\quad\frac{\mathrm{d}b}{b}=0.5\%,\quad\frac{\mathrm{d}c}{c}=0.5\%$$

得

$$\frac{\varDelta_a}{100}=0.5\%,\quad\frac{\varDelta_b}{16}=0.5\%,\quad\frac{\varDelta_c}{1}=0.5\%$$

$$\varDelta_a=0.5\text{mm},\quad\varDelta_b=0.08\text{mm},\quad\varDelta_c=0.005\text{mm}$$

考虑到螺旋测微器最大允许误差为 0.001mm，游标卡尺最大允许误差为 0.02mm，钢板尺最大允许误差为 0.1mm，所以测量 a 可以用钢板尺；测量 b 可以用游标卡尺；测量 c 可以用螺旋测微器.

在间接测量中，每个独立测量的物理量会对最终结果的不确定度有贡献. 如果已知各测量量之间的函数关系，可以写出不确定度传递公式，并按均分原理将测量结果的总不确定度均匀分配到各个分量中，由此可以分析各物理量的测量方

法和应该使用什么仪器，指导实验．一般而言，这样做比较经济合理．对测量结果影响较大的物理量，应采用精度较高的仪器，而对结果影响不大的物理量，就不必追求高精度的仪器．

1.3　有效数字及其运算规则

1.3.1　有效数字的概念

任何一个物理量，其测量结果既然都包含误差，那么该物理量数值的尾数不应该任意取舍．测量结果只写到开始有误差的那一位数或两位数，以后的数按“四舍六入五凑偶”的法则取舍．五凑偶是对“5”进行取舍的法则，如果5的前一位是奇数，则将5进上，使有误差末位为偶数，若5的前一位是偶数，则将5舍去．我们把测量结果中可靠的几位数字加上有误差的一～两位数字称为测量结果的有效数字．或者说，有效数字中最后一～两位数字是不确定的．显然，有效数字是表示不确定度的一种粗略的方法，而不确定度则是有效数字中最后一～两位数字不确定度的定量描述，它们都表示含有误差的测量结果．

有效数字的位数与小数点的位置无关，如1.23与123都是三位有效数字．关于“0”是不是有效数字的问题，可以这样来判断：从左到右数，以第一个不是零的数字为起点，它左边的0不是有效数字，它右边的0不可以省略不写．例如，不能将1.3500cm写作1.35cm，因为它们的准确程度是不同的．有效数字位数的多少，大致反映相对误差的大小，有效数字位数越多，则相对误差越小，测量结果的准确程度越高．

1.3.2　测量结果的有效数字及数值书写规则

不确定度本身只是一个估计值，一般情况下，不确定度的有效数字一般只取一位(只在第一位数值为1或2时取两位)，如有尾数则进位．例如，0.0232进位成0.024；0.00311进位成0.004.

测量结果的有效数字位数由不确定度来确定．测量值的末位须与不确定度的末位取齐．例如，$L=(1.00\pm 0.02)\text{cm}$．一次直接测量结果的有效数字，由仪器极限误差或估计的不确定度来确定．多次直接测量算术平均值的有效数字，由计算得到平均值的不确定度来确定．间接测量结果的有效数字，也是先算出结果的不确定度，再由不确定度来确定．

当数值很大或很小时，用科学计数法表示．例如，某年我国人口为7亿5000万，极限误差为2000万，就应写作$(7.5\pm 0.2)\times 10^4$万，其中(7.5 ± 0.2)表明有效数字和不确定度，10^4 万表示单位.

1.3.3　有效数字的运算规则

在有效数字运算过程中，为了不致因运算而引进“误差”或损失有效数字，影响测量结果的精度，统一规定有效数字的近似运算规则如下：

(1) 诸量相加(或相减)时，其和(或差)数在小数点后所应保留的位数与诸数中小数点后位数最少的一个相同.

(2) 诸量相乘(或相除)后保留的有效数字，只需与诸因子中有效数字最少的一个相同.

(3) 乘方与开方的有效数字与其底的有效数字相同.

(4) 对数函数运算后的有效数字的位数与真数的位数相同；指数函数运算后的有效数字的位数可与指数的小数点后的位数相同(包括紧接小数点后的零)；三角函数运算后的有效数字的位数由弧度的有效数字的位数来决定.

(5) 在运算过程中，我们可能碰到一种特定的数，它们叫做正确数. 例如，实验测量次数 n,它总是正整数,没有可疑部分. 正确数不适用有效数字的运算法则，只需由其他测量值的有效数字的多少来决定运算结果的有效数字.

(6) 在运算过程中，我们还可能碰到一些常数，如 π 、g 等，一般我们取这些常数与测量的有效数字的位数相同. 例如，圆周长 $l = 2\pi r$，当 $r = 2.356\text{mm}$ 时，π 应取 3.142 .

有效数字的位数多少取决于测量仪器，而不取决于运算过程. 因此，选择计算工具时，应使其所给出的位数不少于应有的有效位数，否则将使测量结果精度降低，这是不允许的. 相反，通过计算工具随意扩大测量结果的有效位数也是错误的，不要认为算出结果的位数越多越好.

1.4　数据处理的基本方法

实验数据处理主要包括对实验数据进行记录、整理、计算，归纳总结实验结果及分析误差来源. 常用的方法有列表法、逐差法、作图法和最小二乘法等.

1.4.1　列表法

对一个物理量进行多次测量，或者测量几个量之间的关系，往往借助于列表法把实验数据列成表格. 数据表达清晰醒目、条理化，易于检查数据和发现问题，避免差错，同时有助于反映出物理量之间的对应关系.

列表格没有统一的格式，设计表格时，必须注意以下几点：

(1) 各栏目都要注明物理量名称和单位.

(2) 栏目顺序应注意数据间的联系和计算顺序，力求简明、齐全、有条理.

(3) 反映测量值函数关系的数据表格，应按自变量由小到大或由大到小的顺序排列.

(4) 测量值填写到表格中时，要用有效数字规则填写，同一栏目测量值的有效位数相同.

1.4.2　逐差法

在两个变量间存在多项式函数关系，且自变量为等差级数变化的情况下，用逐差法处理数据，既能充分利用实验数据，又具有减小误差的效果.

首先将测量得到的偶数组数据分为两组，将对应项分别相减，然后再求平均值.

对于线性关系 $y=ax+b$，测量得到的各组数据为 $x_1,x_2,\cdots,x_n$ 和 $y_1,y_2,\cdots,y_n$，有

$$y_1=ax_1+b, y_2=ax_2+b,\cdots,y_n=ax_n+b$$

将上述式子分为数目相同的前后两组，用后组各式与前组各式对应相减，再将相减结果取平均. 因为 n 为偶数，令 $k=\dfrac{n}{2}$.

前组为

$$y_1=ax_1+b$$
$$y_2=ax_2+b$$
$$\cdots\cdots$$
$$y_k=ax_k+b$$

后组为

$$y_{k+1}=ax_{k+1}+b$$
$$y_{k+2}=ax_{k+2}+b$$
$$\cdots\cdots$$
$$y_n=ax_n+b$$

前后两组对应方程依次相减得

$$\Delta y_1=y_{k+1}-y_1=a\Delta x_1$$
$$\Delta y_2=y_{k+2}-y_2=a\Delta x_2$$
$$\cdots\cdots$$
$$\Delta y_k=y_{2k}-y_k=a\Delta x_k$$

于是得

$$a=\frac{\overline{\Delta y}}{\overline{\Delta x}}=\frac{\sum_{i=1}^{k}(y_{k+i}-y_i)}{\sum_{i=1}^{k}(x_{k+i}-x_i)}\qquad (i=1,2,\cdots,k)$$

求得了 a 之后，可以用累加法求 b，即

$$\sum_{i=1}^{n}y_i=a\sum_{i=1}^{n}x_i+nb$$

$$b=\frac{\sum_{i=1}^{n}y_i-a\sum_{i=1}^{n}x_i}{n}\qquad (i=1,2,\cdots,n)$$

例题 3　求弹簧的劲度系数 k，砝码质量用 m 表示，弹簧长度用 l 表示，数据如下表所示：

次数 i	m_i/g	l_i/cm	次数 i	m_i/g	l_i/cm
1	0	10.00	5	40	13.22
2	10	10.81	6	50	14.01
3	20	11.60	7	60	14.83
4	30	12.43	8	70	15.62

解

$$\Delta l_1=l_5-l_1=13.22-10.00=3.22(\text{cm})$$
$$\Delta l_2=l_6-l_2=14.01-10.81=3.20(\text{cm})$$
$$\Delta l_3=l_7-l_3=14.83-11.60=3.23(\text{cm})$$
$$\Delta l_4=l_8-l_4=15.62-12.43=3.19(\text{cm})$$

Δl 相当于加 40g 砝码弹簧的伸长量，于是

$$k=\frac{4f}{\overline{\Delta l}}=\frac{4\times10\times9.80\times10^{-3}}{(3.22+3.20+3.23+3.19)\times10^{-2}\div4}\approx12.2(\text{N/m})$$

1.4.3　作图法

作图法是实验数据处理的重要方法之一，直观简明，应用方便. 图线有取平均、减小随机误差的作用，并可以获得实验点以外的数据. 作图法处理数据时，要求画出合乎规范的图线，应注意以下几方面.

1. 作图纸和坐标的选择

常用线形坐标纸，图纸的大小由数据的有效数字决定；坐标比例和标度尺的选择要便于读数，要反映数据的有效数字. 图线应基本充满整个图面，为此，纵

横轴的比例可不同，坐标起点不一定取(0, 0). 对很大或很小的数据，可提出乘积因子，如$\times 10^3$放在最大值的右边.

2. 数据点的标识与曲线描绘

作图时要用“+”符号标出各数据点，数据坐标准确落在“+”的交点上. 若在同一图上画几条曲线，可用不同标记如“×”“*”等以示区别.

用直尺或曲线板画线，尽量通过较多的数据点，不能落在线上的点要均匀地分布在曲线两侧. 曲线要平滑. 对个别偏离很大的点，要重新审核，分析后决定取舍. 校准曲线必须通过每一个校准点，连成折线.

3. 注解和说明

在图的空白位置写出简洁而完整的说明，如图名、实验条件、从图线上得出的某些参数、班级、姓名、日期等.

根据已作好的图线，用解析的方法得出曲线方程或求出未知物理量的方法称为图解法. 直线图解法要求直线的斜率和截距，进而得到相应的物理量或方程直线求物理量，步骤如下.

(1) 选点：在直线两端任意取两点(x_1, y_1)和(x_2, y_2)，并用特殊记号(如“△”)在直线上标明该点位置，写出其坐标值(x, y). 该两点一般不用实验点. 取点位置应尽量分开些，以避免增大误差.

(2) 求斜率：$k = \dfrac{y_2 - y_1}{x_2 - x_1}$.

(3) 求截距：延长直线至y轴，读出y值.

(4) 求实验方程：将以上所得斜率和截距代入直线方程.

4. 曲线改直

对于两变量之间的函数关系是非线性的情况，如果它们之间的函数关系是已知的，或者准备用某种关系式去拟合曲线，尽可能通过变量变换将非线性函数曲线转变为线性函数的直线. 下面举出常见到的几种变换方法.

(1) $pV = C$ (C为常数)，令$U = \dfrac{1}{V}$，则$p = CU$，可见p与U呈线性关系.

(2) $T = 2\pi\sqrt{l/g}$，令$Y = T^2$，则$Y = 4\pi^2 l/g$，则Y与l呈线性关系，斜率为$4\pi^2/g$.

(3) $y = ax^b$，式中a和b为常数. 等式两边取对数得

$$\lg y = \lg a + b\lg x$$

于是，$\lg y$与$\lg x$呈线性关系，b为斜率，$\lg a$为截距.

1.4.4　Origin 软件简介

Origin 是美国 Microcal 公司所开发的数据分析和绘图软件，使用简单，采用直观的、图形化的、面向对象的窗口菜单和工具栏操作，全面支持鼠标右键、支持拖方式绘图等. 数据分析包括数据的排序、调整、计算、统计、频谱变换、曲线拟合等各种完善的数学分析功能.

1. Origin 软件启动和操作

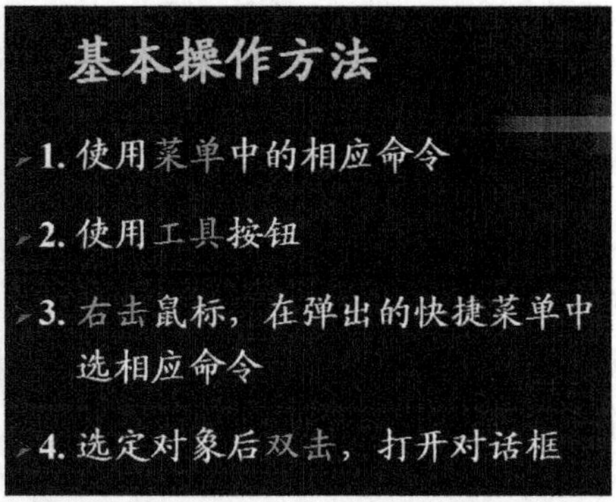

2. Origin 绘图步骤

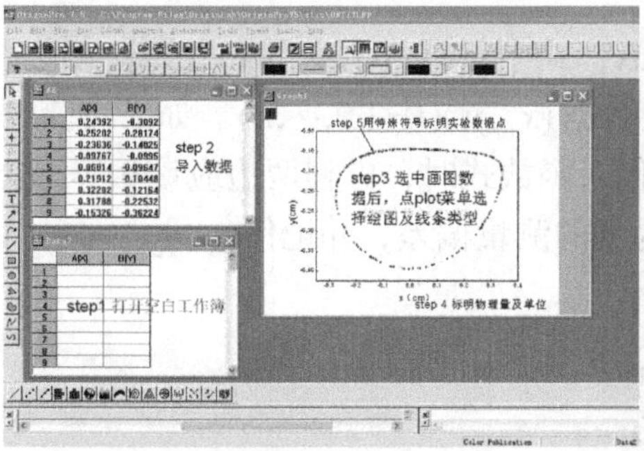

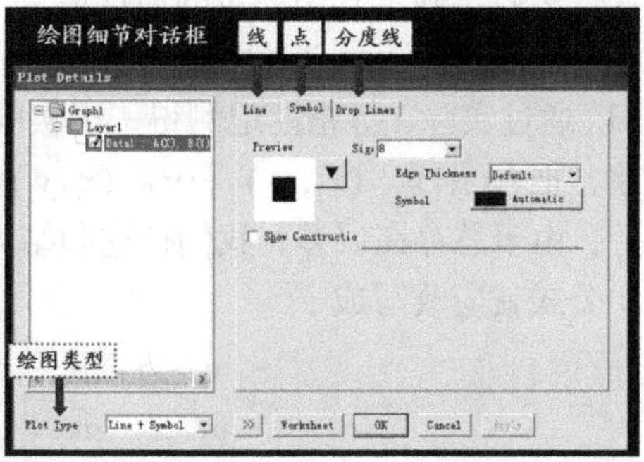

3. 曲线分析与输出

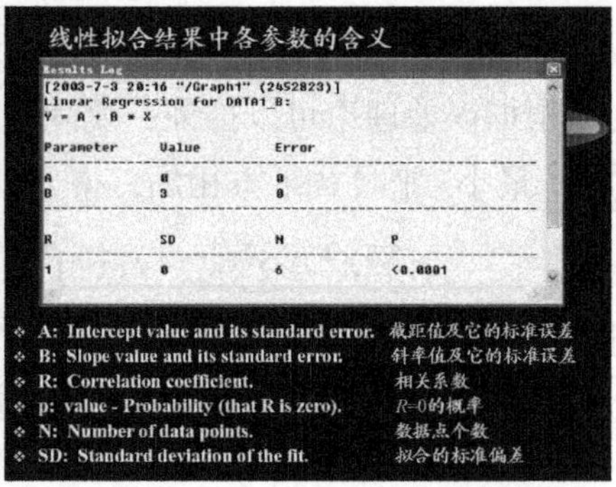

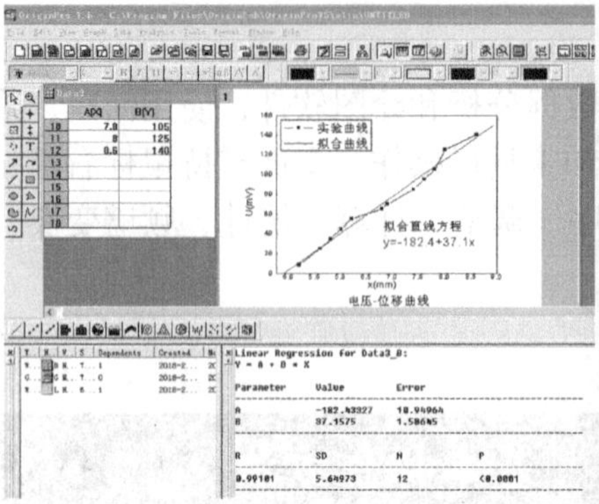

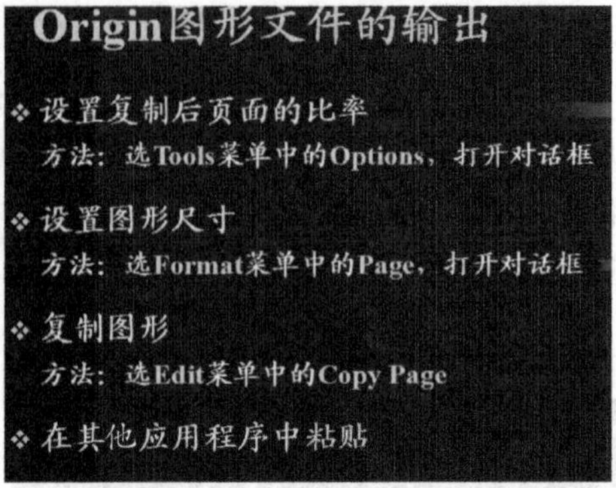

1.4.5　最小二乘法

最小二乘法是一系列近似计算中最为准确的一种，它能从一组等精度的测量值中确定最佳值，该最佳值是各测量值的误差的平方和为最小的那个值. 最小二乘法的原理和计算比较繁杂，一般性了解即可，现代作图软件能非常便捷地绘制出各种拟合曲线.

实验曲线的拟合分两类：一是已知函数 $y=f(x)$ 的形式，要确定其中未定参量的最佳值；二是先确定函数 $y=f(x)$ 的具体形式，即确定表示函数关系的经验公式，然后再确定其中参量的最佳值.

设已知函数 $y=f(x)$ 形式为 $y = b+ax$，式中只有一个变量 x，故称一元线性回归. 通过实验，等精度地测得一组实验数据 $(x_i,y_i)(i=1,2,\cdots,k)$，如果实验没有误差，把 (x_1,y_1)，(x_2,y_2)，$\cdots$，(x_i,y_i) 代入函数式时，方程两边应该相等. 但实际上，由于总存在误差，我们把这归结为 y 的测量偏差，并记作 $\varepsilon_1,\varepsilon_2,\cdots,\varepsilon_i$，这样，公式就应改写成

$$y_1-b-ax_1=\varepsilon_1$$
$$y_2-b-ax_2=\varepsilon_2$$
$$\cdots\cdots$$
$$y_i-b-ax_i=\varepsilon_i\quad(i=1,2,\cdots,k)$$

这样做的目的是利用方程组来确定未定参量 a 和 b，同时希望总的偏差 ε 为最小. 根据误差理论可以推证：要满足以上要求，各偏差的平方和必须为最小，即 $\sum\varepsilon_i^2$ 最小. 把各式平方相加，得

$$\sum\varepsilon_i^2=\sum[y_i-f(x_i)]^2=\sum[y_i-(b+ax_i)]^2\longrightarrow\min$$

为求上式最小值，把上式对 a 和 b 分别求偏微商，得到：

(1) 回归直线斜率和截距的最佳估计值.

$$\begin{cases} a = \dfrac{\overline{xy} - \overline{x} \cdot \overline{y}}{\overline{x^2} - \overline{x}^2} \\ b = \overline{y} - a\overline{x} \end{cases}$$

(2) 各参量的标准误差.

测量值标准误差为

$$\sigma_y = \sqrt{\frac{\sum \varepsilon_i^2}{k - n}}$$

式中，k 为测量次数，n 为未知量个数.

a 的标准误差为

$$\sigma_a = \frac{\sigma_y}{\sqrt{\overline{x^2} - \overline{x}^2}}$$

b 的标准误差为

$$\sigma_b = \sqrt{\overline{x^2}}\,\sigma_a$$

(3) 检验.

在待定参量确定以后，对于一元线性回归，定义相关系数

$$r = \frac{\sum (x_i - \overline{x}) \sum (y_i - \overline{y})}{\sqrt{\sum (x_i - \overline{x})^2} \sqrt{\sum (y_i - \overline{y})^2}}$$

式中，r 表示两变量之间的函数关系与线性的符合程度，$r \in [-1,1]$. $|r| \to 1$ 时，x、y 间线性关系好；$|r| \to 0$ 时，x、y 间无线性关系，拟合无意义，必须用其他函数重新试探. $r > 0$ 时，回归直线的斜率为正，称为正相关. $r < 0$ 时，回归直线的斜率为负，称为负相关.

思　考　题

1. 在多次测量的随机误差遵从高斯分布的条件下，真值处于($\overline{x} \pm \sigma_{\overline{x}}$)范围内的概率为(　　)

(A) 57.5%　　(B) 68.3%　　(C) 99.7%　　(D) 100%

2. 用螺旋测微器测量长度时，测量值=末读数−初读数，初读数是为了消除(　　)

(A) 系统误差　　(B) 偶然误差　　(C) 过失误差　　(D) 其他误差

3. 在进行 n 次测量的情况下，任一次测量的标准偏差为(　　)

(A) $\sqrt{\dfrac{\sum v_i^2}{n-1}}$　　(B) $\sqrt{\dfrac{\sum v_i^2}{n(n-1)}}$　　(C) $\dfrac{\sum |v_i|}{n-1}$　　(D) $\dfrac{\sum |v_i|}{n(n-1)}$

4. 在计算铜块的密度ρ和不确定度$u_{r\rho}$时，计算器上分别显示为“8.35256”和“0.01532”，则密度正确的表示为(　　)

(A) $\rho=(8.35256\pm0.0153)(\mathrm{g/cm^3})$，$u_{r\rho}=0.1834\%$

(B) $\rho=(8.352\pm0.015)(\mathrm{g/cm^3})$，$u_{r\rho}=0.18\%$

(C) $\rho=(8.353\pm0.015)(\mathrm{g/cm^3})$，$u_{r\rho}=0.18\%$

(D) $\rho=(8.3526\pm0.015)(\mathrm{g/cm^3})$，$u_{r\rho}=0.18\%$

5. 用简算法计算$\dfrac{154.6+3.2}{3.1405}\times0.01991$，其结果为(　　)

(A) 1.000　　(B) 1.00　　(C) 1.0　　(D) 1

6. 用简算法计算$\dfrac{3.24\times10^5+2.78}{9.32\times10^{-5}+3.24}$，其结果为(　　)

(A) 1.00×10^5　　(B) 1.000×10^3　　(C) 1.0×10^5　　(D) 1×10^5

7. 某长度测量值为1.2353m，则所用测量仪器是下列中的哪一种？为什么？(　　)

(A) 千分尺　　(B) 50 分卡尺　　(C) 20 分卡尺　　(D) 米尺

8. 要测约 2V 的电压，用下列哪块表误差最小？为什么？(　　)

(A) A 表，0.2 级，量程 10V　　(B) B 表，0.5 级，量程 3V

(C) C 表，1.0 级，量程 3V　　(D) D 表，0.5 级，量程 7.5V

9. 常见的数据处理方法有哪些?其中逐差法和最小二乘法的操作要点有哪些?

10. 利用作图法处理实验数据有哪些注意事项?

第 2 章　基本实验 I

2.1　物质密度的测量

密度是物质的基本特性之一，它与物质的成分及结构有关. 在农业上，密度是一个重要的依据，可用来判断土壤的肥力，可根据种子在水中的沉浮情况进行选种：饱满健壮的种子因密度大而下沉. 在工业上，在铸造金属物之前，需估计熔化多少金属，可根据模子的容积和金属的密度算出需要的金属量，还可以通过密度的测定进行原料成分的分析和纯度的鉴定.

【实验目的】

(1) 学习各种测量长度的仪器及物理天平的正确使用方法.

(2) 学会用流体静力称衡法(阿基米德原理)和比重瓶法测定形状不规则固体和液体的密度.

(3) 练习间接测量量的不确定度传递运算，正确表达测量结果.

【实验仪器】

游标卡尺、螺旋测微器、物理天平、烧杯、比重瓶、温度计、待测物等.

【实验原理】

若一物体的质量为 M，体积为 V，则它的密度为

$$\rho = \frac{M}{V} \tag{2.1.1}$$

由式(2.1.1)可知，密度是间接测量量. 实验中，可用天平测出物体的质量. 对于形状规则的固体，可通过测出它的外形尺寸直接算出体积，而对于液体或形状不规则的固体，其外形不定或难以简化为若干易测尺寸的函数，难算出其体积. 对于这个问题，可选用流体静力称衡法，把密度的测量转化为质量测量问题；对于液体和某些固体的密度，还可采用比重瓶法测定.

1. 流体静力称衡法

根据阿基米德原理，物体在液体中所受的浮力等于它所排开的液体的重量.

若不计空气浮力,设物体在空气中的重量为 M_1g,全部浸入液体中的视重为 M_2g,如果忽略空气中的浮力，则物体在液体中受的浮力为

$$(M_1 - M_2)g = \rho_t Vg \tag{2.1.2}$$

根据阿基米德原理

$$V = \frac{M_1 - M_2}{\rho_t} \tag{2.1.3}$$

式中，ρ_t 为液体在室温时的密度，故被测物体的密度为

$$\rho = \frac{M_1}{V} = \frac{M_1}{M_1 - M_2}\rho_t \tag{2.1.4}$$

实验中，液体通常用水，不同温度下水的密度见表 2.1.1. 式(2.1.4)只适用于被测物体的密度 $\rho > \rho_t$ 的情况，若 $\rho < \rho_t$，则要在被测物体下拴一个重物进行测量，且测量步骤也要作些变动.

表 2.1.1　水的温度和密度对照表

温度 t/℃	水的密度/($\times10^3$kg/m^3)	温度 t/℃	水的密度/($\times10^3$kg/m^3)	温度 t/℃	水的密度/($\times10^3$kg/m^3)
0	0.99987	30	0.99567	65	0.98059
3.98	1.00000	35	0.99406	70	0.97767
5	0.99999	38	0.99224	75	0.97489
10	0.99973	40	0.99025	80	0.97183
15	0.99913	45	0.99025	85	0.96865
18	0.99862	50	0.98807	90	0.96534
20	0.99823	55	0.98537	95	0.96192
25	0.99707	60	0.98324	100	0.95838

如果将上述物体再浸入密度为 ρ' 的待测液体中，并称出此时物体的重量为 M_3g，则物体所受浮力为$(M_1-M_3)g$，且

$$(M_1 - M_3)g = \rho' Vg \tag{2.1.5}$$

将式(2.1.4)与式(2.1.5)联立，就可解出待测液体的密度为

$$\rho' = \frac{M_1 - M_3}{M_1 - M_2}\rho_t \tag{2.1.6}$$

2. 比重瓶法

1) 测液体的密度

先称出比重瓶的质量 M_0. 将纯水注满比重瓶，称得纯水与比重瓶的总质量为 M_1，在比重瓶内换上待测液体，称得总质量为 M_2. 这样，同体积纯水的质量和待测液体的质量分别为 M_1-M_0 和 M_2-M_0. 设待测液体的密度为 ρ'，纯水的密度为 ρ_0，由于体积相同，故待测液体的密度为

$$\rho'=\frac{M_2-M_0}{M_1-M_0}\rho_0 \tag{2.1.7}$$

2) 测小块固体的密度

如果要用比重瓶测出小块不溶于水的固体的密度 ρ，可依次用天平称出小块固体的质量 M_3、注满水后比重瓶与水的总质量 M_1 及投入小块固体后的总质量 M_4. 显然，被小块固体排出比重瓶的水的质量为 $M_1+M_3-M_4$，排出水的体积就是小块固体的体积. 所以，小块固体密度为

$$\rho=\frac{M_3}{M_1+M_3-M_4}\rho_0 \tag{2.1.8}$$

【实验内容与步骤】

1. 利用密度定义测量规则物体的密度

(1) 利用游标卡尺和螺旋测微器测量被测样品的各尺寸.

(2) 调节天平水平，利用物理天平称出被测物体的质量.

(3) 计算出该物体的体积并利用式(2.1.1)计算该物体的密度，测量数据及计算结果记录在表格中.

2. 用流体静力称衡法测固体的密度

(1) 将待测物体用细线悬挂在天平左方的小钩上，称出其质量 M_1.

(2) 将盛有大半杯纯水的杯子放在天平左边的托盘上，然后将细线悬挂的待测物体全部浸没在水中(切勿与杯底或杯壁相碰)，称出物体在水中的质量 M_2.

(3) 从表 2.1.1 中查出室温为 t 时纯水的密度 ρ_0，按式(2.1.6)算出物体的密度.

3. 用比重瓶法测量小块固体的密度(选做)

(1) 将比重瓶注满纯水，塞上塞子，擦去溢出的水(瓶内不能有残留的水泡)，这时水面恰好达到毛细管顶部. 用天平称出比重瓶和纯水的总质量 M_1.

(2) 将小块固体洗净、烘干，称出质量 M_3.

(3) 将小块固体投入盛有纯水的比重瓶内，重复步骤(1)，称出比重瓶、瓶内的纯水和小块固体的总质量 M_4.

(4) 由式(2.1.8)算出固体的密度.

【数据记录与处理】

(1) 自行设计数据表格，特别注意天平的 B 类不确定度的估算和是否有零点偏差.

(2) 对于用流体静力称衡法测固体密度的不确定度的计算，提示如下：

$$\rho = \frac{M_1}{V} = \frac{M_1}{M_1 - M_2}\rho_0$$

取对数，得

$$\ln\rho = \ln M_1 - \ln(M_1 - M_2) + \ln\rho_0$$

忽略 ρ_0 的改变，即把 ρ_0 看作常量，求偏导数

$$\frac{\partial \ln\rho}{\partial M_1} = \frac{1}{M_1} - \frac{1}{M_1 - M_2} = -\frac{M_2}{(M_1 - M_2)M_1}$$

$$\frac{\partial \ln\rho}{\partial M_2} = -\frac{1}{M_1 - M_2}$$

$$\frac{u_\rho}{\bar{\rho}} = \sqrt{\left(\frac{\partial \ln\rho}{\partial M_1}\right)^2 u_{M_1}^2 + \left(\frac{\partial \ln\rho}{\partial M_2}\right)^2 u_{M_2}^2}$$

【注意事项】

(1) 用天平称衡时，每次加减砝码必须先使天平制动(使中心刀口离开支承面).

(2) 只有在浸入液体后，物体性质不发生变化时，才能用流体静力称衡法测其密度.

(3) 称衡平衡时指针不得偏离平衡刻线一小格(不论左或右)，因砝码最小配置与刻度尺最小分度值相同.

(4) 读取估读数据时，要注意指针的偏转方向，以便对估读值进行修正.

【预习思考题】

(1) 如何正确使用天平？

(2) 本实验采用两种测量密度的方法，均把对质量与体积的测量转化为纯粹的质量测量，其优点何在？

(3) 在采用比重瓶法测密度时要注意哪些问题？

【分析讨论题】

(1) 用流体静力称衡法测物体密度时，由于未计空气浮力，试分析由此测得的密度比真值偏大还是偏小？如何修正式(2.1.4)？

(2) 如果待测固体密度比水的密度小，如何采用流体静力称衡法测定其密度？

【附录】　物理天平的使用介绍

物理天平的构造如图 2.1.1 所示，在横梁上装有三角刀口 A、F_1、F_2，中间刀口 A 置于支柱顶端的玛瑙刀垫上，作为横梁的支点. 两边刀口各悬挂秤盘 P_1、P_2，横梁的下方固定一个指针，当横梁摆动时，指针尖端就在支柱的下方刻度尺 S 前

摆动，制动旋钮 Q 可以使横梁上升或下降. 当横梁下降时，制动架就会把它托住，以免刀口磨损. 横梁两端各有一平衡螺母 B_1、B_2，用于空载时调节平衡. 横梁上装有游码 D，用于 1g 以下的称衡.

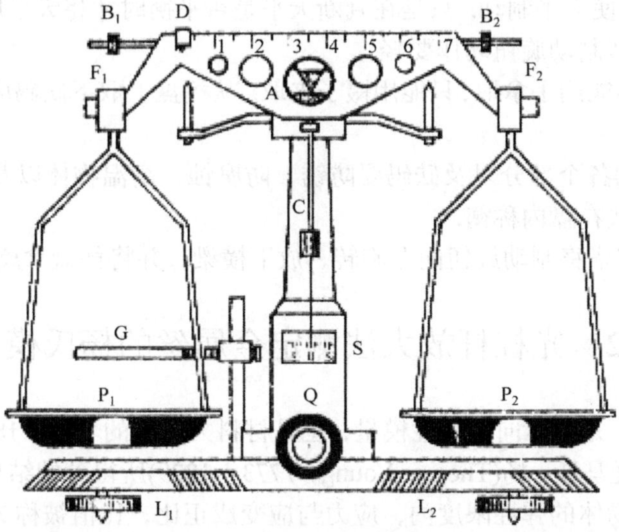

图 2.1.1　物理天平的构造

物理天平的规格由最大称量和感量(或灵敏度)来表示. 最大称量是天平允许称量的最大质量. 感量就是天平的指针从标度尺上零点平衡位置转过一个最小分格时，天平两端秤盘上的质量差. 灵敏度是感量的倒数，感量越小，灵敏度就越高.

物理天平的操作步骤如下.

(1) 水平调节：使用天平时，首先调节天平底座下两个螺钉 L_1、L_2，使水准仪中的气泡位于圆圈线的中央位置(或使悬挂的锥尖与底座锥尖对齐).

(2) 零点调节：天平空载时，将游码拨到左端与 0 刻线对齐，使两端秤盘悬挂在刀口上并顺时针旋转制动旋钮 Q，启动天平，观察天平是否平衡. 当指针在刻度尺 S 上来回摆动，左右摆幅近似相等时，便可以认为天平已达到了平衡. 如果不平衡，逆时针方向旋转制动旋钮 Q，使天平制动，调节横梁两端的平衡螺母 B_1、B_2，再用前法判断平衡，直至达到空载平衡.

(3) 称衡：把待测物体放置在左盘中，右盘中放置砝码，轻轻右旋制动旋钮 Q 使天平启动，观察天平向哪边倾斜，立即反向旋转制动旋钮 Q，使天平制动，酌情增减砝码及移动游码，再启动，观察天平倾斜情况. 如此反复调整，直到天平能够左右对称平衡摆动，使天平达到平衡，此时砝码的质量就是待测物体的质量. 称衡时选用砝码应由大至小，逐个试用，直到最后利用游码使天平平衡.

天平的维护方法：

(1) 天平的负载量不得超过其最大称量，以免损坏刀口或压弯横梁.

(2) 刀口受冲击而损坏，在取放物体、取放砝码、调节平衡螺母以及不使用天平时,都必须使天平制动. 只是在判断天平是否平衡时才将天平启动. 天平启动或制动时，旋转制动旋钮动作要轻.

(3) 砝码不能用手拿取,只能用镊子夹取. 从秤盘上取下砝码应立即放入砝码盒中.

(4) 天平的各个部分以及砝码要防锈、防腐蚀，高温物体以及腐蚀性的化学药品不得直接放在盘内称衡.

(5) 称衡完毕将制动旋钮向左旋转、放下横梁，并将秤盘拿离刀口.

2.2 光杠杆放大法测定金属丝的杨氏模量

杨氏模量，是沿纵向的弹性模量，也是材料力学中的名词，1807 年因英国医生、物理学家托马斯 · 杨(Thomas Young，1773—1829)所得到的结果而命名. 根据胡克定律，在物体的弹性限度内，应力与应变成正比，比值被称为材料的杨氏模量，它是表征材料性质的一个物理量，仅取决于材料本身的物理性质. 杨氏模量的大小标志了材料的刚性，杨氏模量越大，越不容易发生形变.

托马斯 · 杨，英国医生、物理学家，光的波动说的奠基人之一. 1801 年，杨通过著名的杨氏双缝实验，首先引入干涉概念论证了波动说，又利用波动说解释了牛顿环的成因和薄膜的彩色. 他还第一个测量了 7 种颜色光的波长.

杨氏模量是工程材料的重要参数，它反映了材料弹性形变与内应力的关系，它只与材料性质有关，是选择工程材料的重要依据之一.

设长为 L、截面积为 S 的均匀金属丝，在两端以外力 F 相拉后，伸长ΔL. 实验表明，在弹性范围内，单位面积上的垂直作用力 F/S(正应力)与金属丝的相对伸长$\Delta L/L$(线应变)成正比，其比例系数就称为杨氏模量，用 Y 表示，即

$$Y=\frac{F/S}{\Delta L/L}=\frac{FL}{S\Delta L} \tag{2.2.1}$$

其中，F、L 和 S 都易于测量，ΔL 属微小变量，我们将用光杠杆放大法测量.

放大法是一种应用十分广泛的测量技术. 我们将在本课程中接触到机械放大、光放大、电子放大等测量技术. 例如，螺旋测微器是通过机械放大而提高测量精度的，示波器是通过将电子信号放大后进行观测的. 本实验采用的光杠杆法属于光放大技术. 光杠杆放大原理被广泛地用于许多高灵敏度仪表中，如光电反射式检流计、冲击电流计等.

放大法的核心是将微小变化量输入一个“放大器”，经放大后再作精确测量.

设微小变化量用ΔL表示，放大后的测量值为N，我们称

$$A=\frac{N}{\Delta L}$$

为放大器的放大倍数. 原则上A越大，越有利于测量，但往往会引起信号失真. 研究保真技术已成为测量技术的一个专门领域.

【实验目的】

(1) 学会测量杨氏模量的一种方法.

(2) 掌握光杠杆放大法测量微小长度的原理.

(3) 学会用逐差法处理数据.

【实验仪器】

杠杆式加力杨氏模量测定仪、新型光杠杆、螺旋测微器、钢卷尺、游标卡尺各 1 台/个，200g 砝码 9 个.

【实验原理】

本实验的整套装置由杠杆式加力杨氏模量测定仪和新型光杠杆组成. 金属丝上下两端用钻头夹具夹紧，上端固定于双立柱的横梁上，下端钻头卡的连接拉杆穿过固定平台中间的套孔与一拉力盒相连，盒内装置有 1∶10 的杠杆加力系统，即在砝码托盘上加 100g 的力，将对金属丝产生 1000g 的拉力. 在本实验中，每个砝码为 200g，钢丝相当于受到 2000g 的拉力，若用逐差法计算，特别要注意公式中的加力F所代表的拉力大小.

1. 测量杨氏弹性模量的原理公式

设金属丝的直径为d，将$S=\frac{\pi d^2}{4}$代入式(2.2.1)，得

$$Y=\frac{4FL}{\pi d^2\Delta L} \tag{2.2.2}$$

2. 光杠杆放大原理图(图 2.2.1)

图 2.2.1(b)为新型光杠杆的结构示意图. 在等腰三角形铁板 1 的三个角上，各有一个尖头螺钉，底边连线上的两个螺钉B和C称为前足尖，顶点上的螺钉A称为后足尖，2 为光杠杆倾角调节架，3 为光杠杆反射镜. 调节架可使反射镜作水平转动和俯仰角调节. 测量标尺在反射镜的侧面并与反射镜在同一平面上，如图 2.2.1(c)所示. 测量时，两个前足尖放在杨氏模量测定仪的固定平台上，后足尖则放在待测金属丝的测量端面上，该测量端面就是与金属丝下端夹头相固定连接

的水平托板. 当金属丝受力后，产生微小伸长，后足尖便随测量端面一起作微小移动，并使光杠杆绕前足尖转动一微小角度，从而带动光杠杆反射镜转动相应的微小角度，这样标尺的像在光杠杆反射镜和调节反射镜之间反射，便把这一微小角位移放大成较大的线位移. 这就是光杠杆产生光放大的基本原理. 下面我们来导出本实验的测量原理公式.

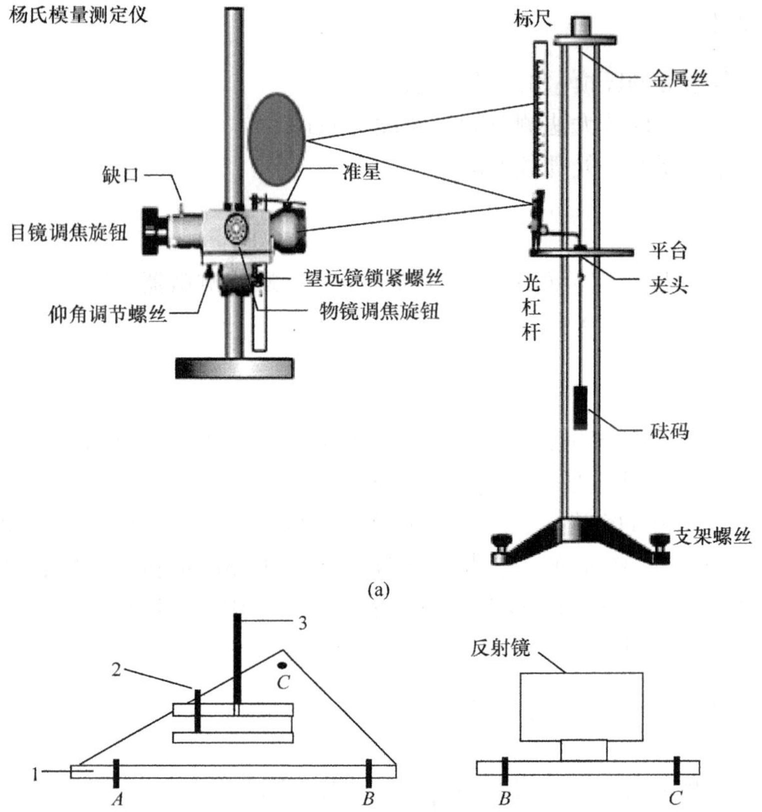

图 2.2.1　光杠杆放大原理图

图 2.2.2(a)为 NKY-B_1 型光杠杆放大原理示意图；标尺和观察者在两侧，如图 2.2.2(b)所示. 开始时，光杠杆反射镜与标尺在同一平面，在望远镜上读到的标尺读数为 P_0，当光杠杆反射镜的后足尖下降ΔL 时，产生一个微小偏转角 θ，在望远镜上读到的标尺读数为 P_1，$P_1 - P_0$ 即为放大后的钢丝伸长量 N，常称作视伸长. 由图 2.2.2 可知

$$\Delta L = b\tan\theta \approx b\theta$$
$$N = P_1 - P_0 = D\tan 4\theta \approx 4D\theta$$

所以它的放大倍数为

$$A_0 = \frac{N}{\Delta L} = \frac{P_1 - P_0}{\Delta L} = \frac{4D}{b}$$

代入式(2.2.2)可得

$$Y = \frac{16FLD}{\pi d^2 bN} \tag{2.2.3}$$

式中，b 称为光杠杆常数或光杠杆腿长，为光杠杆后足尖 A 到两前足尖 BC 连线的垂直距离，如图 2.2.3 所示；D 为反射平面镜到标尺即光杠杆反射镜之间的距离.用光学方法测量，调节望远镜的目镜. 聚焦后可清晰地看到叉丝平面上有上、中、下三条平行基准线，如图 2.2.4 所示，其中心分别记为 a、f、b，中间基准线称为测量准线，用于读取金属丝长度变化的测量值 $n_1, n_2, \cdots$，上下两条基准线称为辅助准线. 根据光学原理 $D = \frac{100}{3} \times$ 可以导出视距.

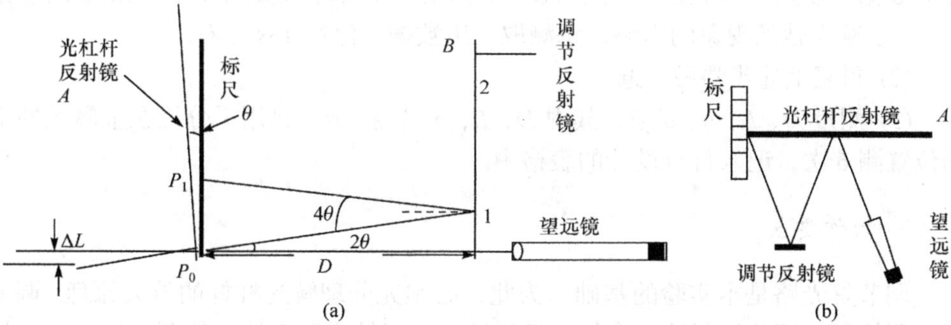

图 2.2.2 NKY-B$_1$ 型光杠杆放大原理图

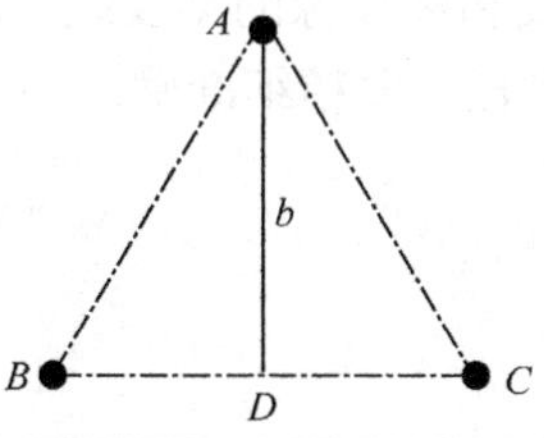

图 2.2.3 光杠杆常数

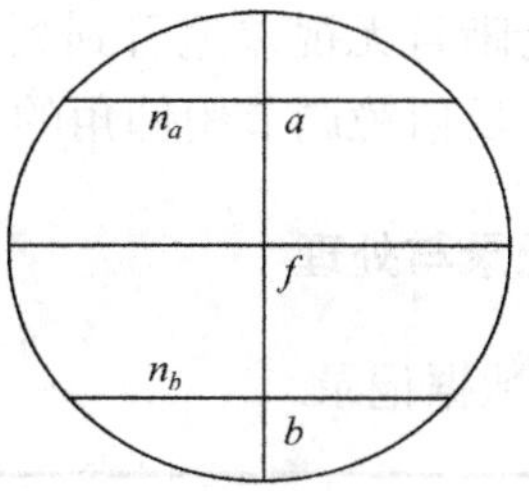

图 2.2.4 基准线

【实验内容与步骤】

1. 测量准备

(1) 将光杠杆放置好，两前足尖放在平台槽内，后足尖置于与钢丝固定的圆形托盘上，并使光杠杆反射镜平面与照明标尺基本在一个平面上.

(2) 调节光杠杆反射镜的倾角螺钉，使反射镜与平台面基本垂直.

(3) 调节望远镜高度，使其与光杠杆基本处于等高位置.

(4) 调节反射镜的倾角螺钉，使反射镜镜面与光杠杆反射镜面基本平行.

(5) 转动调节反射镜的同时，通过目测观察照明标尺在光杠杆反射镜的二次反射像.

(6) 将望远镜对准照明标尺在光杠杆上的像，然后调节望远镜的目镜和物镜焦距，看清叉丝平面的三条基准线和光杠杆反射回的标尺像并且无视差. 上述步骤属于光路调节，调节前要动脑筋，体会光路调节中的"等高同轴"要领的含义，就一定会获得满意的图像.

2. 测量

(1) 加载过程：在砝码盘中，每加一个砝码(100g)观测一次标尺读数. 读取相应的数据，填入记录表格中. 然后逐一减少砝玛读取相应数据，记入相应的表格中. 为了减少弛豫现象的影响，每测取一组数据，停留 15s 左右.

(2) 重复上述步骤做一遍.

(3) 测量 D、L、b、d 值，其中 D、L、b 只测一次，d 用千分尺在金属丝的不同位置测 6 次，记入自行设计的表格中.

3. 操作要点

调节好光路是本实验的基础，为此，必须充分理解光杠杆的放大原理. 调节好照明标尺—调节反射镜—光杠杆反射镜—望远镜光路系统，使照明标尺在光杠杆反射镜中的反射像能进入望远镜；调节望远镜的目镜和物镜焦距，确保在望远镜中能清晰且无视差地看到叉丝平面的三条基准线和标尺像的刻度线. 弄清光杠杆和调节反射镜调节俯仰角的方法，操作时动作要轻，要精细准确.

【数据记录与处理】

(1) 数据记录.

<table>
<tr><th rowspan="3">次数</th><th rowspan="3">拉力示值/kg</th><th colspan="6">标尺读数/mm</th><th colspan="3" rowspan="2">逐差值/mm</th></tr>
<tr><th colspan="3">第一次</th><th colspan="3">第二次</th></tr>
<tr><th>加载</th><th>减载</th><th>平均 1</th><th>加载</th><th>减载</th><th>平均 2</th><th></th><th>逐差 1</th><th>逐差 2</th></tr>
<tr><td>0</td><td></td><td></td><td></td><td></td><td></td><td></td><td></td><td>$N_1=|P_5-P_0|$</td><td></td><td></td></tr>
<tr><td>1</td><td></td><td></td><td></td><td></td><td></td><td></td><td></td><td>$N_2=|P_6-P_1|$</td><td></td><td></td></tr>
<tr><td>2</td><td></td><td></td><td></td><td></td><td></td><td></td><td></td><td>$N_3=|P_7-P_2|$</td><td></td><td></td></tr>
<tr><td>3</td><td></td><td></td><td></td><td></td><td></td><td></td><td></td><td>$N_4=|P_8-P_3|$</td><td></td><td></td></tr>
</table>

续表

<table>
<tr><th rowspan="3">次数</th><th rowspan="3">拉力示值/kg</th><th colspan="6">标尺读数/mm</th><th colspan="3" rowspan="2">逐差值/mm</th></tr>
<tr><th colspan="3">第一次</th><th colspan="3">第二次</th></tr>
<tr><th>加载</th><th>减载</th><th>平均 1</th><th>加载</th><th>减载</th><th>平均 2</th><th></th><th>逐差 1</th><th>逐差 2</th></tr>
<tr><td>4</td><td></td><td></td><td></td><td></td><td></td><td></td><td></td><td>$N_5 = \left|P_9 - P_4\right|$</td><td></td><td></td></tr>
<tr><td>5</td><td></td><td></td><td></td><td></td><td></td><td></td><td></td><td>$\bar{N}$</td><td></td><td></td></tr>
<tr><td>6</td><td></td><td></td><td></td><td></td><td></td><td></td><td></td><td>总平均</td><td colspan="2"></td></tr>
<tr><td>7</td><td></td><td></td><td></td><td></td><td></td><td></td><td></td><td colspan="3" rowspan="3"></td></tr>
<tr><td>8</td><td></td><td></td><td></td><td></td><td></td><td></td><td></td></tr>
<tr><td>9</td><td></td><td></td><td></td><td></td><td></td><td></td><td></td></tr>
</table>

(2) 自行设计记录表格，记录 D、L、b、d 数据.

(3) 数据处理与结果表达：

(a) 报告各直接测量结果；

(b) 报告杨氏模量测量结果.

先由 $Y = \dfrac{16FLD}{\pi d^2 bN}$ 导出相对不确定度传导公式，再求 U_Y . N 要求用逐差法处理，在计算 Y 时，式中 F 为视伸长 $\bar{N}$ 对应的力，Y 的单位为 $\mathrm{N/mm^2}$.

【思考题】

(1) 若不用逐差法而用作图法处理杨氏模量测量数据 N，请想一想如何处理?

(2) 根据误差分析，要使 Y 的实验结果理想，关键应抓住什么量进行测量? 为什么? 为什么不同的长度量(共几个)要用不同的仪器进行测量(有哪几种)?

(3) 用光杠杆放大法测量微小长度变化有什么优点? 怎样提高光杠杆放大系统的放大倍数?

(4) 试证明：若测量前光杠杆反射镜与调节反射镜不平行，不会影响测量结果.

(5) 怎样才能又快又好地调节光路? 试画出光路图并说明其原理.

【附录】　系统误差分析与消减办法

(1) 钢丝不直或钻头夹具夹得不紧，将出现假伸长，为此，必须用力将钻头卡夹紧钢丝. 同时，在测量前应将金属丝拉直并施加适当的预拉力.

(2) 钢丝在加外力后要经过一段时间才能达到稳定的伸长量，这种现象称为滞后效应，这段时间称为弛豫时间. 为此，每次加力后应等到显示器数据稳定后再测读数据.

(3) 金属丝(钢丝)锈蚀或长期受力产生所谓金属疲劳，将导致应力集中或非弹性形变，因此，当发生钢丝锈蚀或使用两年以上时应作更换.

(4) 砝码的误差：本实验所用的砝码是按国家 M1 级做的，其精度为±10mg，200g 砝码的正确表达是 200.000g±10mg，可见其精度是很高的，可以忽略不计.

(5) 加力杠杆系统的误差：其加工精度为 0.5%.

(6) 关于其他测量量的误差分析与估算.

(a) 由于测量条件的限制，L、D、b 三个量只作单次测量，它们的误差限应根据具体情况估算. 其中 L、D 用钢尺测量时，其极限误差可估算为 1～3mm. 测量光杠杆常数 b 的方法是，将三个足尖压印在硬纸板上，作等腰三角形，从后足尖至两前足尖连线的垂直距离即为 b. 由于压印，作图连线宽度可达 0.2～0.3mm，故其误差限可估算为 0.5mm.

(b) 金属丝直径 d 用千分尺多次测量时，应注意测点要均匀地分布在上、中、下不同位置，千分尺的仪器误差取 0.004mm.

2.3 液体黏滞系数的测量

各种实际液体具有不同程度的黏滞性，液体在流速不大的情况下，其内部是分层流动的，称为层流或片流. 这样，相邻两层液体作相对滑动，两层之间存在着切向的相互作用力，称为内摩擦力或黏滞力. 黏滞力的方向平行于接触面，其大小与速度梯度及接触面成正比，比例系数 η 称为黏滞系数，它是表征液体黏滞性强弱的重要参数.

对液体黏滞性的研究在化工、医学、水力等领域有着广泛的应用，如许多心血管疾病都与血液黏度有关. 血液黏度已是临床上常见检测指标之一.

液体有高黏度和低黏度之分，各有多种测量方法. 本实验各介绍其中一种方法：落球法(适用于高黏度液体)和奥氏黏度计法(适用于低黏度液体).

2.3.1 用落球法测定蓖麻油的黏滞系数

【实验目的】

(1) 了解用斯托克斯公式测定液体黏滞系数的原理，掌握其适用条件.

(2) 学习用落球法测定液体的黏滞系数.

【实验仪器】

落球法黏滞系数测定仪(参见图 2.3.1)、小钢球、蓖麻油、米尺、千分尺、游标卡尺、液体密度计、电子分析天平、激光光电计时器、温度计和比重瓶等(若实验室给出钢球材料密度，可不必用电子分析天平).

1. 黏滞系数测定仪结构简图(图 2.3.1)

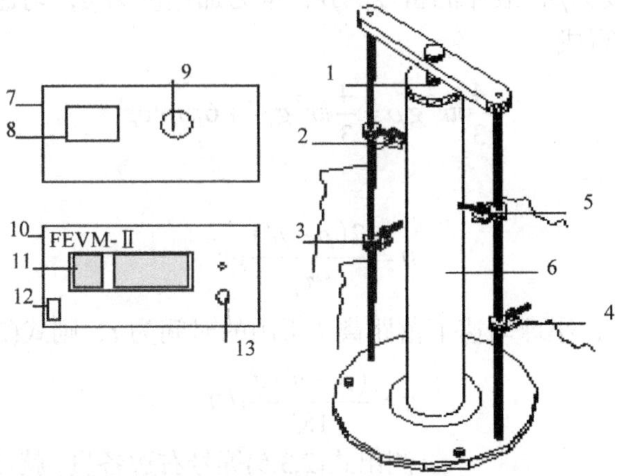

图 2.3.1 FEVM-Ⅱ落球法液体黏滞系数测定仪结构图

1-导管；2-激光发生器 A；3-激光发生器 B；4-激光接收器 A；5-激光接收器 B；6-量筒；7-主机后面板；8-电源插座；9-激光信号控制；10-主机前面板；11-计时器；12-电源开关；13-计时器复位端

2. 激光光电计时器介绍

激光光电计时器由激光光源、光敏三极管、直流电源及计时器组成. 本计时器内设单片机芯片，并进行适当编程，具有计时和计数功能，可用于单摆、气垫导轨、测量马达转速、产品计数、产品厚度测量、车辆运动速度测量及体育比赛计时等与计时相关的实验. 它的优点是：①抗干扰能力强；②光源与接收器可远距离测量；③对半透明物质也能透光测量.

实验所用的主要装置即为图 2.3.2 中盛油的玻璃管筒. 在管的上、下部各有一环线作为标记(即 l_1 和 l_2)，彼此间的距离为 l. 小球在 l_1 与 l_2 间做匀速运动. 量筒固定在附有三个水平调节螺旋的平台上，借助一铅垂线可调节玻璃管的铅直.

【实验原理】

当金属小球在黏性液体中下落时，它受到三个铅直方向的力：小球的重力 G、液体作用于小球的浮力 f 和黏滞阻力 F (其方向与小球运动方向相反). 如果液体无限深广，在小球下落速度 v 较小的情况下，有

$$F = 6\pi\eta r v \tag{2.3.1}$$

式(2.3.1)称为斯托克斯公式，其中，r 是小球的半径；η 称为液体的黏滞系数，其

单位是Pa·s．小球开始下落时，由于速度尚低，所以阻力也不大；但随着下落速度的增大，阻力也增大. 最后，三个力达到平衡，即

$$G = f + F \tag{2.3.2}$$

设小球的密度为ρ，液体的密度为ρ'，重力加速度为 g，匀速下落时的速度为v_t，则式(2.3.2)可写成

$$\frac{4}{3}\pi r^3 g\rho = \frac{4}{3}\pi r^3 g\rho' + 6\pi\eta r v_t \tag{2.3.3}$$

解之得

$$\eta = \frac{2(\rho-\rho')}{9v_t}gr^2 \tag{2.3.4}$$

设小球的直径为 d，小球匀速下落距离 l 所用的时间为 t，则式(2.3.4)可写成

$$\eta = \frac{(\rho-\rho')g}{18l}d^2 t \tag{2.3.5}$$

测出式(2.3.5)等号右边各量，就可以求得黏滞系数η．实验时，待测液体必须盛于容器中(图 2.3.2)，故不能满足无限深广的条件，实验证明，若小球沿筒的中心轴线下降，需做如下修改方能符合实际情况：

$$\eta = \frac{(\rho-\rho')g}{18l}d^2 t\left(1 - 2.4\frac{d}{D} - 3.3\frac{d}{2H}\right)$$

其中，D 为容器内径，H 为液柱高度.

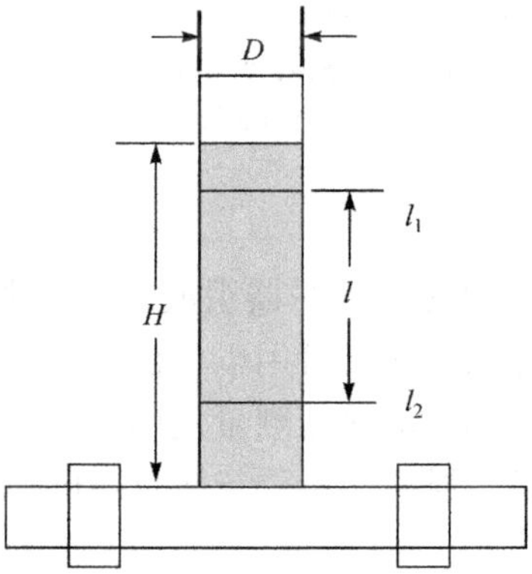

图 2.3.2　实验装置

【实验内容与步骤】

(1) 调整黏滞系数测定仪及实验准备.

(a) 调整底盘水平，在仪器横梁中间部位放重锤部件，调节底盘旋钮，使重锤对准底盘的中心圆点.

(b) 将实验架上的上、下两个激光器接通电源，可看见其发出红光. 调节上、下两个激光器，使其红色激光束平行地对准锤线.

(c) 收回重锤部件，将盛有被测液体的量筒放置到实验架底盘中央，并在实验过程中保持位置不变.

(d) 在实验架上放上钢球导管. 小球用乙醚、酒精混合液清洗干净，并用滤纸吸干残液，备用.

(e) 将小球放入铜质球导管，看其是否能阻挡光线，若不能，则适当调整激光器位置.

(2) 用温度计测量油温，在全部小球下落完后再测量一次油温，取平均值作为实际油温.

(3) 用电子分析天平测量 10～20 颗小钢球的质量 m，用比重瓶法测其体积，计算小钢球的密度 ρ'. 用液体密度计测量蓖麻油的密度 ρ. 用游标卡尺测量筒的内径 D，用钢尺测量油柱深度 H.

(4) 用秒表测量下落小球的匀速运动速度.

(a) 测量上、下两个激光束之间的距离.

(b) 用千分尺测量小球直径，将小球放入导管，当小球落下，阻挡上面的红色激光束时，光线受阻，此时用秒表开始计时，到小球下落到阻挡下面的红色激光束时，停止计时，读出下落时间，重复测量 6 次以上. 最后计算蓖麻油的黏滞系数.

(5) 用激光光电门(关于光电门，请参阅产品说明书)与电子计时仪器代替电子秒表，测量液体的黏滞系数(注意：激光束必须通过玻璃圆筒中心轴)，将测量结果与公认值进行比较.

小钢珠的直径为Φ1.0mm 或Φ1.2mm.

【思考题】

(1) 如何判断小球在做匀速运动?

(2) 如果遇到待测液体的 η 值较小，而钢珠直径较大，这时为何须用式(2.3.5)计算?

(3) 用激光光电开关测量小球下落时间的方法测量液体黏滞系数有何优点?

2.3.2 用奥氏黏度计测定乙醇的黏滞系数

【实验目的】

(1) 进一步理解液体的黏滞性.

(2) 掌握用奥氏黏度计测定液体黏滞系数的方法.

【实验仪器】

奥氏黏度计、温度计、秒表、乙醇、蒸馏水、移液管、洗耳球、大烧杯、物理支架.

奥氏黏度计如图 2.3.3 所示，是一个 U 形玻璃管. B 泡位置较高，为测定泡；A 泡位置较低，为下储泡；B 泡上、下各有一刻痕 m 和 n. 以下是一段截面积相等的毛细管 L.

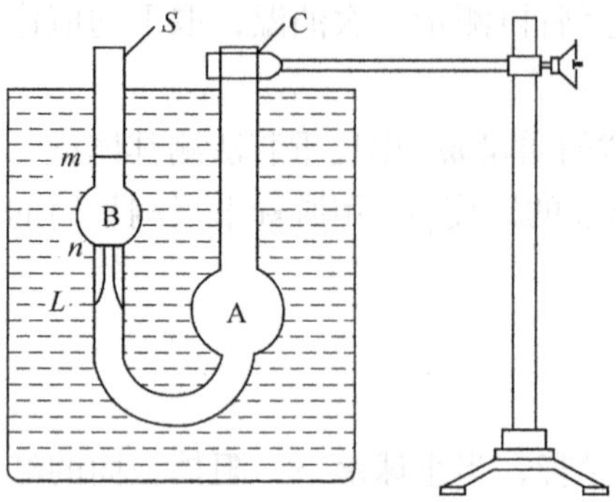

图 2.3.3　奥氏黏度计

【实验原理】

当黏滞系数为η的液体在半径为 R、长为 L 的毛细管中稳定流动时，若毛细管两端的压强差为Δp，则根据泊肃叶定律，单位时间流经毛细管的体积流量 Q 为

$$Q=\frac{\pi R^4\Delta p}{8\eta L} \tag{2.3.6}$$

本实验用奥氏黏度计，采用比较法进行测量.

实验时，常以黏滞系数已知的蒸馏水作为比较的标准. 先将水注入奥氏黏度计的球泡 A 中，再用洗耳球将水从 A 泡吸到 B 泡内，使水面高于刻痕 m，然后将洗耳球拿掉，只在重力作用下让水经毛细管又流回 A 泡，设水面从刻痕 m 降至刻痕 n 所用的时间为 t_1；若换以待测液体，测出相应的时间为 t_2，由于流经毛细管的液体的体积相等，故有

$$V_1=V_2 \quad 即 \quad Q_1t_1=Q_2t_2$$

则

$$\frac{\pi R^4\Delta p_1}{8\eta_1 L}\cdot t_1=\frac{\pi R^4\Delta p_2}{8\eta_2 L}\cdot t_2$$

即得

$$\frac{\eta_2}{\eta_1}=\frac{\Delta p_2\cdot t_2}{\Delta p_1\cdot t_1} \tag{2.3.7}$$

式中，η_1和η_2分别表示水和待测液体的黏滞系数. 设两种液体的密度分别为ρ_1和ρ_2，因为在两次测量中，两种液面高度差Δh变化相同，所以压强差之比为

$$\frac{\Delta p_1}{\Delta p_2}=\frac{\rho_1 g\Delta h}{\rho_2 g\Delta h}=\frac{\rho_1}{\rho_2} \tag{2.3.8}$$

代入式(2.3.8)，得

$$\eta_2=\frac{\rho_2 t_2}{\rho_1 t_1}\cdot\eta_1 \tag{2.3.9}$$

从本实验的附录表 2.3.1 和表 2.3.2 中查出实验温度下的ρ_1、ρ_2和η_1值，则根据式(2.3.9)可求得待测液体的黏滞系数η_2.

【实验内容与步骤】

(1) 在大烧杯内注入一定室温的蒸馏水，以不溢出杯外为度，作为恒温槽.

(2) 用蒸馏水将黏度计内部清洗干净并甩干，将其铅直地固定在物理支架上，放在恒温槽中.

(3) 用移液管将一定量的蒸馏水(一般取 5～10mL)由管口 C 注入 A 泡. 注意：取水和取待测液体的用具不要混用，每次应冲洗干净.

(4) 用洗耳球将蒸馏水吸入 B 泡，使其液面略高于刻痕 m，然后让液体在重力作用下经毛细管流下. 当液面降至刻痕 m 时，按动秒表开始计时，液面降至刻痕 n 时，按停秒表，记下所需时间 t_1. 重复测量 t_1 6 次.

(5) 将蒸馏水换成待测液体乙醇，重复上述步骤(3)和步骤(4)，测量同体积的乙醇流经毛细管时所用时间 t_2，重复测量 6 次(先将奥氏黏度计用待测液体乙醇清洗一下).

(6) 测量恒温槽中水的温度 T.

【数据记录与处理】

查表与记录：T=__________℃，蒸馏水的密度 ρ_1=__________kg/m^3

乙醇的密度 ρ_2=__________kg/m^3，蒸馏水的黏滞系数 η_1=__________Pa · s

次数	t_1	t_2
1		
2		
3		
4		
5		
6		
平均		

黏滞系数计算公式

$$\overline{\eta_2} = \frac{\rho_2}{\rho_1} \cdot \frac{\overline{t_2}}{\overline{t_1}} \eta_1$$

相对不确定度

$$u_{r\eta_2} = \sqrt{\left(\frac{\partial \ln \eta_2}{\partial \overline{t_2}}\right)^2 \mu_{t_2}^2 + \left(\frac{\partial \ln \eta_2}{\partial \overline{t_1}}\right)^2 \mu_{t_1}^2}$$

不确定度

$$u_{\eta_2} = u_{r\eta_2} \cdot \overline{\eta_2}$$

结果表达式

$$\eta_2 = (\overline{\eta_2} \pm u_{\eta_2})\ (\text{单位})$$

【思考题】

(1) 为什么要取相同体积的待测液体和标准液体进行测量?
(2) 为什么实验过程中要将奥氏黏度计浸在水中?
(3) 测量过程中为什么必须使奥氏黏度计保持竖直?

【附录】

表 2.3.1　不同温度下乙醇的密度　　(单位：$10^3 kg/m^3$)

T/℃	密度	T/℃	密度	T/℃	密度	T/℃	密度
0	0.806	15	0.794	22	0.787	29	0.782
5	0.802	16	0.793	23	0.786	30	0.781
10	0.799	17	0.792	24	0.786	40	0.772
11	0.797	18	0.791	25	0.785	50	0.763
12	0.796	19	0.790	26	0.784	90	0.754
13	0.795	20	0.789	27	0.784		
14	0.795	21	0.788	28	0.783		

表 2.3.2　不同温度下水的密度　　(单位：$10^3 kg/m^3$)

T/℃	密度	T/℃	密度	T/℃	密度	T/℃	密度
0	0.99987	9	0.99981	18	0.99862	27	0.99654
1	0.99993	10	0.99973	19	0.99843	28	0.99626
2	0.99997	11	0.99963	20	0.99823	29	0.99597
3	0.99999	12	0.99952	21	0.99802	30	0.99567
4	1.00000	13	0.99940	22	0.99780	31	0.99537
5	0.99999	14	0.99927	23	0.99756	32	0.99505
6	0.99997	15	0.99913	24	0.99732	33	0.99473
7	0.99993	16	0.99987	25	0.99707	34	0.99440
8	0.99988	17	0.99880	26	0.99681	35	0.99406

2.4　金属导热系数的测量

导热系数是表征物质热传导性质的物理量. 材料结构的变化与所含杂质等因素都会对导热系数产生明显的影响，因此，材料的导热系数常常需要通过实验来具体测定. 测量导热系数的方法比较多，但可以归并为两类基本方法：一类是稳态法，另一类是动态法. 用稳态法时，先用热源对测试样品进行加热，并在样品内部形成稳定的温度分布，然后进行测量；在动态法中，待测样品中的温度分布是随时间变化的，如按周期性变化等. 本实验采用稳态法进行测量.

【实验目的】

用稳态法测定金属良导热体的导热系数，并与理论值进行比较.

【实验仪器】

TC-3 型导热系数测定仪、杜瓦瓶、游标卡尺.

【实验原理】

1882 年，法国数学家、物理学家傅里叶给出了一个热传导的基本公式——傅里叶导热方程. 该方程表明，在物体内部，取两个垂直于热传导方向、彼此间相距为 h、温度分别为 T_1 和 T_2 的平行平面(设 $T_1 > T_2$)，若平面面积均为 S，在 Δt 时间内通过面积 S 的热量 ΔQ 满足表达式

$$\frac{\Delta Q}{\Delta t} = \lambda S \frac{T_1 - T_2}{h} \tag{2.4.1}$$

式中，$\frac{\Delta Q}{\Delta t}$ 为热流量；λ 即为该物质的导热系数(又称作热导率)，λ 在数值上等于相距单位长度的两平面的温度相差 1 个单位时，单位时间内通过单位面积的热量，其单位是 W/(m · K).

本实验仪器如图 2.4.1 所示. 在支架 D 上先放置散热盘 P，在散热盘 P 上面放上待测样品 B，再把带发热器的圆铜盘 A 放在 B 上，发热器通电后，热量从 A 盘传到 B，再传到 P 盘，由于 A 盘、P 盘都是良导体，其温度可以代表 B 上、下表面的温度 T_1、T_2，T_1、T_2 分别由插入 A 盘、P 盘边缘小孔的热电偶 E 来测量. 热电偶的冷端则浸在杜瓦瓶中的冰水混合物中，通过“传感器”开关 G，切换 A、P 盘中的热电偶与数字电压表 F 的连接回路. 由式(2.4.1)可以知道，单位时间内通过待测样品 B 任一圆截面的热流量为

$$\frac{\Delta Q}{\Delta t} = \lambda \frac{T_1 - T_2}{h_B} \pi R_B^2 \tag{2.4.2}$$

式中，R_B 为样品的半径，h_B 为样品的厚度. 当热传导达到稳定状态时，T_1 和 T_2 的值不变，于是通过 B 上表面的热流量与由散热盘 P 向周围散热的速率相等，因此，可通过散热盘 P 在稳定温度 T_2 时的散热速率来求出热流量 $\frac{\Delta Q}{\Delta t}$. 实验中，在读得稳定时的 T_1、T_2 后，即可将 B 移去，而使 A 盘的底面与 P 盘直接接触. 当 P 盘的

温度上升到高于稳定时的值 T_2 若干摄氏度后，再将 A 盘移开，让 P 盘自然冷却. 观察其温度 T 随时间 t 的变化情况，然后由此求出 P 盘在 T_2 的冷却速率 $\left.\frac{\Delta T}{\Delta t}\right|_{T=T_2}$ ，而 $mc\left.\frac{\Delta T}{\Delta t}\right|_{T=T_2}=\frac{\Delta Q}{\Delta t}$（$m$ 为 P 盘的质量，c 为铜材的比热容)就是 P 盘在温度为 T_2 时的散热速率. 但要注意，这样求出的 $\frac{\Delta T}{\Delta t}$ 是铜盘的全部表面暴露于空气中的冷却速率，其散热表面积为 $2\pi R^2+2\pi R_P h_P$(其中，R_P 与 h_P 分别为铜盘的半径与厚度). 然而，在观察测试样品的稳态传热时，P 盘的上表面(面积为 πR_P^2)是被样品覆盖着的. 考虑到物体的冷却速率与它的表面积成正比，则稳态时 P 盘散热速率的表达式应作如下修正：

$$\frac{\Delta Q}{\Delta t}=mc\frac{\Delta T}{\Delta t}\frac{\pi R_P^2+2\pi R_P h_P}{2\pi R_P^2+2\pi R_P h_P} \tag{2.4.3}$$

将式(2.4.3)代入式(2.4.2)，得

$$\lambda=mc\frac{\Delta T}{\Delta t}\frac{\left(R_P+2h_P\right)\cdot h_B}{\left(2R_P+2h_P\right)\left(T_1-T_2\right)}\cdot\frac{1}{\pi R_B^2} \tag{2.4.4}$$

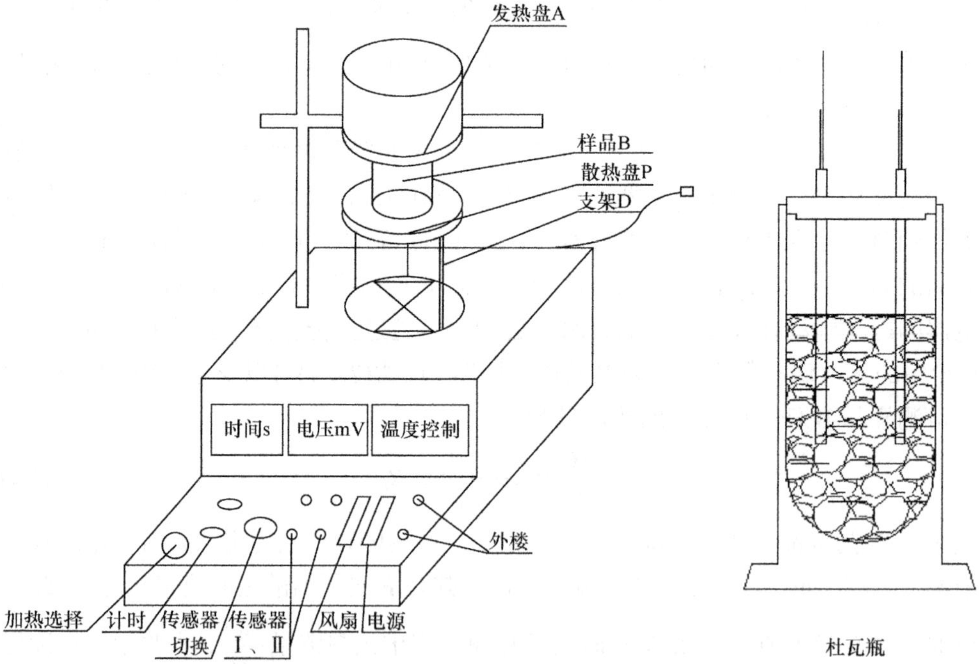

图 2.4.1　稳态法测定导热系数实验装置示意图

【实验内容与步骤】

(1) 先将两块树脂圆环套在金属圆筒两端，并在金属圆筒两端涂上导热硅胶，然后置于发热盘 A 和散热盘 P 之间，调节散热盘 P 下方的三颗螺丝，使金属圆筒与发热盘 A 及散热盘 P 紧密接触.

(2) 在杜瓦瓶中放入冰水混合物，将热电偶的冷端插入杜瓦瓶中，热端分别插入金属圆筒侧面上、下的小孔中，并分别将热电偶的接线连接到导热系数测定仪的传感器 I 、II 上.

(3) 接通电源，将加热开关置于高挡，当传感器 I 的温度 T_1 约为 3.5mV 时，再将加热开关置于低挡，约 40min.

(4) 待达到稳态时(T_1 与 T_2 的数值在 10min 内的变化小于 0.03mV)，每隔 2min 记录 T_1 和 T_2 的值.

(5) 测量散热盘 P 在稳态值 T_2 附近的散热速率 $\frac{\Delta T}{\Delta t}$：移开发热盘 A，先将两测温热端取下，再将 T_2 的测温热端插入散热盘 P 的侧面小孔，取下金属圆筒，并使发热盘 A 与散热盘 P 直接接触，当散热盘 P 的温度上升到高于稳态 T_2 的值约 0.2mV 时，再将发热盘 A 移开，让散热盘 P 自然冷却，每隔 30s 记录此时的 T_2 值.

(6) 用游标卡尺测量金属圆筒的直径和厚度，各 5 次.

(7) 记录散热盘 P 的直径、厚度、质量.

【数据记录与处理】

金属圆筒良导热体的导热系数测量数据记录见表 2.4.1～表 2.4.4(铜材的比热 $c = 0.09197\text{cal/(g}\cdot℃)$).

表 2.4.1　数据表 1

散热盘 P：m =__________g，$\overline{R}_P$ =__________cm，$\overline{h}_P$ =__________cm

序次	1	2	3	4	5
D_P/cm					
h_P/cm					

表 2.4.2　数据表 2

金属(铝)圆筒：$\overline{R}_B$ =__________cm，$\overline{h}_B$ =__________cm

序次	1	2	3	4	5
D_B/cm					
h_B/cm					

表 2.4.3　数据表 3

稳态时 T_1 、T_2 的数据(转换见附录的表 2.4.5)如下：

序次	1	2	3	4	5	平均值
T_1 /mV						
T_2 /mV						

表 2.4.4　数据表 4

散热速率：$\frac{\Delta \overline{T}}{\Delta \overline{t}}=$__________ mV/s

时间/s	30	60	90	120	150	180	210	240
T_2 /mV								

根据实验结果计算出金属圆筒良导热体的导热系数最佳值及不确定度 u(导热系数单位换算：1cal/(cm · s · ℃)=418.68W/(m · K))，检验数据结果是否正确并分析误差原因.

【思考题】

(1) 本实验中产生系统误差的主要原因来自哪几方面？试问可采取何种措施使之减小或消除？

(2) 在测量散热盘 P 的散热速率 $\frac{\Delta T}{\Delta t}$ 时，为什么要测在稳态值 T_2 附近的 $\frac{\Delta T}{\Delta t}$ ？

(3) 散热盘下方的轴流式风机起什么作用？它不工作时实验能否进行？

【附录】

表 2.4.5　铜-康铜热电偶分度表

温度/℃	热电势/mV									
	0	1	2	3	4	5	6	7	8	9
0	0.000	0.039	0.078	0.117	0.156	0.195	0.234	0.273	0.312	0.351
10	0.391	0.430	0.470	0.510	0.549	0589.	0.629	0.669	0.709	0.749
20	0.789	0.830	0.870	0.911	0.951	0.992	1.032	1.073	1.114	1.155
30	1.196	1.237	1.279	1.320	1.361	1.403	1.444	1.486	1.528	1.569
40	1.611	1.653	1.695	1.738	1.780	1.882	1.865	1.907	1.950	1.992
50	2.035	2.078	2.121	2.164	2.207	2.250	2.294	2.337	2.380	2.424
60	2.467	2.511	2.555	2.599	2.643	2.687	2.731	2.775	2.819	2.864

续表

温度/℃	热电势/mV									
	0	1	2	3	4	5	6	7	8	9
70	2.908	2.953	2.997	3.042	3.087	3.131	3.176	3.221	3.266	3.312
80	3.357	3.402	3.447	3.493	3.538	3.584	3.630	3.676	3.721	3.767
90	3.813	3.859	3.906	3.952	3.998	4.044	4.091	4.137	4.184	4.231
100	4.277	4.324	4.371	4.418	4.465	4.512	4.559	4.607	4.654	4.701
110	4.749	4.796	4.844	4.891	4.939	4.987	5.035	5.083	5.131	5.179

部分材料的导热系数

名称	导热系数/(J/(s · m · K))	名称	导热系数/(J/(s · m · K))
空气(0℃)	2.4×10^{-2}	砂石	2.03
氢气(0℃)	1.4×10^{-1}	矿渣砖	5.8×10^{-1}
铝	2.0×10^{2}	沙(湿度<1%)	8.1×10^{-1}
铜	3.9×10^{2}	胶合板	1.7×10^{-1}

2.5　金属线膨胀系数的测定

绝大多数物质具有热胀冷缩的特性，在一维情况下，固体受热后长度的增加称为线膨胀. 不同的固体材料，在相同条件下，其膨胀程度各不相同. 在道路、桥梁、建筑等领域的工程施工和设计时，必须考虑物质的膨胀特性. 为表征物质的膨胀特性，我们引入线膨胀系数，它是物质的基本物理参数之一. 测量固体的线膨胀系数，实验上归结为测量在某一温度范围内固体的相对伸长量.

【实验目的】

(1) 学会用千分表法测量金属杆长度的微小变化.

(2) 测量金属杆的线膨胀系数.

【实验仪器介绍】

1. 加热箱的结构和使用要求

1) 结构(图 2.5.1)

2) 使用要求

(1) 被测物体控制在Φ 8mm×400mm 尺寸.

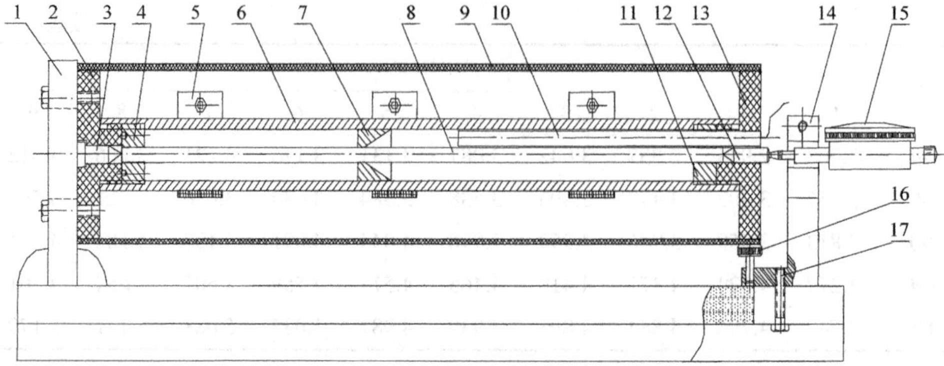

图 2.5.1　加热箱的结构

1-托架；2-隔热盘 A；3-隔热顶尖；4-导热衬托 A；5-加热器；6-导热均匀管；7-导向块；8-被测材料；9-隔热罩；10-温度传感器；11-导热衬托 B；12-隔热棒；13-隔热盘 B；14-固定架；15-千分表；16-支撑螺钉；17-坚固螺钉

(2) 整体要求平稳，因伸长量极小，故仪器不应有振动.

(3) 千分表安装需适当固定(以表头无转动为准)且与被测物体有良好的接触(读数在 0.2～ 0.3mm 处较为适宜，然后再转动表壳校零).

(4) 被测物体与千分表探头需保持在同一直线.

2. 恒温控制仪使用说明

恒温控制仪操作面板简图如图 2.5.2 所示.

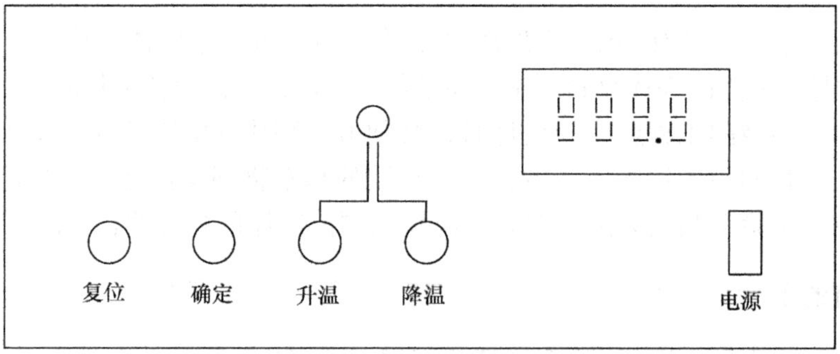

图 2.5.2　恒温控制仪操作面板简图

(1) 当电源接通时，面板上数字显示为 FdHc，表示本产品公司符号，然后即刻自动转向 A××.×表示当时传感器温度，即 t_1，再自动转为 b= =.=表示等待设定温度.

(2) 按升温键，数字即由零逐渐增大至所需的设定值，最高可选 80℃.

(3) 如果数字显示值高于所需要的温度值，可按降温键，直至所需要的设定值.

(4) 当数字设定值达到所需的值时，即可按确定键，开始对样品进行加热，同时指示灯会闪亮，发光频闪与加热速率成正比.

(5) 确定键的另一用途是可作选择键，可选择观察当时的温度值和先前设定值.

(6) 如果需要改变设定值，可按复位键，重新设置.

【实验原理】

一般固体的体积或长度随温度的升高而膨胀，这就是固体的热膨胀. 绝大多数固体材料，其长度是随温度的升高而增加的，这一现象称为线膨胀. 设物体的温度改变 Δt 时，其长度改变量为 ΔL，如果 Δt 足够小，则 Δt 与 ΔL 成正比，并且与物体原长 L 成正比，因此有

$$\Delta L = \alpha L \Delta t \tag{2.5.1}$$

式中，比例系数 α 称为固体的线膨胀系数，其物理意义是温度每升高 1℃时物体的伸长量与它在 0℃时的长度之比. 设在温度为 0℃时，固体的长度为 L_0，当温度升高到 t 时，其长度为 L_t，则有 $(L_t - L_0)/L_0 = \alpha t$，即

$$L_t = L_0(1+\alpha t) \tag{2.5.2}$$

如果金属杆在温度为 t_1、t_2 时，其长度分别为 L_1、L_2，则可写出

$$L_1 = L_0(1+\alpha t_1) \tag{2.5.3}$$

$$L_2 = L_0(1+\alpha t_2) \tag{2.5.4}$$

将式(2.5.3)代入式(2.5.4)，又因 L_1 与 L_2 非常接近，所以 $L_2/L_1 = 1$，于是可得到如下结果：

$$\alpha = \frac{L_2 - L_1}{L_1(t_2 - t_1)} \tag{2.5.5}$$

由式(2.5.5)，测得 L_1、L_2、t_1 和 t_2，就可求得 α 值.

【实验内容与步骤】

(1) 接通电加热器与恒温控制仪输入输出接口和温度传感器的航空插头.

(2) 测出金属杆的长度 L_1 (本实验使用的金属杆的长度为 400mm)，使其一端与隔热顶尖紧密接触.

(3) 调节千分表带绝热头的测量杆，使其刚好与金属杆的自由端接触，记下此时千分表的读数 n_1.

(4) 接通恒温控制仪的电源，设定需要加热的值，一般可分别增加温度为 20℃、30℃、40℃、50℃，按确定键开始加热. 注视恒温控制仪，每隔 5℃读一次读数，同时读出千分表的示数，将相应的读数 $t_2, t_3, \cdots, t_n$ 和 $n_2, n_3, \cdots, n_n$ 记在表格里.

(5) 显然，金属杆各时刻上升的温度是$t_2-t_1,t_3-t_1,\cdots,t_n-t_1$，相应的伸长量是$n_2-n_1,n_3-n_1,\cdots,n_n-n_1$，则前面式(2.5.5)可表示为$n_n-n_1=\alpha L_1\left(t_n-t_1\right)$，即

$$\alpha=\frac{n_n-n_1}{L_1\left(t_n-t_1\right)}=\frac{\Delta n}{L_1\Delta t}\tag{2.5.6}$$

由此可知，线膨胀系数α是以n_n-n_1为纵坐标，t_n-t_1为横坐标作曲线求斜率，我们把各测量值填入表2.5.1，作n_n-n_1与t_n-t_1的曲线，先算出αL_1，再求出α．另外，还可根据式(2.5.6)来计算出α．因为长度的测量是连续进行的，故用逐差法对Δn进行处理.

(6) 换不同的金属棒样品，分别测量并计算各自的线膨胀系数，与理论参考值比较，考察误差情况.

【数据记录与处理】

表 2.5.1　数据表

t_1 =__________ ℃		L_1 =__________ mm			n_1 =__________ mm		
t_n /℃							
t_n-t_1 /℃							
n_n /mm							
n_n-n_1 /mm							

几个参考值如下：

在 0～100℃，几种金属热膨胀系数值α ($\times10^{-5}$)为

青铜 1.71～2.12；黄铜 1.88～1.93；铜 1.67；铁 1.21；钢(0.05%碳)1.20.

【注意事项】

(1) 在测量过程中，整个系统应保持稳定，不能碰撞.

(2) 读取t_n、n_n(特别是n_n)数据时要迅速.

【思考题】

(1) 如果温度已上升超过计划记录的一两个读数，可还没来得及记录，实验是否可以继续进行下去？为什么？

(2) 如果因故实验需要重做，然而接近室温时温度下降得非常缓慢，有无必要用冷水把仪器冷却至室温后再做？

(3) 与用蒸气加热、仪器竖直放置、只测始末两个数据比较优缺点.

2.6　扭摆法测定物体转动惯量

在航天、电力、机械、仪表等工业领域，转动惯量是影响零部件和系统工作特性的重要参数. 在机械行业中，有许多做定轴转动的零部件，如发动机叶片、飞轮、炮弹、陀螺、电机等，都需要对其转动惯量进行测定，以确定其工作性能和特性. 因此，转动惯量的准确测量对于科学研究和工业应用都具有重要的意义.

对于形状较简单的刚体，可以通过数学方法算出它绕特定轴的转动惯量. 但对于形状复杂的刚体，用数学方法求转动惯量相当困难，一般采用实验的方法来测定. 因此，学会对刚体转动惯量的测量方法，具有重要的现实意义.

【实验仪器】

(1) 扭摆.

(2) 几种待测转动惯量的物体：空心金属圆柱体、实心塑料圆柱体、塑料球，验证转动惯量平行轴定理用的金属细杆，杆上有两块可以自由移动的金属滑块等.

(3) 电子天平.

(4) 游标卡尺.

(5) 转动惯量测试仪：由主机和光电传感器组成.

主机采用新型的单片机作控制系统，用于测量物体转动和摆动的周期，以及旋转体的转速，能自动记录、存储多组实验数据，并能够精确地计算多组实验数据的平均值.

光电传感器主要由红外发射管和红外接收管组成，将光信号转换为脉冲电信号，送入主机工作. 因人眼无法直接观察仪器工作是否正常，但可用遮光物体往返遮挡光电探头发射光束通路，检查计时器是否开始计数，以及到预定周期数时，是否停止计数. 为防止过强光线对光探头的影响，光电探头不能放置在强光下，实验时采用窗帘遮光，确保计时的准确.

测量仪使用方法：

(a) 调节光电传感器在固定支架上的高度，使被测物体上的挡光杆能自由地往返通过光电门，再将光电传感器的信号传输线插入主机输入端(位于测试仪背面).

(b) 开启主机电源，摆动指示灯亮，参量指示为“P_1”，数据显示为“----”.

(c) 本机默认扭摆的周期数为 10，如要更改，可参照仪器使用说明，重新设定. 更改后的周期数不具有记忆功能，一旦切断电源或按复位键，便恢复原来的默认周期数.

(d) 按“执行”键，数据显示为“000.0”，表示仪器已处在等待测量状态，此时，当被测的往复摆动物体上的挡光杆第一次通过光电门时，由“数据显示”给出累计的时间，同时仪器自行计算周期 C_1 予以存储，以供查询和作多次测量求平均值，至此，P_1(第一次测量)测量完毕.

(e) 按“执行”键，“P_1”变为“P_2”，数据显示又回到“000.0”，仪器处在第二次待测状态，本机设定重复测量的最多次数为 5 次，即($P_1, P_2, \cdots, P_5$). 通过“查询”键可知各次测量的周期值 $C_I(I=1, 2,\cdots, 5)$以及它们的平均值 C_A.

【实验目的】

(1) 测定扭摆的仪器常数(弹簧的扭转常数)K.

(2) 测定几种不同形状物体的转动惯量，并与理论值进行比较.

(3) 验证转动惯量平行轴定理.

【实验原理】

扭摆的构造如图 2.6.1 所示，在垂直轴 1 上装有一根薄片状的螺旋弹簧 2，用以产生恢复力矩. 在轴的上方可以装上各种待测物体. 垂直轴与支座间装有轴承，以降低摩擦力矩. 3 为水平仪，用来调整系统平衡.

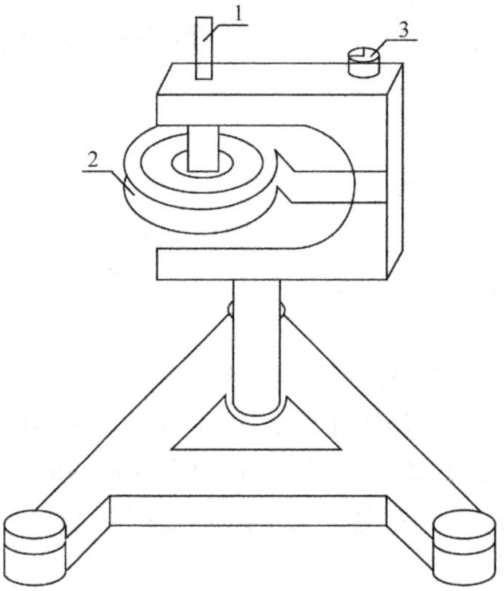

图 2.6.1 扭摆的构造

物体在水平面内转过一角度 θ 后，在弹簧的恢复力矩作用下，就开始绕垂直轴做往返扭转运动. 根据胡克定律，弹簧受扭转而产生的恢复力矩 M 与所转过的角度 θ 成正比，即

$$M=-K\theta \tag{2.6.1}$$

式中，K 为弹簧的扭转常数，根据转动定律

$$M=J\beta \quad 即 \quad \beta=\frac{M}{J} \tag{2.6.2}$$

其中，J 为物体绕转轴的转动惯量，β 为角加速度. 由式(2.6.2)得

$$\beta=\frac{\mathrm{d}^2\theta}{\mathrm{d}t^2}=-\frac{K}{J}\theta=-\omega^2\theta \tag{2.6.3}$$

式中，$\omega^2=\dfrac{K}{J}$，忽略轴承的摩擦阻力矩.

上述方程表示扭摆运动具有角简谐振动的特性，角加速度与角位移成正比，且方向相反. 此方程的解为

$$\theta = A\cos(\omega t + \varphi)$$

式中，A 为谐振动的角振幅，φ 为初相位角，ω 为角速度. 此谐振动的周期为

$$T = \frac{2\pi}{\omega} = 2\pi\sqrt{\frac{J}{K}} \tag{2.6.4}$$

由式(2.6.4)可知，只要实验测得物体扭摆的摆动周期，并在 J 和 K 中任何一个量已知时，即可计算出另一个量. 转动惯量组合定理：若一个物体由几部分组成，每一部分相对转轴的转动惯量分别为 J_1, J_2, J_3, K，那么整个物体对转动轴的转动惯量为

$$J = J_1 + J_2 + J_3 + K$$

本实验用一个几何形状规则的物体，它的转动惯量可以根据它的质量和几何尺寸用理论公式直接计算得到，再算出本仪器弹簧的 K 值.

如先测载物盘转动的周期 T_0，有

$$T_0 = 2\pi\sqrt{\frac{J_0}{K}} \tag{2.6.5}$$

再测载物盘加塑料圆柱转动的周期 T_1，有

$$T_1 = 2\pi\sqrt{\frac{J_0 + J_1'}{K}} \tag{2.6.6}$$

J_1' 为塑料圆柱转动惯量理论计算值

$$J_1' = \frac{1}{2}mr^2 \tag{2.6.7}$$

由式(2.6.5)和式(2.6.6)可得

$$K = 4\pi^2 \frac{J_1'}{T_1^2 - T_0^2} \tag{2.6.8}$$

若要测定其他形状物体的转动惯量，只需将待测物体安放在本仪器顶部的各种支座或夹具上，测定其摆动周期，由式(2.6.4)即可算出该物体绕转动轴的转动惯量

$$J = \frac{K}{4\pi^2}T_3^2 - J_0 \tag{2.6.9}$$

理论分析证明，若质量为 m 的物体绕通过质心轴的转动惯量为 J_0，当转轴平行移动距离 x 时，此物体对新轴线的转动惯量变为 $J_0 + mx^2$，这称为转动惯量的平行轴定理.

【实验内容与步骤】

(1) 测出塑料圆柱体的外径，金属圆筒的内、外径，塑料球直径，金属细杆长度及各物体质量(各测量 3 次).

(2) 调整扭摆基座底脚螺丝，使水平仪的气泡位于中心.

(3) 装上金属载物盘，并调整光电探头的位置，使载物盘上的挡光杆处于其缺口中央，且能遮住发射、接收红外线的小孔，测定摆动周期.

(4) 将塑料圆柱体垂直放在载物盘上，测定摆动周期.

(5) 用金属圆筒代替塑料圆柱体，测定摆动周期.

(6) 取下金属载物盘，装上塑料球，测定摆动周期. (在计算塑料球的转动惯量时，应扣除支架的转动惯量.)

(7) 取下塑料球，装上金属细杆(金属细杆中心必须与转轴重合)，测定摆动周期. (在计算金属细杆的转动惯量时，应扣除支架的转动惯量.)

(8) 将滑块对称放置在金属细杆两边的凹槽内(图 2.6.2)，此时滑块质心到转轴的距离分别为 5.00cm，10.00cm，15.00cm，20.00cm，25.00cm，测定摆动周期. 验证转动惯量的平行轴定理. (在计算转动惯量时，应扣除支架的转动惯量.)

提示：由转动惯量组合定理，图 2.6.2 系统相对转轴的转动惯量及图 2.6.3 滑块通过质心转轴的转动惯量理论值分别为

滑块内

$$J = J_{杆} + J_{夹具} + 2m_{滑块}x^2_{滑块质心与转轴距离} + 2J_{滑块相对质心轴转动惯量}$$

$$J_{滑块相对质心轴转动惯量} = \frac{1}{16}m_{滑块}\left(D^2_{滑块内} + D^2_{滑块内}\right) + \frac{1}{12}m_{滑块}L^2_{滑块}$$

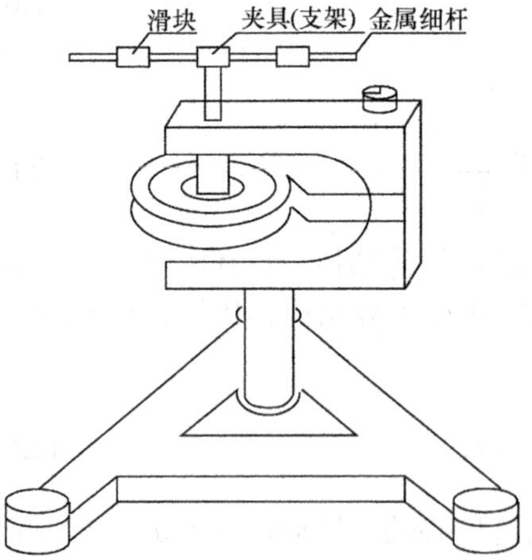

图 2.6.2　验证转动惯量平行轴定理

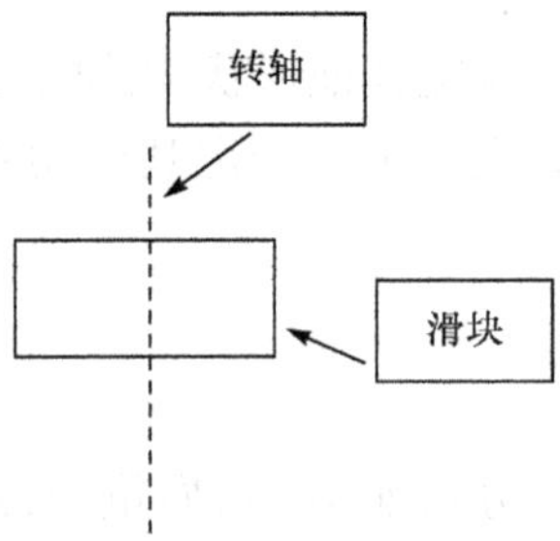

图 2.6.3　滑块绕质心转轴转动

【注意事项】

(1) 由于弹簧的扭转常数 K 值不是固定常数，它与摆动角度略有关系，摆角在 90°左右基本相同，在小角度时变小.

(2) 为了降低实验时由摆动角度变化过大带来的系统误差，在测定各种物体的摆动周期时，摆角不宜过小，摆幅也不宜变化过大，一般 90°左右为宜.

(3) 光电探头宜放置在挡光杆平衡位置处，挡光杆不能和它相接触，以免增大摩擦力矩.

(4) 机座应保持水平状态.

(5) 在安装待测物体时，其支架必须全部套入扭摆主轴，并将制动螺丝旋紧，否则扭摆不能正常工作.

(6) 在称金属细杆与塑料球的质量时，必须将支架取下，否则会带来极大误差.

【预习思考题】

(1) 什么是刚体？刚体模型与质点模型的区别是什么？

(2) 刚体的机械运动分成哪几种形式？

(3) 转动惯量是如何定义的？其物理意义是什么？

(4) 刚体转动惯量与哪些因素有关？推导各种形状规则物体的转动惯量理论计算公式.

(5) 什么是平行轴定理？

(6) 你打算怎样测定转动惯量？理论依据是什么？

(7) 你打算怎样测定弹簧的扭转常数 K？理论依据是什么？

(8) 你打算怎样验证平行轴定理？

(9) 安装实验装置时应该注意哪些方面？

【拓展思考题】

(1) 验证滑块不对称时的平行轴定理.

(2) 分析实测值的不确定度.

(3) 在用扭摆测定物体转动惯量的实验中，验证扭摆系统角位移变化方式是否为简谐振动.

(4) 在用扭摆测定物体转动惯量的实验中，分析弹簧扭转常数与摆动周期的关系.

2.7　液体表面张力系数的测定

许多液体的物理现象都与其表面张力有关，例如，液体与固体接触时的浸润与不浸润现象、毛细现象、液体泡沫形成等. 工业生产中使用的浮选技术、动植物体内液体的运动与土壤中水的运动等都是液体表面张力的表现. 液体表面是指具有厚度为分子有效半径(约 10^{-9}m)的液体薄层. 根据分子运动论，表面层内的液体分子仅受到来自其下方液体内部分子的吸引力，因而它们受到一个指向液体内部的合外力，这种力称为表面张力. 这一液体表面性质用表面张力系数 α 来描述. 测定液体表面张力系数可为分析液体表面的分子分布及结构提供帮助.

测量液体表面张力系数有多种方法，如拉脱法、毛细管法、平板法、最大工业气泡压力法等. 本实验主要介绍用拉脱法测定水的表面张力系数.

【实验目的】

(1) 了解水的表面性质，用拉脱法测定室温下水的表面张力系数.

(2) 掌握使用焦利秤测量微小力的原理和方法.

【实验仪器】

焦利秤、砝码、烧杯、温度计、镊子、水与游标卡尺等.

焦利秤是本实验所用主要仪器，它实际上是一个倒立的精密的弹簧秤. 仪器的构造如图 2.7.1 所示.

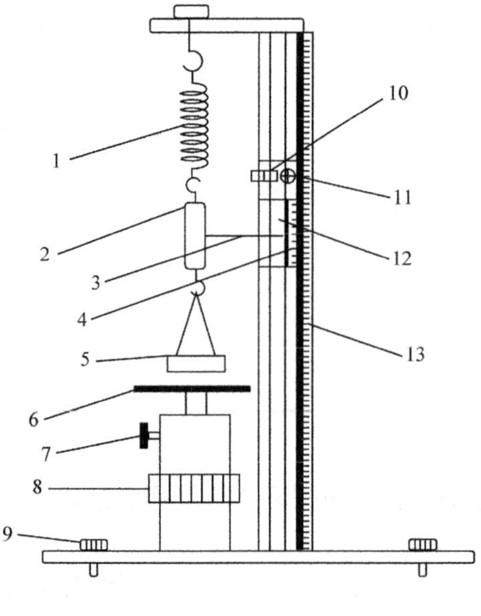

图 2.7.1 焦利秤的构造

1-弹簧；2-配重圆柱体；3-小指针；4-游标尺；5-砝码托盘；6-载物平台；7-调节平台高度的小螺钉；8-调节平台高度的微调旋钮；9-水平调节螺丝；10-调节游标高度的微调旋钮；11-调节游标高度的小螺钉；12-小镜子；13-主尺

【实验原理】

液体表面层内分子与内部分子的相互作用使得液体表面自然收缩，犹如紧张的弹性薄膜. 由于液面收缩而产生的沿切线方向的力称为表面张力. 设想在液面上作长为 L 的线段，线段两侧液面便有张力 f 相互作用,其方向与 L 垂直，大小与线段长度 L 成正比. 即有

$$f = \alpha L \tag{2.7.1}$$

其中，比例系数 α 称为液体表面张力系数，其单位为N/m .

将一表面洁净的长为 L、宽为 d 的矩形金属片(或金属丝)竖直浸入水中，然后慢慢提起一张水膜，当金属片将要脱离液面，即拉起的水膜刚好要破裂时，则有

$$F = mg + f \tag{2.7.2}$$

式中，F 为把金属片拉出液面时所用的力，mg 为金属片和带起的水膜的总重量，f 为表面张力. 此时，f 与接触面的周围边界为 $2(L+d)$，代入式(2.7.2)中可得

$$\alpha=\frac{F-mg}{2(L+d)} \tag{2.7.3}$$

本实验用金属圆环代替金属片，则有

$$\alpha=\frac{F-mg}{\pi(d_1+d_2)} \tag{2.7.4}$$

式中，d_1、d_2 分别为圆环的内、外直径.

实验表明，α 与液体种类、纯度、温度和液面上方的气体成分有关，液体温度越高、含杂质越多，α 值越小. 在恒定条件下，α 是一个常数，所以测量 α 时要记下当时的温度和所用液体的种类及纯度等信息.

【实验内容与步骤】

(1) 安装好仪器，挂好弹簧，调节底板的三个水平调节螺丝，使焦利秤立柱竖直. 在主尺顶部挂入吊钩再安装弹簧和配重圆柱体，使小指针被夹在两个配重圆柱体中间，配重圆柱体下端通过吊钩钩住砝码托盘. 调整小游标的高度使小游标左侧的基准线大致对准指针，锁紧固定小游标的锁紧螺钉，然后调节微调螺丝使指针与镜子边框的刻线重合，当镜子边框上刻线、指针和指针的像重合时(即称为“三线对齐”)，读出游标 0 线对应刻度的数值.

(2) 测量弹簧的劲度系数 K. 依次增加 1.0g 砝码，即将质量为 1.0g，2.0g，3.0g，…，9.0g 的砝码加在下盘内. 调整小游标的高度，每次都重新使其三线对齐，分别记下游标 0 线所指示的读数 $L_0, L_1, L_2, \cdots, L_9$；再逐次减少 1.0g 砝码，调整小游标的高度，每次都重新使之三线对齐，分别记下游标 0 线所指示的读数 $L_9', L_8', L_7', \cdots, L_0'$，取二者平均值，用逐差法求出弹簧的劲度系数，即

$$\overline{L_i}=\frac{L_i+L_i'}{2} \tag{2.7.5}$$

$$\Delta\overline{L}=\frac{1}{5}\sum_{i=0}^{4}(\overline{L_{i+5}}-\overline{L_i}) \tag{2.7.6}$$

$$K=\frac{5g}{\Delta\overline{L}} \tag{2.7.7}$$

(3) 测$(F-mg)$值. 将洁净的金属圆环挂在弹簧下端的小钩子上，把装有蒸馏水的烧杯置于焦利秤平台上，调整平台高度，使金属圆环恰好停在液面为止，调整小游标的高度使三线对齐，记下此时游标 0 线指示读数 S_0. 调节平台位置，使金属片浸入水中，转动平台旋钮使平台缓缓下降，下降的过程中，金属圆环底部会拉成水膜，在水膜还没有破裂时需调节三线对齐，然后再使平台下降一点，重复

刚才的调节，记下此时游标 0 线所指示的读数 S，算出$\Delta S=S-S_0$的值，即为在表面张力作用下，弹簧的伸长量，重复测量 5 次，求出平均值$\overline{\Delta S}$，此时有

$$F-mg=f=K\overline{\Delta S} \tag{2.7.8}$$

式中，K 为弹簧的劲度系数，将式(2.7.8)代入式(2.7.4)中可得

$$\alpha=\frac{K\overline{\Delta S}}{\pi(d_1+d_2)} \tag{2.7.9}$$

(4) 用卡尺测出 d_1、d_2 值，将数据代入式(2.7.9)中即可算出水的α 值. 再记录室温，可查出此温度下蒸馏水的标准值α，并做比较.

【数据记录与处理】

1. 用逐差法计算弹簧的劲度系数 K

砝码质量	增重读数/mm	减重读数/mm	平均数 $\overline{L_i}$
0.0g			
1.0g			
2.0g			
3.0g			
4.0g			
5.0g			
6.0g			
7.0g			
8.0g			
9.0g			

2. 计算液体表面张力系数α

次数	初始位置 S_0	水膜破裂时位置 S_i	$\Delta S=S_i-S_0$	α/(N/m)
1				
2				
3				
4				
5				

3. 计算表面张力系数α及其不确定度

注：在不同温度下，与空气接触的水的表面张力系数$\alpha\approx(75.5-0.15t)\times 10^{-3}\text{N/m}$，$t$ 的单位为℃，或者查表可得α 的精确值.

【注意事项】

(1) 由于杂质和油污可使水的表面张力显著减小，所以务必使蒸馏水、烧杯、金属圆环保持洁净. 实验前要对装蒸馏水的烧杯、金属圆环进行清洁处理，依次用 NaOH 溶液、酒精、蒸馏水将以上用具清洗干净，烘干后备用.

(2) 清洁后的用具，切勿用手触摸，应用镊子取出或放回.

(3) 测量 S 时要避免水膜提前破裂，否则实验误差较大，其中引起水膜提前破裂的因素有桌面的震动、空气的流动、金属圆环底部不水平等.

【思考题】

(1) 用焦利秤测量微小力的依据是什么?

(2) 金属圆环浸入水中，然后轻轻提起到底面与水面相平时，试分析金属圆环在竖直方向的受力.

(3) 分析式(2.7.2)成立的条件，实验中应如何保证这些条件实现?

(4) 本实验中为何安排测$(F-mg)$，而不是分别测 F 和 mg?

(5) 本实验影响测量的主要因素有哪些? 这些因素使 α 偏大还是偏小?

2.8　空气比热比的测量

气体的比热比 γ(又称绝热指数)是一个重要的热力学参量，在热力学方程中经常用到. 本实验采用高精度、高灵敏度的硅压力传感器和电流型集成温度传感器 AD590 分别测量气体的压强和温度，弥补了原有实验的不足，实验时能更明显地观察和分析热力学现象，实验结果较为准确.

【实验目的】

(1) 学习用绝热膨胀法测量空气的比热比 γ .

(2) 观察和分析热力学系统的状态和过程特征，掌握实现等值过程的方法.

(3) 了解硅压力传感器和电流型集成温度传感器的工作原理，掌握其使用方法.

【实验仪器】

气压计、FD-TX-NCD 空气比热比测定仪.

【实验原理】

1. 测量比热比的原理

理想气体经历不同的热力学过程，比热容也不同. 气体等容及等压过程的比热容分别称为定容比热容 C_V 和定压比热容 C_p. 定容比热容是指1kg 气体在保持体积不变的情况下，温度升高 1℃时所需吸收的热量；而定压比热容则是指1kg 气体在保持压强不变的情况下，温度升高 1℃时所需吸收的热量.

气体的比热比 γ 定义为定压比热容 C_p 和定容比热容 C_V 之比，又称气体的绝热指数，它是一个常用的物理量，在热力学理论及工程技术的应用中起着重要的作用，如热机的效率及声波在气体中的传播特性都与空气的比热比 γ 有关. 即

$$\gamma = \frac{C_p}{C_V} \tag{2.8.1}$$

实验装置简图如图 2.8.1 所示. 以贮气瓶内空气作为研究的热力学系统(注意：不是实验开始时瓶中的全部气体)，进行如下实验过程.

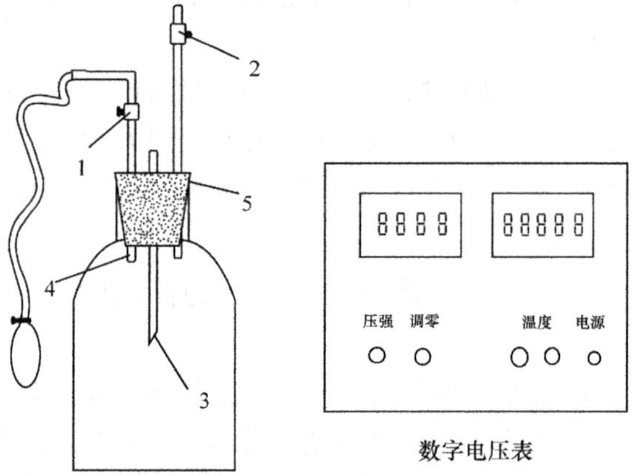

图 2.8.1　实验装置简图

1-进气活塞；2-放气活塞；3-AD590；4-气体压力传感器；5-704 胶黏剂

(1) 首先打开放气活塞 2，贮气瓶与大气相通，再关闭放气活塞 2，瓶内充满与周围空气同温同压的气体.

(2) 打开进气活塞 1，用充气球向瓶内打气，充入一定量的气体，然后关闭进气活塞 1. 此时瓶内空气被压缩，压强增大，温度升高. 等待内部气体温度稳定，即达到与周围温度(室温)平衡，此时的气体处于状态 I (p_1,V_1,T_0).

(3) 迅速打开放气活塞 2，使瓶内气体与大气相通，当瓶内气体压强降到 p_0 时，立即关闭放气活塞 2，设有体积为 ΔV 的气体喷泻出贮气瓶. 由于放气过程较快，瓶内保留的气体来不及与外界进行热交换，此过程可看作绝热膨胀过程. 在此过程后，瓶中保留的气体由状态 I (p_1,V_1,T_0) 转变为状态 II (p_0,V_2,T_1). V_2 为贮气瓶体积，V_1 为保留在瓶中的这部分气体在状态 I 时的体积.

(4) 由于瓶内气体温度 T_1 低于室温 T_0，所以瓶内气体将慢慢从外界吸热，直至达到室温 T_0，此时瓶内气体压强也随之增大为 p_2，则稳定后的气体状态为 Ⅲ(p_2,V_2,T_0). 状态Ⅱ → 状态Ⅲ的过程可以看作一个等容吸热的过程. 状态Ⅰ → 状态Ⅱ → 状态Ⅲ的过程如图 2.8.2 所示. 状态Ⅰ → 状态Ⅱ是绝热过程，由绝热过程方程得

$$p_1V_1^{\gamma}=p_0V_2^{\gamma} \tag{2.8.2}$$

状态Ⅰ和状态Ⅲ的温度均为 T_0，由气体状态方程得

$$p_1V_1=p_2V_2 \tag{2.8.3}$$

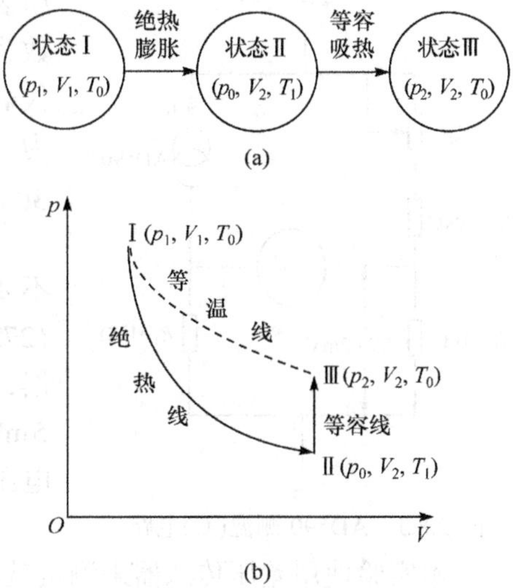

图 2.8.2　气体状态变化及 p-V 图

由式(2.8.2)和式(2.8.3)，消去 V_1、V_2，得

$$\gamma=\frac{\ln p_1-\ln p_0}{\ln p_1-\ln p_2}=\frac{\ln p_1/p_0}{\ln p_1/p_2} \tag{2.8.4}$$

由式(2.8.4)可以看出，只要测得 p_0、p_1、p_2，就可求出空气的比热比 γ.

注意 V_1、V_2 分别代表的意义.

2. FD-TX-NCD 空气比热比测定仪

它由贮气瓶一只(包括瓶、活塞、橡皮塞、打气球)，硅压力传感器、AD590 电流型集成温度传感器、三位半数字电压表、四位半数字电压表各一只，锂电池四节，5kΩ电阻(箱)一只等组成.

1) AD590 电流型集成温度传感器(测量温度)

AD590 是一种新型的电流输出型温度传感器，测温范围为−55～150℃. 当施加 +4～+30V 的激励电压时，这种传感器起恒流源的作用，其输出电流与传感器所处的热力学温度 T (单位为 K)成正比，且转换系数为 $K_c=1\mu A/K$ 或 $1\mu A/℃$. 如用摄氏度 t_c 表示温度，则输出电流为

$$I=(K_ct_c+273.2)\mu A \tag{2.8.5}$$

AD590 输出的电流 I 可以在远距离处通过一个适当阻值的电阻 R 转化为一个电压 U，由 $I=U/R$ 算出 AD590 输出的电流，从而算出温度值.

AD590 测温(℃)电路如图 2.8.3 所示. 图中 R_1 为采样电阻，其两端电压为 I_tR_1，而 (R_2+R_{W2}) 与 R_3 组成分压电路，R_3 上所分得的电压正好为 273.2mV，此电压用来补偿 0℃时流过 AD590 的电流(273.2μA)在 R_1 上所形成的压降，以使 0℃时电

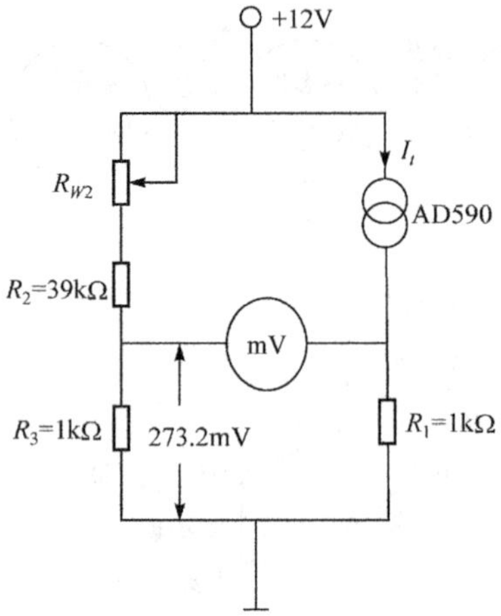

图 2.8.3　AD590 测温(℃)电路

压表的示值为零. 不难看出，此电路的转换系数为1mV/℃，这样数字电压表上显示的数值即代表以℃为单位的温度值. 例如，若环境温度为 30℃，调节 R_{W2} 使数字电压表的示值为 30.00mV .

本实验中采样电阻为5kΩ，温度单位为K，不必考虑对 0℃时流过 AD590 的电流(273.2μA)在采样电阻上所形成的压降进行补偿. 测量电路如图 2.8.4 所示，转换系数为 5mV/K或5mV/℃，接0～2V 量程四位半数字电压表，可检测到最小0.02℃的温度变化.

2) 扩散硅压阻式差压传感器(测量压强)

本实验使用差压传感器来测量玻璃瓶内气体的压强. 如图 2.8.5 所示，将差压传感器 C 端与瓶内被测气体相连，D 端与大气相通. 给差压传感器提供一恒定的输入电压，当瓶内被测气体的压强发生变化时，传感器的输出电压值相应发生变化. 传感器输出电压和压强的变化呈线性关系，如式(2.8.6)和式(2.8.7)所示.

$$U_i = U_0 + K_p(p_i - p_0) \tag{2.8.6}$$

$$K_p = \frac{U_m - U_0}{p_0} \tag{2.8.7}$$

式中，p_i 为被测气体压强，p_0 为大气压强，U_i 为 C、D 两端压差为 $(p_i - p_0)$ 时传感器的输出电压值，U_0 为 C、D 两端压差为零时传感器的输出电压值，U_m 为 C、D 两端压差为 p_0 时传感器的输出电压值.

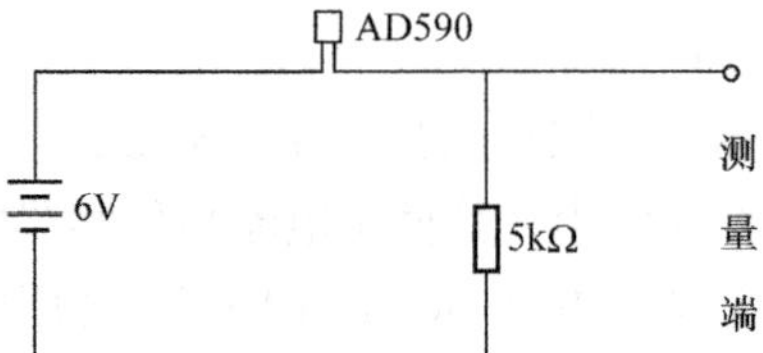

图 2.8.4　AD590 测温(K)电路

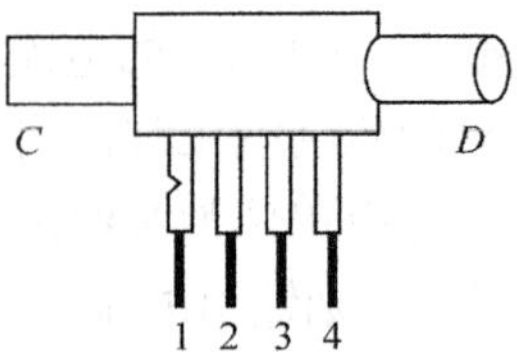

图 2.8.5　差压传感器外形图

1-电源输入(+)；2-信号输出(+)；
3-电源输入(−)；4-信号输出(−)

由此可根据下式求出气体的压强

$$p_i = p_0 + \frac{U_i - U_0}{K_p} \tag{2.8.8}$$

本实验所用的硅压力传感器事先已经由厂家标定，当被测气体压强为 $p_0+10.00\text{kPa}$ 时，数字电压表显示为 200mV，测量灵敏度为 20mV/kPa，测量精度为 5Pa. 由于各只硅压力传感器灵敏度不完全相同，故压力传感器与测试仪不能互换使用!

【实验内容与步骤】

(1) 按图 2.8.1 连接好仪器电路，AD590 正负极请勿接错. 开启电源，将电子仪器预热 10min，然后用调零电位器调节零点，把三位半数字电压表示值调到 0.

(2) 用气压计测量大气压强 p_0，用水银温度计测量环境温度 t_0(室温).

(3) 关闭放气活塞 2，打开进气活塞 1，用充气球向瓶内打气，使瓶内压强升高 1000～2000Pa (即数字电压表显示值升高 20～40mV)，关闭进气活塞 1. 待瓶中气体温度降到与室温相同且压强稳定时，瓶内气体状态为 I (p_1,T_0). 记下 (p_1',T_1').

(4) 迅速打开放气活塞 2，使瓶内气体与大气相通，由于瓶内气压高于大气压，瓶内部分气体将突然喷出，发出"嗤"的声音. 当瓶内压强降至 p_0 ("嗤"声刚结束)时，立刻关闭放气活塞 2，此时瓶内气体状态为 II (p_0,T_1).

(5) 当瓶内气体温度从 T_1 升到室温 T_0，且压强稳定时，瓶内气体状态为 III (p_2,T_0). 记下 (p_2',T_2').

(6) 每次测出一组压强值 p_0、p_1、p_2，利用式(2.8.4)计算空气比热比 γ. 重复 7 次，计算 γ 的平均值.

【数据记录与处理】

p_1、p_2 的换算公式为

$$p_1=p_0+\frac{p_1'}{2000},\quad p_2=p_0+\frac{p_2'}{2000}$$

数据表:

$t_0=$ ＿＿＿＿＿℃，$p_0=$ ＿＿＿＿＿Pa

测量次数	测量值/mV				计算值		
	状态 I		状态 III		p/Pa		γ
	p_1'	T_1'	p_2'	T_2'	p_1	p_2	
1							
2							

续表

测量次数	测量值/mV				计算值		
	状态 I		状态 III		p/Pa		γ
	p_1'	T_1'	p_2'	T_2'	p_1	p_2	
3							
4							
5							
6							
7							

$\bar{\gamma}$ = ____________，理论值 γ =1.402，百分误差=____________.

【注意事项】

(1) 由于各个扩散硅压力传感器的灵敏度不完全相同，请勿相互借用不同组号的测定仪或贮气瓶.

(2) 本实验所用的贮气瓶、进气活塞、放气活塞及其连接管均由玻璃材料制成，属易碎品，实验中连线、关闭或开启活塞、用充气球充气时均要小心、仔细.

(3) 压力传感器及数字电压表需预热和调零，待零点稳定后方可进行实验.

(4) 由于热学实验受外界环境因素，特别是温度的影响较大，测量过程中应随时留意环境温度的变化. 测量时只要做到瓶内气体在放气前降低至某一温度，放气后又能回升到同一温度即可，这一温度不一定等于充气前的室温 T_0.

(5) 放气时要迅速，并密切注意压力传感器输出数值的变化，一旦压力输出指示为零，立即关闭放气活塞(一听到放气的气流声结束马上关闭放气活塞).

【思考题】

(1) 本实验研究的热力学系统是指哪一部分气体?

(2) 本实验为什么要用集成温度传感器? 有何优点? 可否用水银温度计来替代?

(3) 如果用抽气的方法测量 γ 是否可行? 式(2.8.4)是否适用?

2.9　数字示波器的使用

数字示波器能长期储存波形，并能对波形进行放大等多种操作与分析，具有灵活的触发方式(预触发、逻辑触发、脉冲宽度触发等)，强大的波形处理能力，以及能自动测量频率、上升时间、脉冲宽度等很多参数等优点.

【实验目的】

(1) 了解数字示波器的基本结构和工作原理.
(2) 熟悉示波器面板各旋钮和按键的功能及使用.
(3) 学会用示波器测正弦交流信号的电压幅值及频率.
(4) 学会用李萨如图法测量正弦信号频率.

【实验仪器】

GDS-2062 数字存储示波器、函数信号发生器.

【实验原理】

1. 数字存储示波器的基本结构及工作原理

数字存储示波器是按照采样原理，利用模/数(A/D)转换，将连续的模拟信号转变成离散的数字序列，然后恢复重建波形，从而达到测量波形的目的，基本原理框图如图 2.9.1 所示.

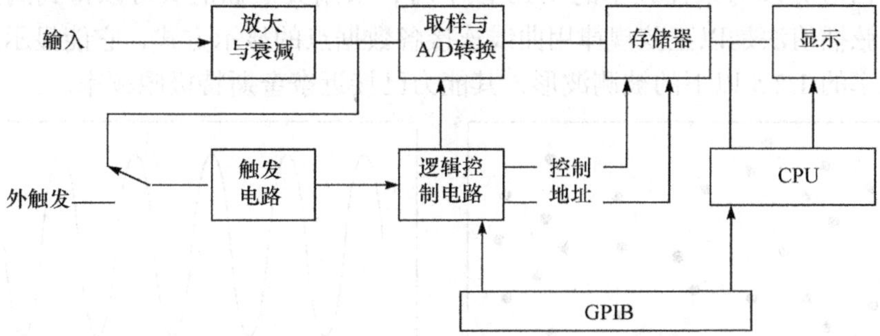

图 2.9.1　数字存储示波器基本原理框图

输入缓冲放大器(AMP)将输入的信号作缓冲变换，起到将被测体与示波器隔离的作用，示波器工作状态的变换不会影响输入信号，同时将信号的幅值切换至适当的电平范围(示波器可以处理的范围)，也就是说，不同幅值的信号在通过输入缓冲放大器后都会转变成相同电压范围内的信号.

A/D 转换单元的作用是将连续的模拟信号转变为离散的数字序列，然后按照数字序列的先后顺序重建波形. 所以 A/D 转换单元起到一个采样的作用，它在采样时钟的作用下，将采样脉冲到来时刻的信号幅值的大小转化为数字表示的数值. 我们称这个点为采样点. A/D 转换单元是波形采集的关键部件.

存储器将 A/D 转换的数据按照其在模拟波形上的先后顺序存入存储器，也就是给数据安排地址，其地址的顺序就是采样点在波形上的顺序，采样点相邻数据之间的时间间隔就是采样间隔. 当采集存储器内的数据足够复原波形的时候，再送入后级处理，用于复原波形并显示.

控制电路等用于控制和处理所有的控制信息，并把采样点复原为波形点，存入显示内存区，用于显示. 显示单元将显示内存中的波形点显示出来，显示内存中的数据与液晶(LCD)显示面板上的点是一一对应关系.

GPIB 为通用接口总线系统，通过它可以程控数字存储示波器的工作状态，并且使内部存储器和外部存储器交换数据成为可能.

2. 波形的插值显示和触发

示波器屏幕显示的波形由一些密集的点构成，当被观察的信号在一个周期内采样点数较少时，会引起视觉上的混淆现象，如图 2.9.2(a)所示的正弦波形就很难辨认，一般认为当采样频率低于被测信号频率的 1/2.5 时，点显示就会造成视觉混淆，为了有效地克服视觉的混淆现象，同时又不降低带宽指标，数字示波器往往采用插值显示，即在波形上两个测试点数据间进行估值. 估值方式通常有矢量插值法和正弦插值法两种，矢量插值法是用斜率不同的直线段来连接相邻的点，当被测信号频率为采样频率的 1/10 以下时，采用矢量插值法可以得到满意的效果；正弦插值法是以正弦规律用曲线连接各数据点的显示方式，它能显示频率为采样频率的 1/2.5 以下的被测波形，其能力已接近奈奎斯特极限频率.

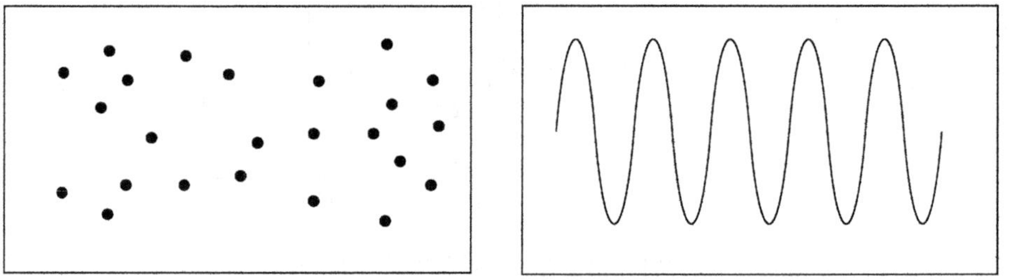

(a)　(b)

图 2.9.2　波形的点显示和插值显示

为了实时稳定地显示信号波形，示波器必须重复地从存储器中读取数据并显示，采用触发技术使每次显示的曲线和前一次重合. 信号的触发也叫同步，一般的触发方式为：输入信号经衰减放大后分送至 A/D 转换器的同时也分送至触发电路，触发电路根据一定的触发条件(如信号电压达到某值并处于上升沿)产生触发信号，控制电路一旦接收到来自触发电路的触发信号，就启动一次数据采集与随机存储器(RAM)写入循环.

触发决定了示波器何时开始采集数据和显示波形，一旦触发被正确设定，它可以把不稳定的显示或黑屏转换成有意义的波形. 示波器在开始收集数据时，先收集足够的数据用来在触发点的左方画出波形. 示波器在等待触发条件发生的同时连续地采集数据. 当检测到触发后, 示波器连续地采集足够的数据以在触发点的右方画出波形.

触发可以从多种信源得到, 如输入通道、市电、外部触发等. 常见的触发类型有边沿触发和视频触发, 常见的触发方式有自动触发、正常触发和单次触发.

如果触发扫描信号的周期与被测信号的周期不一致或不成整数倍, 屏上会出现移动的不稳定波形. 为了获得一定数量的完整周期波形, 示波器上设有扫描速度"Time/div"调节旋钮(用于控制 A/D 转换速率及存储器写入的速度), 用来调节触发信号的周期, 使之与被测信号的周期成合适的关系, 从而显示出完整周期的正弦波形. 操作时, 使用"电平"(LEVEL)旋钮, 改变触发电平高度, 当待测电压达到触发电平时, 扫描发生器开始扫描, 直到一个扫描周期结束. 但如果触发电平高度超出所显示波形最高点或最低点的范围, 则扫描电压消失, 扫描停止.

3. 李萨如图形

在示波器的 CH1 通道加上一正弦波, 在示波器的 CH2 通道加上另一正弦波, 当两正弦波信号的频率比值为简单整数比时, 在荧光屏上将得到李萨如图形, 如图 2.9.3 所示. 李萨如图形是两个相互垂直的简谐振动合成的结果, 它们满足

$$\frac{f_y}{f_x}=\frac{n_x}{n_y}$$

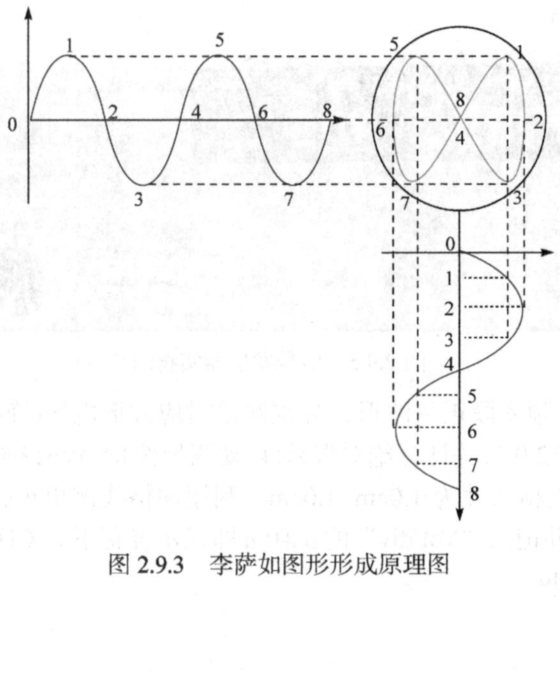

图 2.9.3　李萨如图形形成原理图

其中，f_x代表 CH1 通道上正弦波信号的频率，f_y代表 CH2 通道上正弦波信号的频率，n_x代表李萨如图形与假想水平线的切点数目，n_y代表李萨如图形与假想垂直线的切点数目. 不同频率比的李萨如图形如图 2.9.4 所示.

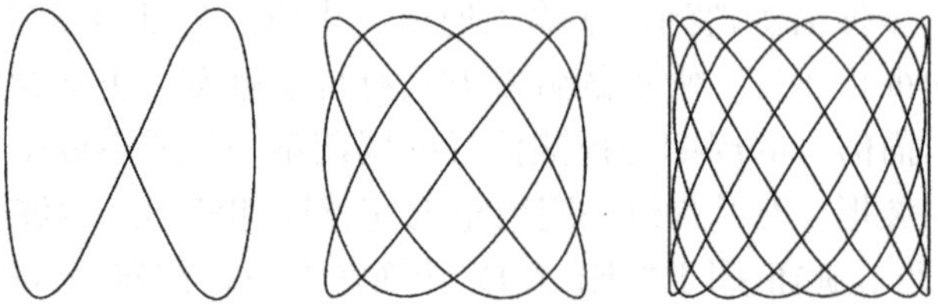

$\frac{f_y}{f_x}=\frac{n_x}{n_y}=\frac{2}{1}$　　$\frac{f_y}{f_x}=\frac{n_x}{n_y}=\frac{4}{3}$　　$\frac{f_y}{f_x}=\frac{n_x}{n_y}=\frac{8}{5}$

图 2.9.4　不同频率比的李萨如图形

【实验内容与步骤】

1. 观察各种波形并测量正弦波形的电压、周期和频率

(1) 观察波形.

选择信号频率范围,调节旋钮,得合适信号源频率. 调节信号发生器(图 2.9.5)SYM 旋钮可以改变波形的对称性，改变信号类型，依次观察三角波、方波波形. 将正弦信号从 CH1 输入端输入,调节垂直系统、水平系统、触发系统获取稳定的信号，使用各功能菜单按键，探索各调节旋钮、菜单按键的作用. (调节“Vol/div”旋钮，使波形大小适中(大小占屏的 1/2～2/3 为宜)，调节“Time/div”旋钮，使示波器出现稳定的正弦波.)

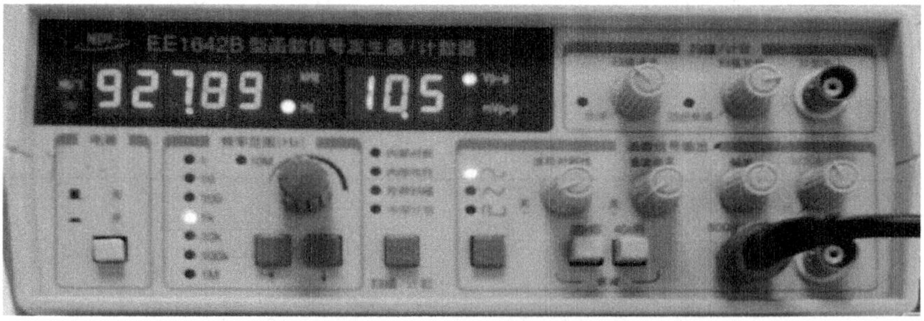

图 2.9.5　信号发生器实物图

(2) 选择三个频率段正弦波形，分别测量对应波形电压(峰-峰值)、周期和频率. 将数据填入表 2.9.1,并计算绝对误差(自动测量按 Measure 键). 手动测量方法：①示波器显示屏网格尺寸为 1.0cm×1.0cm，利用网格线测出正弦波的波峰到波谷的垂直距离 dy，并记录“Vol/div”的 a 值(a 即显示屏幕下方 CH1：…V)；②电压峰-峰值 $V_{\text{p-p}}=a\times \text{d}y$.

(3) 利用示波器网格线测出一个完整周期的正弦波的水平宽度 dx，并记录“Time/div”所设定的值 t(t 即示波器屏幕下方 M：…ms).

$$T=t\times \mathrm{d}x,\quad f=1/T$$

表 2.9.1　正弦信号参量测量

信号源	峰-峰值($V_{\text{p-p}}$)				周期(T)				频率(f)
	自动测量值	手动测量值			自动测量值	手动测量值			
		dy	Vol/div	dy · Vol/div		dx	Time/div	dy · Vol/div	

2. 利用李萨如图形测频率(表 2.9.2)

将两正弦信号分别从示波器的 CH1 和 CH2 通道输入，按下“Time/div”正上方的“Hori Menu”按键，屏幕右侧下方出现“X-Y”，按下执行键“F5”，将 CH1 和 CH2 输入端信号置于 XY 模式. 保持 CH1 输入端信号频率不变，调节 CH2 输入端信号发生器的频率，使屏中出现大小适中的李萨如图形，计算出 f_y，读出信号发生器上 CH2 输入端信号的频率 f'_y，比较 f_y 和 f'_y，要求至少三种不同频率比图形(拍照片).

表 2.9.2　利用李萨如图形测频率

f_x/Hz			
n_x			
n_y			
李萨如图形			
f_y/Hz			

【注意事项】

示波器和函数信号发生器上所有开关及旋钮都有一定的调节限度，调节时不能用力太猛.

【思考题】

(1) 若在示波器上看到的波形幅度太小，应调节哪个旋钮使波形的大小适中？

(2) 怎样用示波器定量地测量交流信号的电压有效值和频率？

2.10 亥姆霍兹线圈磁场

赫尔曼 · 冯 · 亥姆霍兹，德国物理学家、数学家、生理学家、心理学家，曾任柏林大学校长(1877 年)和德国国家物理工程研究所所长(1888 年). 亥姆霍兹不仅对医学、生理学和物理学有重大贡献，而且一直致力于哲学认识论的研究. 他确信：世界是物质的，而物质必定守恒.

【实验目的】

(1) 掌握霍尔效应原理测量磁场的方法.

(2) 测量载流圆线圈和亥姆霍兹线圈轴线上的磁场分布.

【实验仪器】

4501A 型亥姆霍兹线圈磁场实验仪.

【实验原理】

1. 载流圆线圈和亥姆霍兹线圈磁场

根据毕奥-萨伐尔定律，可知载流圆线圈在轴线上距离圆心点 x 处的磁感应强度 B 为

$$B=\frac{\mu_0 N_0 I R^2}{2(R^2+x^2)^{3/2}} \tag{2.10.1}$$

式中，$\mu_0=4\pi\times10^{-7}\,\mathrm{H/m}$ 为真空磁导率，R 为线圈的平均半径，N_0 为圆线圈的匝数，I 为通过线圈的电流强度. 则它在轴线上的磁场分布如图 2.10.1 所示.

亥姆霍兹线圈是指两规格一致的圆线圈，线圈平面彼此平行且共轴，通以同方向的电流 I，理论计算证明：当线圈间距 a 等于线圈半径 R 时，两线圈合磁场在轴线上(两线圈圆心连线)附近较大范围内是均匀的，如图 2.10.2 所示.

2. 霍尔效应法测磁场

1879 年，美国物理学家霍尔(A. H. Hall, 1855—1938)在研究载流导体在磁场中受力时发现了一种电磁效应. 如图 2.10.3 所示 N 型半导体，若电流 I 沿 x 轴方向流动，磁场 B 沿 z 方向，运动着的电子受洛伦兹力 f_B 的作用而偏移并聚集在 M 平面；则在 N 平面感应等量的正电荷，自建电场反过来阻止电子继续向 $A'C'$ 平面偏移. 当电子受到的洛伦兹力和霍尔电场的反作用力达到平衡时，在上下两平面之间形成一个稳定电场 E_{H}，称之为霍尔电场，这种效应被称为霍尔效应.

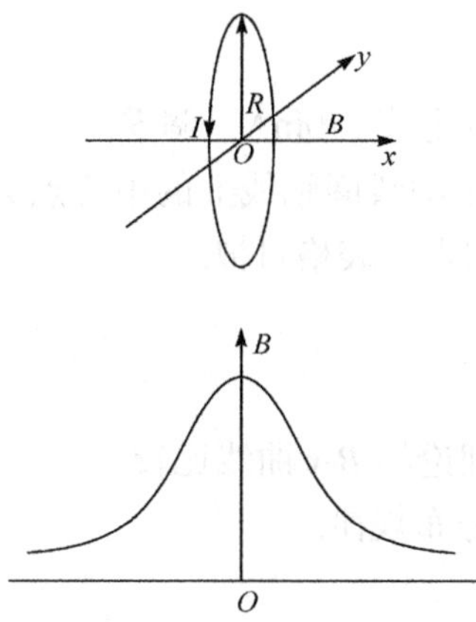

图 2.10.1　载流圆线圈磁场分布

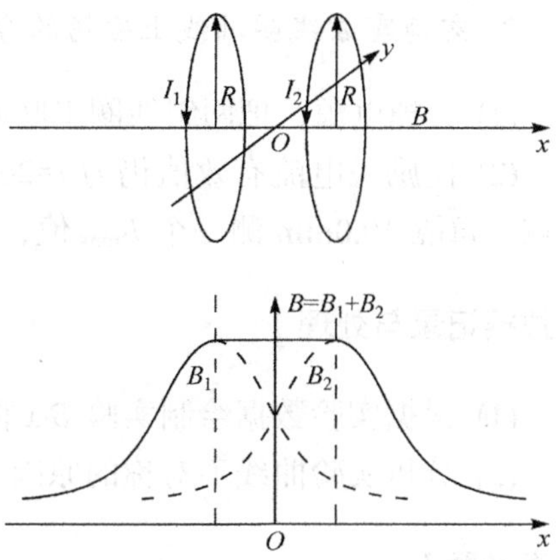

图 2.10.2　亥姆霍兹线圈磁场分布

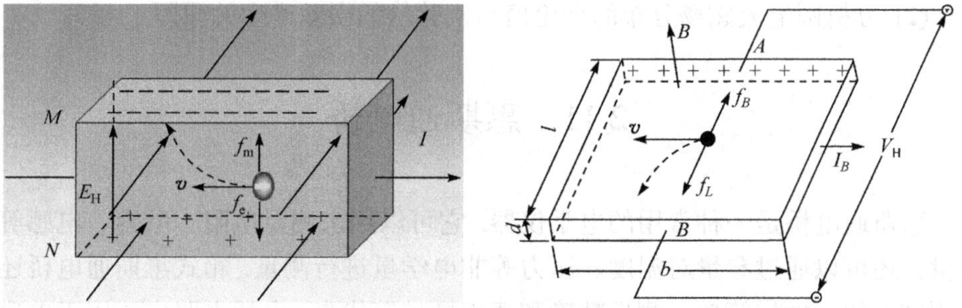

图 2.10.3　霍尔效应示意图

设材料的长度为l，宽为b，厚为d，载流子浓度为n，载流子速度为v，则

$$I = nevbd,\qquad U_H = \frac{IB}{ned} = \frac{R_H IB}{d} = \frac{K_H}{d}$$

式中，霍尔系数 $R_H = 1/(ne)$，单位为 m^3/C；霍尔灵敏度 $K_H = R_H/d$，单位为 mV/mA .

本实验使用集成霍尔元件，已经与显示模块联调，直接显示磁场强度.

【实验内容与步骤】

1. 圆电流线圈轴线上磁场的分布

(1) 关闭电源，接好电路，预热. 使励磁电流有效值 I=0mA 时，消除地磁场的影响，按住零位调节旋钮，使磁场输出显示为零.

(2) 使励磁电流 I=200mA，测量左(或右)线圈的轴线磁场分布，测量时以所选的线圈圆心为坐标原点，每次间隔 5mm 移动霍尔元件，围绕原点左右对称测量，共 21 个数据点，表格自拟.

2. 亥姆霍兹线圈轴线上磁场的分布

(1) 关掉电源，把两组线圈串联起来，使励磁电流 I=0mA，调零.

(2) 使励磁电流有效值仍为 I=200mA. 以两个圆线圈轴线上的中心点为坐标原点，每隔 10.0mm 测一个 B_{max} 值，共 21 个数据点，表格自拟.

【数据记录与处理】

(1) 根据实验数据绘制实验 B-x 曲线，并与理论的 B-x 曲线比较.

(2) 分析实验曲线不对称的原因，总结磁场分布规律.

【思考题】

(1) 当流过线圈中的电流为零时，为什么显示的磁场值不为零?

(2) 分析圆电流磁场分布的理论值与实验值的误差产生的原因.

2.11　惠斯通电桥

惠斯通电桥是一种常用的电学仪器. 它可以用来测量电阻、电容、电感等电学量，还可以通过参量对温度、压力等非电学量进行测量. 箱式惠斯通电桥还具有测试方便、操作简单、测量精确和便于携带等优点. 电桥电路广泛用于电磁测量、自动调节和自动控制系统.

【实验目的】

(1) 掌握电桥测电阻的原理和方法.

(2) 了解减小测电阻误差的一般方法.

【实验仪器】

线式电桥板、电阻箱、滑线变阻器、检流计、箱式惠斯通电桥、待测电阻、低压直流电源.

【实验原理】

(1) 用伏安法测电阻时，除了因使用的电流表和电压表准确度不高带来的误差外，还存在线路本身不可避免地带来的误差. 在伏安法线路上经过改进的电桥线路克服了这些缺点. 它不用电流表和电压表(因而与电表的准确度无关)，而是将待测电阻和标准电阻相比较，以确定待测电阻是标准电阻的多少倍. 这种用比较法来精确测量电阻的方法，早在 1833 年就有人提出基本的电路网络，但一直未引起注意，直到 1843 年，惠斯通才加以应用，为纪念他，就称之为惠斯通电桥.

惠斯通电桥的电路如图 2.11.1 所示，四个电阻 R_1、R_2、R_x 和 R_s 连成一个四边形，每一条边称作电桥的一个臂，A 和 C 之间加上电源 E，B 和 D 之间连接检流计 G，所谓桥就是指 BD 这条对角线，它的作用就是将桥的两个端点的电势直接进行比较. 当 B、D 两点电势相等时，检流计中无电流通过，电桥达到了平衡. 这时，下式成立

$$\frac{R_1}{R_2}=\frac{R_s}{R_x}$$

即

$$R_x=\frac{R_1}{R_2}R_s \tag{2.11.1}$$

若 R_1、R_2、R_s 均已知$\left(\text{或}\frac{R_1}{R_2}\text{和}R_s\text{为已知}\right)$，则 R_x 可由式(2.11.1)求出.

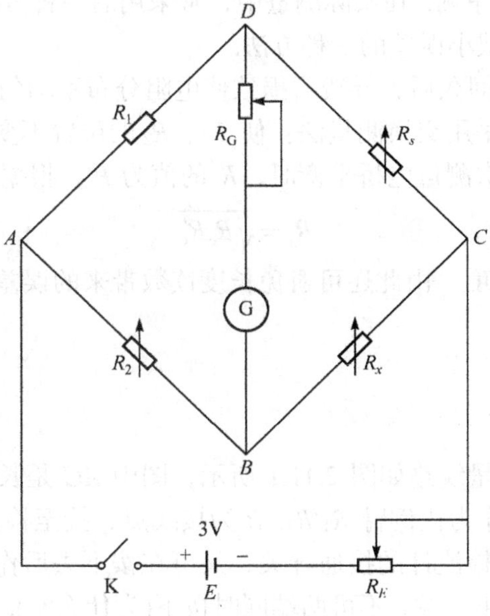

图 2.11.1　惠斯通电桥的电路

(2) 电压灵敏度.

式(2.11.1)是在电桥平衡的条件下推导出来的，而电桥是否平衡，实验中是以检流计变化为零来判断的，检流计的灵敏度总是有限的，假设电桥在$\frac{R_1}{R_2}=1$时调到了平衡，则有$R_x=R_s$，若把R_s稍微变化一点(ΔR_s)，电桥就应失去平衡，就有电流I_g流过检流计，如果I_g小到不能使检流计觉察出来，那么我们就会认为电桥还是平衡的，因而得出$R_x=R_s+\Delta R_s$，这就是由于检流计灵敏度不够而带来的测量误差，对此，我们引入电桥灵敏度S的概念，它定义为

$$S=\frac{\Delta n}{\frac{\Delta R_x}{R_x}} \tag{2.11.2}$$

式中，ΔR_x是电桥平衡后R_x的微小变化量(实际上R_x是不能变的，改变的是标准电阻)，而Δn是电桥偏离平衡而引起的检流计变化量，它越大说明越灵敏，带来的误差就越小.

(3) 电桥平衡的调节方法.

从式(2.11.1)可以看出，调节电桥平衡有两种方法：一种是固定R_s值，改变比值电阻R_1和R_2的比例，使电桥平衡，这种情况可能使R_1和R_2的值相差甚远，因而对电阻的精度要求特别高，比值的相对误差较大；另一种是固定R_1/R_2为某一值，调节R_s，使电桥平衡. 在实际测量中，常采用后一种方法来调节电桥平衡.

(4) 线式电桥中减小误差的一种方法.

线式电桥使用时间久后，导线磨损致使电阻分布不均匀，结果会带来系统误差. 为消除误差，可采用交换测量法：使R_1、R_2的位置不变，将R_x和R_s对调，各测量一次. 设第二次测量电桥平衡时，R_s的值为R_s'，根据式(2.11.1)，有

$$R_x=\sqrt{R_sR_s'} \tag{2.11.3}$$

式(2.11.3)中不包含长度，由此还可避免长度读数带来的误差.

【实验仪器介绍】

1. 线式电桥

线式电桥及其测量线路如图 2.11.1 所示，图中AC是长为 1m 的粗细均匀的金属(电阻)线，用来作为比例臂R_1/R_2. B为接线点，接至检流计一端，点B两边分别有一按钮，作为检流计的接通开关，又可在按下去后作为读数的分界点. 注意，在实验时只能按下一端，不可两端同时按下(为什么？). 点B可在AC范围内移动，以改变R_1和R_2的比值，实验中电源电压取 3～5V，R_E是滑线变阻器接成的限流器，用来控制整个回路的电流(或AC两端的电压)，电源接通前应使其置于

阻值较大的位置(或中间点)，电桥粗调平衡后，再减小 R_E，以增加电桥的灵敏度. 但 R_E 减小时应使电路总电流不大于 1A(从电源电流指示表上可粗读出)，并使测量时间尽量短，以免因电流过大烧坏仪器.

2. 箱式惠斯通电桥

单臂电桥使用方法(两端电阻测量法)：

测量 100Ω以上中值电阻时，应采用单臂电桥工作方式.

1) 单臂电桥工作方式等效电路

图 2.11.2 为 DHQJ-5 单臂电桥工作方式简化图.

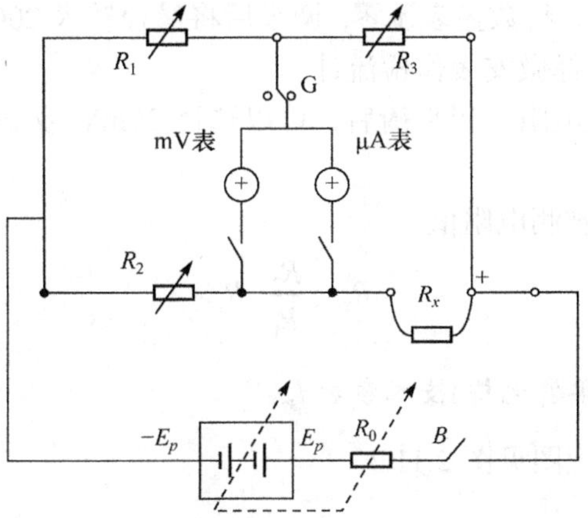

图 2.11.2　DHQJ-5 单臂电桥工作方式简化图

2) 测量操作步骤

(1) 标准电阻 R_N 选择开关选择“单桥”挡.

(2) 工作方式开关选择“单桥”挡.

(3) 建议按表 2.11.1 有效量程选择工作电源电压.

(4) G 开关选择“G 内接”.

(5) 根据 R_x 值估计值，按表 2.11.1 选择量程倍率，设置好 R_1、R_2 和 R_s 值，将未知电阻 R_x 接入 R_x 接线端子(注意 R_x 端与上方短接片应接好).

表 2.11.1　量程倍率、比例臂及电桥工作电压对应关系

量程倍率	有效量程/Ω	R_1/Ω	R_2/Ω	工作电压/V
$\times 10^{-3}$	1～11.111	10000	10	3
$\times 10^{-2}$	10～111.11	10000	100	6
$\times 10^{-1}$	100～1111.1	10000	1000	

续表

量程倍率	有效量程/Ω	R_1/Ω	R_2/Ω	工作电压/V
×1	1k～11.111k	1000	1000	9
×10	10k～111.11k	1000	10000	
$\times 10^2$	100k～1111.1k	100	10000	12
$\times 10^3$	1M～11.111M	10	10000	

(6) 打开仪器市电开关，面板指示灯亮.

(7) 建议选择毫伏表作为仪器检流计，释放“接入”键，量程置“2mV”挡，调节“调零”电位器，将数显表调零. 调零后将量程转入 200mV 量程，按下“接入”按键，也可以选择微安表作检流计.

(8) 调节 R_s 各盘电阻，粗平衡后，可以选择 20mV 或 2mV 挡，细调 R_s，使电桥平衡.

(9) 按下式计算被测电阻值

$$R_x = \frac{R_2}{R_1} \cdot R_s$$

3. 惠斯通电桥(单臂电桥)技术参数表

DHQJ-5 电路原理图见图 2.11.3.

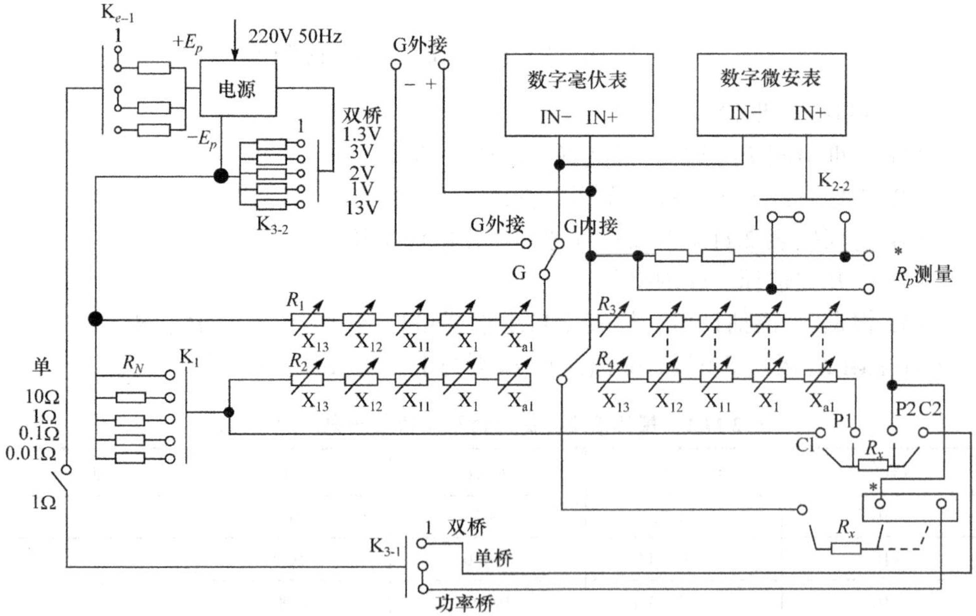

图 2.11.3　DHQJ-5 电路原理图

【实验内容与步骤】

1. 用线式电桥测电阻

(1) 按图 2.11.1 接好线路，各接线头必须干净、接牢，以减小接线电阻，可变电阻 R_E 取最大值.

(2) 接通电源，电压取 3～5V，选好倍率，合上开关 K，观察检流计偏转情况. 用逼近法从高值位到低值位逐渐改变 R_s(用电阻箱)的值，使检流计偏转减小. 例如，估计 R_s 为某一值 r_1 时，指针偏向某一边；改变 R_s 值为另一值 r_2 时，若指针偏向另一边，则指针指 R_s 值一定在 r_1 与 r_2 之间. 逐步缩小 r_1 与 r_2 的差值，便可找到 R_s 的准确值.

(3) 减小 R_E 的值(注意观察电源上电流表指示，勿使电流超过 1A)，重新细调 R_s 使电流平衡，这一步时间应尽量短.

(4) 记下 R_s 的值，填入自拟表中.

(5) 交换 R_x 和 R_s 的位置(注意这时的比值不能改变)，重复上述步骤可得另一值，记入自拟表中.

(6) 用上述方法测量另一待测电阻，一并记入自拟表中，实验完后，关断电源，整理好仪器.

2. 箱式电桥测电阻

(1) 将箱式电桥打开平放，调节检流计指零.

(2) 根据待测电阻(线式电桥测量值或标称值)的大小和 R_s 值取满四位有效数字的原则，确定比例臂的取值，例如，R_x 为数千欧的电阻，为保证四位有效数字，Kr 取为 0.1.

(3) 调节 R_s 的值与 R_x 的估计值相同，按下 B_0 和 G_1 按钮，用逐步逼近法粗调电桥平衡，再按下 B_0 和 G_0 细调电桥平衡，根据式(2.11.1)可得 $R_x=KrR_s$.

(4) 用上述方法测量另一待测电阻 R_{x2}，以及 R_{x1} 与 R_{x2} 串、并联值，一并记入自拟表.

(5) 测量完毕后，先松开 $G_0(G_1)$，然后松开 B_0，使仪器恢复到实验前状态.

【数据处理与分析】

(1) 用线式电桥测电阻时，R_x 的相对误差：设比较臂电阻(电阻箱)的准确度等级为 a，在这种情况下，为简化计算，$E_{R_x}=\dfrac{\Delta R_x}{R_x}=a\%$ 即可.

(2) 箱式电桥的最大基本误差为

$$\Delta R_x=\pm Kr(a\%R_s+b\Delta R_s)$$

式中，a 是箱式电桥的准确度等级，b 是固定误差项系数，ΔR_s 是最小步进值或分度值.

【注意事项】

(1) 用线式电桥测电阻时，电源电压取 3～5V，电压太小灵敏度得不到保证，电压太大容易损坏仪器.

(2) R_E 在实验前应置于阻值最大位置，减小 R_E 后应尽快测量，然后增大 R_E 或切断电源，否则，电流过大容易引起电阻丝发热，烧坏标尺或电阻箱.

(3) 箱式电桥应轻拿轻放，旋动装潢旋钮时应轻轻操作，切忌过猛，否则容易损坏检流计.

(4) 严禁在没有确定好比例臂和 R_s 值较小或为零的情况下按下 B_0、$G_1(G_0)$开关.

【预习要求和预习思考题】

(1) 若在图 2.11.1 中的 A、C 间接入检流计，B、D 间接电源，电桥平衡时 R_x 为多少?

(2) 电桥平衡的调节方法有几种? 常用哪一种?

(3) 线式电桥测电阻时为何电源接通前应将 R_E 调至最大位置? 电桥平衡时为何又要调小? 为何在 R_E 值较小时不能较长时间通电?

(4) 简述箱式电桥测电阻的调节步骤.

【设计、分析讨论题】

(1) 用线式电桥测电阻，当 $R_1=R_2$ 时，待测电阻的相对误差最小，试证明.

(2) 用线式电桥测电阻，当电源电压输出正常，接线无误时，下面的几种情况，问题分别可能出在何处? 怎样解决?

(a) 无论怎样调节，检流计都不动.

(b) 无论怎样调节，检流计总往一个方向偏转.

(3) 用电桥电路除测电阻外，还可测量电容、电感、温度、压力等许多物理量. 请你设计一个测量温度的桥路，并说明怎样测量，写出设计方案. (提示：测温用非平衡电桥.)

2.12　用直流双臂电桥测低值电阻

【实验目的】

(1) 掌握用双臂电桥测低值电阻的原理和方法.

(2) 了解测量低值电阻时接线电阻和接触电阻的影响及其避免方法.

【实验仪器】

四端电阻、待测电阻(铜、铝、铁)、直流电源、电流表、电压表、电阻箱等.

【实验原理】

用单臂电桥测量电阻时，其所测电阻值一般可以达到四位有效数字，最高阻值可测到 $10^6\Omega$，最低阻值为 1Ω. 当被测电阻的阻值低于 1Ω时(称为低值电阻)，单臂电桥测量到的电阻的有效数字将减少，另外，其测量误差也显著增大，究其原因，是被测电阻接入测量线路中，连接用的导线本身具有电阻(称为接线电阻)，被测电阻与导线的接头处亦有附加电阻(称为接触电阻). 接线电阻和接触电阻的阻值为 $10^{-5}\sim10^{-2}\Omega$. 接触电阻虽然可以用清洁接触点等措施减小，但终究不可能完全清除. 当被测电阻仅为 $10^{-6}\sim10^{-3}\Omega$时，其接线电阻及接触电阻值都已超过或大大超过被测电阻的阻值，这样就会造成很大误差，甚至完全无法得出测量结果. 所以，用单臂电桥来测量低值电阻是不可能精确的，必须在测量线路上采取措施，避免接线电阻和接触电阻对低值电阻测量的影响.

精确测定低值电阻的关键，在于消除接线电阻和接触电阻的影响.

下面我们考察接线电阻和接触电阻是怎样对低值电阻测量结果产生影响的. 例如，用安培表和毫伏表按欧姆定律 $R=U/I$ 测量电阻 R，设 R 在 1Ω以下，按一般接线方法用如图 2.12.1(a)所示的电路. 由图 2.12.1(a)可见，如果把接线电阻和接触电阻考虑在内，并设想用普通导体电阻的符号表示它们，其等效电路如图 2.12.1(b)所示.

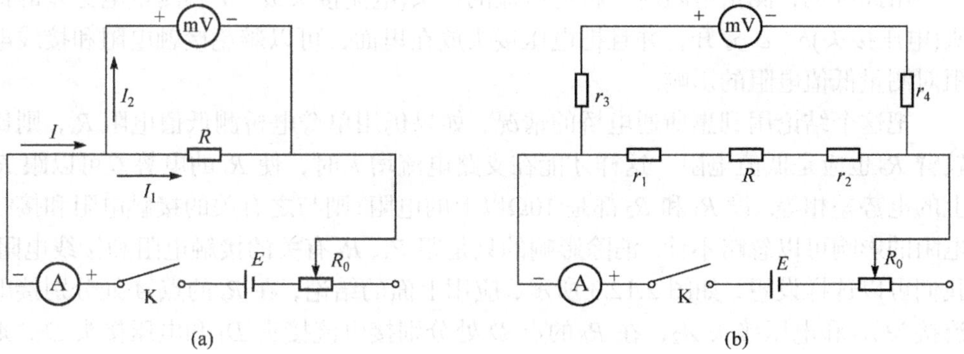

图 2.12.1　伏安法测低值电阻等效图

图 2.12.1(b)中，r_1、r_2 分别是连接安培表及变阻器用的两根导线与被测电阻两端接头处的接触电阻及导线本身的接线电阻，r_3、r_4 是毫伏表和安培表、滑线

变阻器接头处的接触电阻和接线电阻. 通过安培表的电流 I 在接头处分为 I_1、I_2 两支，I_1 流经安培表和 R 间的接触电阻再流入 R，I_2 流经安培表和毫伏表接头处的接触电阻再流入毫伏表. 因此，r_1、r_2 应算作与 R 串联；r_3、r_4 应算作与毫伏表串联. 由于 r_1、r_2 的电阻与 R 具有相同的数量级，甚至有的比 R 大几个数量级，故毫伏表指示的电势差不代表 R 两端的电势差. 也就是说，如果利用毫伏表和安培表此时所指示的值来计算电阻，不会给出准确的结果.

为了解决上述问题，试把连接方式改为如图 2.12.2(a)所示的形式. 同样用电流流经路线的分析方法可知，虽然接触电阻 r_1、r_2、r_3 和 r_4 仍然存在，但由于其所处位置不同，构成的等效电路变为图 2.12.2(b). 由于毫伏表的内阻大于 r_3、r_4、R，故毫伏表和安培表的示数能准确地反映电阻 R 上的电势差和通过的电流. 利用欧姆定律可以算出 R 的正确值.

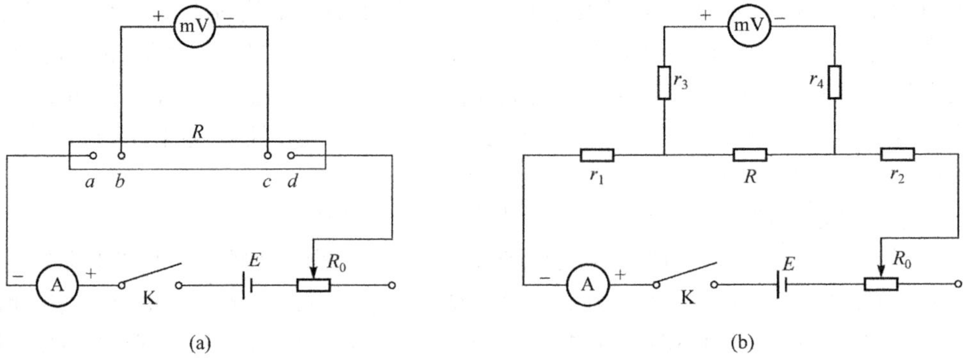

图 2.12.2　四端法测低值电阻原理图

由此可见，测量电阻时，将通电流的接头(电流接头)a、d 和测量电势差的接头(电压接头)b、c 分开，并且把电压接头放在里面，可以避免接触电阻和接线电阻对测量低值电阻的影响.

把这个结论用到惠斯通电桥的情况，如果仍用单臂电桥测低值电阻 R_x，则比较臂 R_b 也应是低值电阻，这样才能在支路电流增大时，使 R_x 的电势差可以跟 R_1 上的电势差相等. 设 R_1 和 R_2 都是 10Ω以上的电阻,则与之有关的接触电阻和接线电阻的影响可以忽略不计. 消除影响的只是跟 R_x、R_b 有关的接触电阻和接线电阻. 我们可以这样设想，如图 2.12.3 所示，应用上面的结论，在 R_x 的点 A 处分别接电流接头 A_1 和电压接头 A_2，在 R_b 的点 D 处分别接电流接头 D_1 和电压接头 D_2. 则点 A 对 R_x 和点 D 对 R_b 的影响都已消除. 关于点 C 邻近的接线电阻和接触电阻同 R_1、R_2、R_g 相比可以略去不计，但 B_1、B_3 的接触电阻和其间的接线电阻对 R_x、R_b 的影响还无法消除. 为了消除这些电阻的影响，我们把检流计同低值电阻的接头也接成电压接头 B_2、B_4. 为了使 B_2、B_4 的接触电阻等不受影响，也像 R_1、R_2

支路一样，分别接上电阻 R_3、R_4，如 10Ω，则这两支路的接触电阻等同 R_3、R_4 相比较可略去. 这样就在单电桥基础上增加两个电阻 R_3、R_4，从而构成一个双臂电桥. 但是 B_1、B_3 的接触电阻和 B_1、B_3 间的接线电阻无处归并，仍有可能影响测量结果. 下面我们来证明，在一定条件下，r 的存在并不影响测量结果.

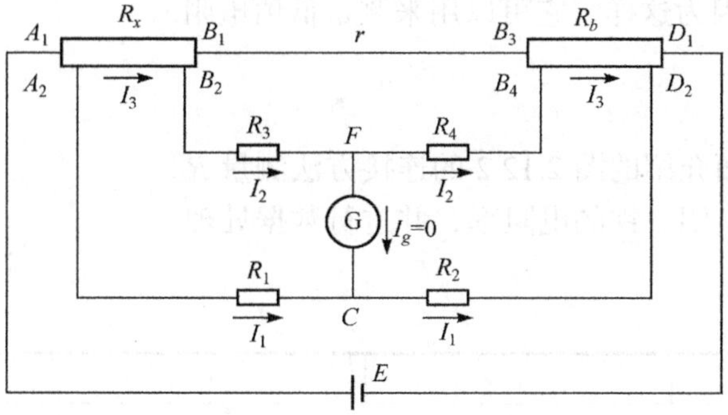

图 2.12.3　双臂电桥原理图

在使用电桥时，调节电阻 R_1、R_2、R_3、R_4 和 R_b 的值，使检流计中没有电流通过(I_g=0)，则 F、C 两点电势相等. 于是，通过 R_1、R_2 的电流均为 I_1，而通过 R_3、R_4 的电流均为 I_2，通过 R_x、R_b 的电流为 I_3，而通过 r 的电流为 I_3-I_2.

根据欧姆定律可得到以下三个式子：

$$I_3R_x + I_2R_3 = I_1R_1$$
$$I_2R_4 + I_3R_b = I_1R_2$$
$$I_2\left(R_3 + R_4\right) = \left(I_3 - I_2\right)r$$

把上面三式联解，并消去 I_1、I_2 和 I_3，可得

$$R_x = \frac{R_1}{R_2}R_b + \frac{R_4 r}{R_3 + R_4 + r}\left(\frac{R_1}{R_2} - \frac{R_3}{R_4}\right) \tag{2.12.1}$$

式(2.12.1)就是双臂电桥的平衡条件，可见 r 对测量结果是有影响的. 为了使被测电阻 R_x 的值便于计算及消除 r 对测量结果的影响，可以设法使第二项为零. 通常把双臂电桥做成一种特殊的结构，使得在调整平衡时 R_1、R_2、R_3 和 R_4 同时改变，从而始终保持成比例，即

$$\frac{R_1}{R_2} = \frac{R_3}{R_4} \tag{2.12.2}$$

在此情况下，不管 r 多大，第二项总为零. 于是平衡条件简化为

$$R_x = \frac{R_1}{R_2}R_b \tag{2.12.3}$$

或

$$\frac{R_x}{R_b}=\frac{R_1}{R_2}=\frac{R_3}{R_4} \tag{2.12.4}$$

从上面的推导看出，双臂电桥的平衡条件和单臂电桥的平衡条件形式上一致，而电阻 r 根本不出现在平衡条件中，因此 r 的大小并不影响测量结果，这是双臂电桥的特点. 正因为这样，它可以用来测量低值电阻.

【实验内容】

(1) 根据上面介绍的图 2.12.2 的连接方法测量 R_x.

(2) 计算铜、铝、铁的电阻率，并进行数据处理.

【数据记录】

	l	i	u
1			
2			
3			
4			
5			
6			

【注意事项】

(1) 电源电压调整在 5V.

(2) 电阻箱阻值调整到 25Ω左右.

(3) 每种金属棒都要测 6 次，并记录数据.

(4) 必须先连接电路并检查连接无误后再加电.

【思考题】

(1) 使用四端电阻解决了什么问题?

(2) 为什么双臂电桥能够大大减小接线电阻和接触电阻对测量结果的影响?

2.13　电子束的偏转与聚焦现象

运动着的带电粒子在电场、磁场或电磁场中会受到电场力、磁场力或电磁场力的作用，使运动轨迹发生改变. 许多电子检测仪器都是根据电子在场中的运动规律设计而成的，如示波管、电视显像管、摄像管、雷达指示管、电子显微镜等.

尽管它们的外形和功用各不相同，但都是利用了电子束的聚焦和偏转，因此它们都可以统称为电子束管. 电子束的聚焦和偏转可以通过电场或磁场对电子束的作用来实现，前者称为电聚焦和电偏转，后者称为磁聚焦和磁偏转.

【实验目的】

(1) 了解示波管的构造和工作原理.

(2) 定量分析电子束在匀强电场作用下的偏转情况和在均匀磁场作用下的偏转情况.

(3) 学会规范使用数字万用表.

(4) 学会用磁聚焦法测量电子荷质比的方法.

【实验仪器】

电子束实验仪、万用表、直流稳压电源(30V，2A).

【实验原理】

1. 示波管的结构

示波管又称为阴极射线管，其密封在高真空的玻璃壳之中. 它的构造如图 2.13.1 所示，主要包括三个部分：前端为荧光屏(S，用来将电子束的动能转变为光)，中间为偏转系统(Y_1, Y_2：垂直偏转板，X_1, X_2：水平偏转板)，后端为电子枪(K：阴极，G：栅极，A_1：聚焦阳极，A_2：第二阳极，A_3：前加速阳极). 灯丝 H 用 6.3V 交流电供电，其作用是将阴极加热，使阴极发射电子，电子受阳极的作用而加速.

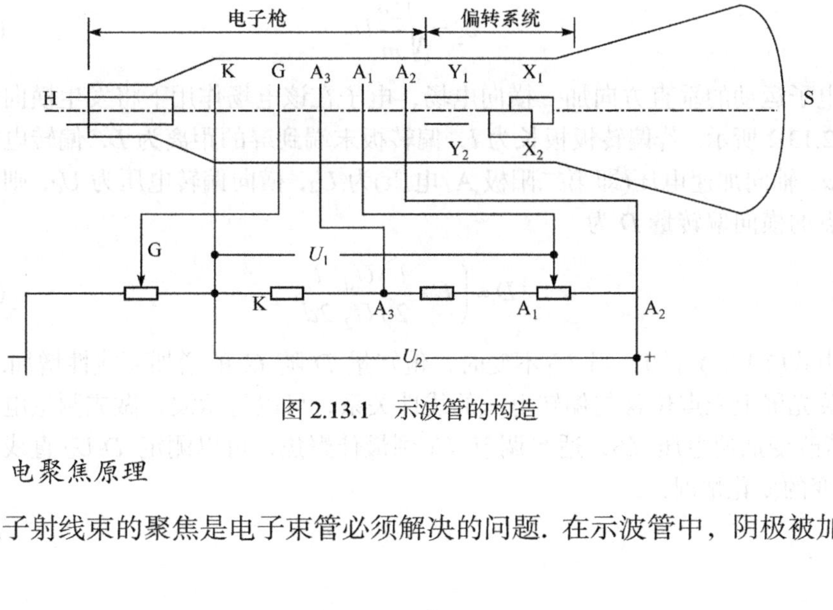

图 2.13.1　示波管的构造

2. 电聚焦原理

电子射线束的聚焦是电子束管必须解决的问题. 在示波管中，阴极被加热发射电子，电子受阳极产生的正电场作用而加速运动，同时又受栅极产生的负电场作用，只有一部分电子能够通过栅极小孔飞向阳极. 栅极 G 的电压一般要比阴极 K 的电压低 20～100V，由阴极发射的电子受到栅极与阴极间减速电场的作用，初速小的电子被阻挡，而初速大的电子可以通过栅极射向荧光屏. 所以调节栅极电压的高低可以控制射向荧光屏的电子数，从而控制荧光屏上的辉度. 当栅极上的电压负到一定的程度时，可使电子射线截止，辉度为零.

加速电极的电压比阴极电势高几百伏至上千伏. 前加速阳极、聚焦阳极和第二阳极是由同轴的金属圆筒组成的. 由于各电极上的电压不同，在它们之间形成了弯曲的等势面、电场线. 这样就使电子束的路径发生弯曲，这类似光线通过透镜那样产生了会聚和发散，这种电器组合称为电子透镜. 改变电极间的电压分布，可以改变等势面的弯曲程度，从而实现电子束的聚焦.

3. 电偏转原理

在示波管中，电子从被加热的阴极 K 逸出后，由于受到阳极电场的加速作用，获得沿示波管轴向的动能. 令 z 轴沿示波管的管轴方向从灯丝位置指向荧光屏；同时，从荧光屏上看，令 x 轴正向为水平方向向右，y 轴正向为垂直方向向上. 假定电子从阴极逸出时初速度忽略不计，则电子经过电势差为 U 的空间后，电场力做的功 eU 应等于电子获得的动能

$$eU=\frac{1}{2}mv^2 \tag{2.13.1}$$

显然，电子沿 z 轴运动的速度 v_z 与第二阳极 A_2 的电压 U_2 的平方根成正比，即

$$v_z=\sqrt{\frac{2e}{m}U_2} \tag{2.13.2}$$

若在电子运动的垂直方向加一横向电场，电子在该电场作用下将发生横向偏转，如图 2.13.2 所示. 若偏转板板长为 l，偏转板末端到屏的距离为 L，偏转电极间距离为 d，轴向加速电压(即第二阳极 A_2 电压)为 U_2，横向偏转电压为 U_d，则荧光屏上光点的横向偏转量 D 为

$$D=\left(L+\frac{l}{2}\right)\frac{U_d}{U_2}\frac{l}{2d} \tag{2.13.3}$$

由式(2.13.3)可知，当 U_2 不变时，偏转量 D 随 U_d 的增加而线性增加. 所以，根据荧光屏上光点位移与偏转电压的线性关系，可以将示波管做成测量电压的工具. 若改变加速电压 U_2，适当调节 U_1 到最佳聚焦，可以测定 D-U_d 直线斜率随 U_2 改变的变化情况.

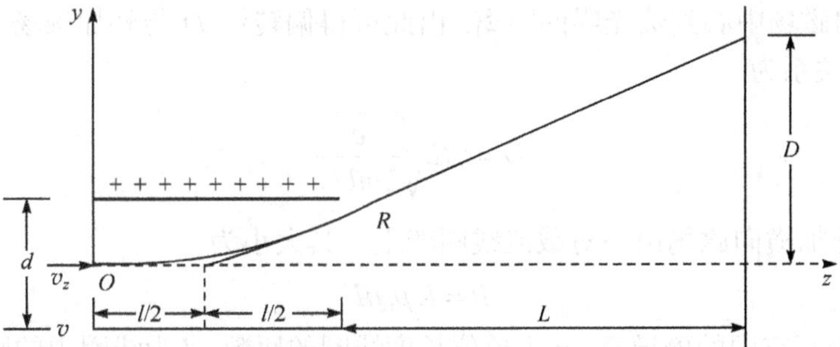

图 2.13.2　电子束的电偏转

4. *磁偏转原理*

电子通过 A_2 后，若在垂直于 z 轴的 x 方向外加一个均匀磁场，那么以速度 v 飞越的电子在 y 方向上也会发生偏转，如图 2.13.3 所示.

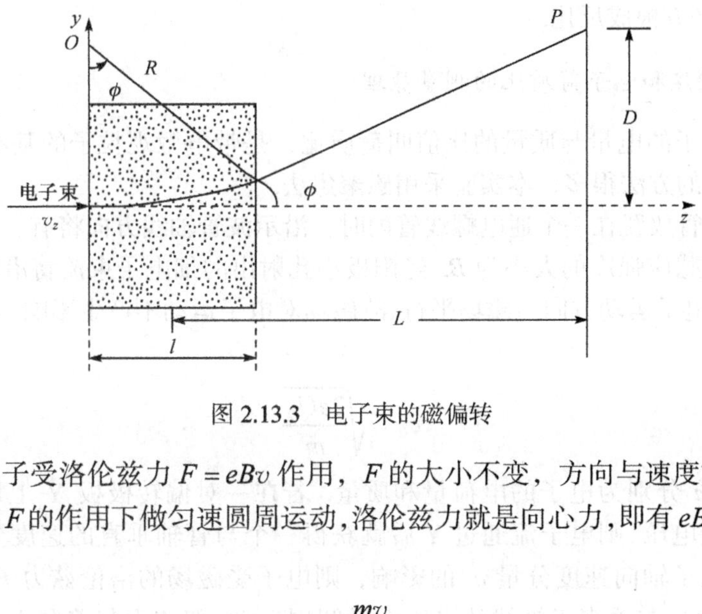

图 2.13.3　电子束的磁偏转

由于电子受洛伦兹力 $F = eBv$ 作用，F 的大小不变，方向与速度方向垂直，因此电子在 F 的作用下做匀速圆周运动，洛伦兹力就是向心力，即有 $eBv = mv^2/R$，所以

$$R = \frac{mv_z}{eB} \tag{2.13.4}$$

电子离开磁场后将沿圆切线方向飞出，直射到达荧光屏. 在偏转角 ϕ 较小的情况下，近似地有

$$\tan\phi = \frac{l}{R} \approx \frac{D}{L} \tag{2.13.5}$$

式中，L 为磁场宽度，D 为电子在荧光屏上亮点的偏转量(忽略荧光屏的微小弯曲)，

L 为从横向磁场中心到荧光屏的距离. 由此可得偏转量 D 与外加磁场 B、加速电压 U_2 等的关系为

$$D = lBL\sqrt{\frac{e}{2mU_2}} \tag{2.13.6}$$

实验中的外加横向磁场由一对载流线圈产生，其大小为

$$B = K\mu_0 nI \tag{2.13.7}$$

式中，μ_0 为真空中的磁导率，n 为单位长度线圈的匝数，I 为线圈中的励磁电流，K 为线圈产生磁场公式的修正系数($0<K\leqslant 1$). 由此可得偏转量 D 与励磁电流 I、加速电压 U_2 等的关系为

$$D = K\mu_0 nIlL\sqrt{\frac{e}{2mU_2}} \tag{2.13.8}$$

当励磁电流 I(即外加磁场 B)确定时，电子束在横向磁场中的偏转量 D 与加速电压 U_2 的平方根成反比.

5. 磁聚焦和电子荷质比的测量原理

带电粒子的电量与质量的比值叫荷质比，是带电微观粒子的基本参量之一. 测定荷质比的方法很多，本实验采用磁聚焦法.

当示波管放置在一个通电螺线管内时，沿示波管轴线方向将有一均匀分布的磁场，其磁感应强度的大小为 B. 经阳极小孔射出的细电子束流将沿轴线做匀速直线运动. 电子运动方向与磁场平行，故磁场对电子运动不产生影响. 电子流的轴向速率为

$$v_{/\!/} = \sqrt{\frac{2eU_2}{m}} \tag{2.13.9}$$

式中，e、m 分别为电子的电荷量和质量. 若在一对偏转极板 Y 上加一个幅值不大的交变电压，则电子流通过 Y 后就获得一个与管轴垂直的速度分量 $v_\perp$. 如暂不考虑电子轴向速度分量 $v_{/\!/}$ 的影响，则电子受磁场的洛伦兹力 F 的作用(该力与 $v_\perp$ 垂直)，在垂直于轴线的平面上做圆周运动，即该力起着向心力的作用，$F = ev_\perp B = mv_\perp^2/R$，由此可得到电子运动的轨道半径 $R = \dfrac{v_\perp}{\frac{e}{m}B}$，$v_\perp$ 越大，轨道半径 R 亦越大，电子运动一周所需要的时间(即周期)为

$$T = \frac{2\pi R}{v_\perp} = \frac{2\pi}{\frac{e}{m}B} \tag{2.13.10}$$

这说明电子的旋转周期与轨道半径及速率 $v_\perp$ 无关. 若再考虑 $v_{//}$ 的存在,电子的运动轨迹应为一螺旋线. 在一个周期里，电子前进的距离(称螺距)为

$$h = v_{//}T = \frac{2\pi}{B}\sqrt{\frac{2mU_2}{e}} \tag{2.13.11}$$

由于不同时刻电子速度的垂直分量 $v_\perp$ 不同，故在磁场的作用下，各电子将沿半径不同的螺旋线前进. 然而，由于它们速度的平行分量 $v_{//}$ 均相同(式(2.13.9))，所以电子在做螺旋运动时，它们从同一点出发，尽管各个电子的 $v_\perp$ 各不相同，但经过一个周期以后，它们又会在距离出发点一个螺距的地方重新相遇，这就是磁聚焦的基本原理. 由式(2.13.11)可得

$$e/m = 8\pi^2 U_2/(h^2B^2) \tag{2.13.12}$$

长直螺线管的磁感应强度 B 可以由下式计算

$$B = \frac{\mu_0 NI}{\sqrt{L^2 + D^2}} \tag{2.13.13}$$

将式(2.13.13)代入式(2.13.12)，可得电子荷质比为

$$e/m = 8\pi^2 U_2(L^2 D^2)/(\mu_0 NIh)^2 \tag{2.13.14}$$

或简写成

$$\frac{e}{m} = k\frac{U_2}{I^2} \tag{2.13.15}$$

式中，$k = \dfrac{8\pi^2(L^2 + D^2)}{(\mu_0 Nh)^2}$. 对于本实验使用的电子束实验仪，$k = 4.8527 \times 10^8$.

【实验内容与步骤】

1. 开启电子束实验仪电源开关

将“电子束-荷质比”选择开关打向“电子束”位置，面板上一切可调旋钮都旋至中部，此时在荧光屏上能看到一亮斑. 适当调节辉度，并调节聚焦，使屏上光点聚成一圆点. 注意：光点不要太亮，以免烧坏荧光屏.

2. 光点调零

x 轴调节：调节“X 轴调节”和“X 轴调零”旋钮，使光点位于 x 轴的中心原点，且左、右偏转的最大距离都接近于满格.

y 轴调节：用数字万用表直流电压挡接于“Y 偏电压表”+、−两端，缓慢调节“Y 轴调节”旋钮使数字万用表的读数为零，然后调节“Y 轴调零”旋钮使光点位于 y 轴的中心原点. 注意：此步骤调完后，在测电偏转灵敏度(D/U_d)时，“Y

轴调零”不能再动.

3. 测量偏转电压 U_d 随偏转量 D 的变化

调节阳极电压旋钮，取定阳极电压 U_2=700V，用数字万用表电压挡分别测出 D=±5mm，±10mm，±15mm，±20mm 时的 U_d 值，并列表记录(表 2.13.1). 再取 U_2=900V，重复前面的测量.

4. 测量磁偏电流 I 随偏转量 D 的变化

使光点回到 y 轴的中心原点，取 U_2=700V，用数字万用表的 mA 挡测量磁偏电流 I. 列表(表 2.13.2)记录 D=5mm，10mm，15mm，20mm 时的磁偏电流值，然后改变磁偏电流方向，再测 D=−5mm，−10mm，−15mm，−20mm 时的磁偏电流值. 再取 U_2=900V，重复前面的测量.

5. 电子荷质比 e/m 的测量

把直流稳压电源的输出端接到励磁电流的接线柱上，电流值调到零. 将“电子束-荷质比”开关置于“荷质比”位置，此时荧光屏上出现一条直线，阳极电压调到 700V. 此时，若线较暗，则可将“辉度”旋钮顺时针增大至刚好能看清竖直亮线为止；再增大“阳极电压”至 1000V 位置. 若能达到 1000V 位置，则可固定“辉度”旋钮，开始正式测量. 若不能达到，则需适当调暗辉度，以便能达到 1000V. 注意：正式开始测量 e/m 时，“辉度”旋钮应固定不动.

(1) 开始测量 e/m，逐渐加大励磁电流，使荧光屏上的直线一边旋转一边缩短，直到变成一个小亮点. 读取电流值，然后将电流调回到零. 再将电流换向开关扳到另一方，重新从零开始增加电流，使屏上直线反方向旋转缩短，直到再得到一个小亮点，读取电流值. 取其平均值，以消除地磁等的影响.

(2) 改变阳极电压(800V、900V、1000V)，重复上述步骤. 数据记录在表 2.13.3 中.

【数据记录与处理】

表 2.13.1　电偏转

700V	D/mm	20	15	10	5	0	−5	−10	−15	−20
	U_d					0				
900V	D/mm	20	15	10	5	0	−5	−10	−15	−20
	U_d					0				

绘出 D-U_d 图，求直线斜率得电偏转灵敏度 D/U_d，并分析 U_2 与电偏转灵敏度的关系.

表 2.13.2　磁偏转

700V	D/mm	20	15	10	5	0	−5	−10	−15	−20
	I					0				
900V	D/mm	20	15	10	5	0	−5	−10	−15	−20
	I					0				

绘出 D-I 图，求直线斜率得磁偏转灵敏度 D/I. 解释为什么 U_2 不同，D/I 不同.

表 2.13.3　电子荷质比

电压 / 电流	700V	800V	900V	1000V
$I_{正}$				
$I_{反}$				
$\overline{I}$				
e/m				
$\overline{e/m}$			$\overline{\varepsilon}$/%	

e/m 的公认值

$$\frac{e}{m}=\frac{1.602177\times10^{-19}\text{C}}{0.91093897\times10^{-30}\text{kg}}=1.758819\times10^{11}\text{C/kg}$$

【附录】EB-Ⅲ电子束实验仪

技术指标.

(1) 适用电源：交流(AC)220V，50Hz；
(2) 聚焦电压：100～300V；
(3) 阳极电压：600～1000V；
(4) Y 偏电压：0～20V；
(5) 磁偏电流：0～0.1A；
(6) 示波管型号：8SJ31J；
(7) Y 偏至屏距(h)：0.145m；
(8) 螺线管长度：0.275m；
(9) 螺线管平均直径：0.0892m；
(10) 总匝数：(640±2)匝.

2.14　声速的测量

声波是一种在弹性介质中传播的机械波. 根据振动频率的大小，可将声波分为可闻声波(20～20000Hz)、次声波(<20Hz)与超声波(>20000Hz). 声波特性如频率、波长、声速、声压衰减与相位等是声波检测技术中的重要内容. 声速的测量方法可以分为两大类：一类是根据运动学理论 $v = L/t$，通过测量传播距离 L 和时间间隔 t 计算声速 v；另一类是根据波动理论 $v = f\lambda$，通过测量声波的频率 f 和波长 λ 得到声速 v. 由于超声波具有波长短、能定向传播等特点，所以测量超声波的声速更容易实现. 超声波的发射和接收一般通过电磁振动与机械振动的相互转换来实现，最常见的是利用压电效应和磁致伸缩效应. 超声波的声速测量在声波定位、探伤、测距、液体流速、材料的杨氏模量等应用中具有重要的实用意义. 本实验主要采用驻波法和相位比较法测量超声波在空气中的传播速度.

【实验目的】

(1) 学习测量超声波在空气中传播速度的方法，理解驻波和振动合成理论.

(2) 学会用逐差法进行数据处理.

(3) 了解空气中传播速度与气体状态参量的关系.

(4) 了解压电换能器的功能和培养综合使用仪器的能力.

【实验仪器】

声速测量仪、示波器、信号发生器.

【实验原理】

1. 声波在空气中的传播速度

在理想气体中，声波的传播速度为

$$v = \sqrt{\frac{\gamma RT}{\mu}} \tag{2.14.1}$$

式中，$\gamma = C_p/C_V$ 称为比热比，即气体定压比热容与定容比热容的比值；μ 是气体的摩尔质量；T 是热力学温度；R=8.31441J/(mol · K)是理想气体常数. 气体的比热比和摩尔质量与气体成分相关. 因此,测定声速可以推算出气体的一些参量. 利用式(2.14.1)的函数关系还可以制成声速温度计.

在正常情况下，干燥空气成分按重量比为氮气：氧气：氩气：二氧化碳=78.084：20.946：0.934：0.033，空气的平均摩尔质量 μ 为 28.964kg/mol. 在标准状态下，干燥空气中的声速为 v_0=331.5m/s. 在室温为 t 时，干燥空气的声速为

$$v = v_0\sqrt{1 + \frac{t}{T}} \tag{2.14.2}$$

由于空气中含有一些水蒸气，需要对空气摩尔质量和比热比进行修正，修正

后的声速计算公式为

$$v = 331.5\sqrt{\left(1+\frac{t}{T_0}\right)\left(1+0.31\frac{rp_s}{p}\right)} \tag{2.14.3}$$

式中，T_0=273.15K；p_s 为温度 t 时空气的饱和蒸气压，可从饱和蒸气压与温度的关系表中查出；p 为大气压(1.013×10^5Pa)；相对湿度 r 可从干湿温度计上读出.

2. 测量声速的实验方法

声速 v、声源振动频率 f 和波长 λ 之间的关系为

$$v = f\lambda \tag{2.14.4}$$

可见，只要测得声波的频率 f 和波长 λ，就可求得声速 v. 其中声波频率 f 可通过频率计测得. 本实验的主要任务是测量声波波长 λ，常用的方法有驻波法和相位法.

1) 驻波法

按照波动理论，超声波发生器发出的平面声波经介质到接收器，若接收面与发射面平行，声波在接收面处就会被垂直反射，于是平面声波在两端面间来回反射并叠加. 当接收端面与发射头间的距离恰好等于半波长的整数倍时，叠加后的波就形成驻波. 此时，相邻两波节(或波腹)间的距离等于半个波长(即 $\lambda/2$). 当发生器的激励频率等于驻波系统的固有频率(本实验中压电陶瓷的固有频率)时，会产生驻波共振，波腹处的振幅达到最大值.

声波是一种纵波. 由纵波的性质可知，驻波波节处的声压最大. 当发生共振时，接收端面处为一波节，接收到的声压最大，转换成的电信号也最强. 移动接收器到某个共振位置时，如果示波器上出现了最强的信号，继续移动接收器，再次出现最强的信号时，则两次共振位置之间的距离即为 $\lambda/2$.

2) 相位法

波是振动状态的传播，也可以说是相位的传播. 在波的传播方向上的任何两点，如果其振动状态相同或者其相位差为 2π 的整数倍，这两点间的距离应等于波长的整数倍，即

$$l = n\lambda \quad (n\text{ 为正整数}) \tag{2.14.5}$$

若超声波发生器发出的声波是平面波，当接收器端面垂直于波的传播方向时，其端面上各点都具有相同的相位. 沿传播方向移动接收器时，总可以找到一个位置使得接收到的信号与发射器的激励电信号同相. 继续移动接收器，直到找到的信号再一次与发射器的激励电信号同相，此间移过的距离就等于声波的波长.

需要说明的是，在实际操作中，用示波器测定电信号时，由于换能器振动的传递或放大电路的相移，接收器端面处的声波与声源并不同相，总是有一定的相位差. 为了判断相位差并测量波长，可以利用双线示波器直接比较发射器的信号

和接收器的信号，进而沿声波传播方向移动接收器寻找同相点来测量波长；也可以利用李萨如图形寻找同相或反相时椭圆退化成直线的点.

【实验内容与步骤】

1. 用驻波法测声速

(1) 按图 2.14.1 连接电路，将信号发生器的输出端与声速仪的输入端 S_2 相连，将声速仪的输入端 S_1 与示波器的 Y 端(或 CH1 通道)相连，让 S_1 和 S_2 靠近并留有适当的空隙，使两端面平行且与游标尺正交.

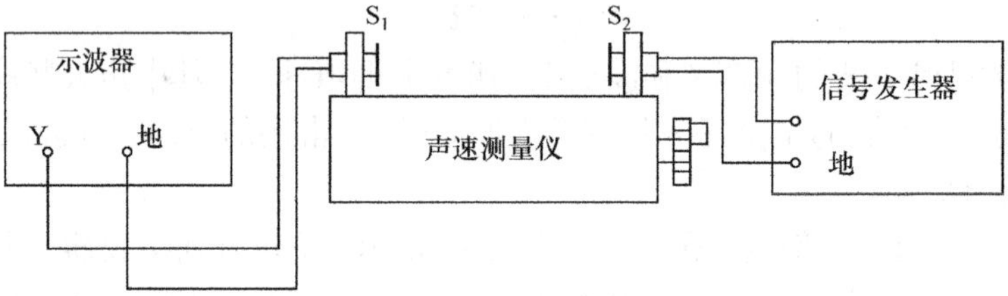

图 2.14.1　驻波法测声速实验装置图

(2) 根据实验室给出的压电陶瓷换能器的振动频率 f，将信号发生器的输出频率调至 f 附近，缓慢移动 S_2，当在示波器上看到正弦波首次出现振幅较大时，固定 S_2，再仔细微调信号发生器的输出频率，使荧光屏上图形振幅达到最大，读出共振频率 f.

(3) 在共振条件下，将 S_2 移近 S_1，再缓慢移开 S_2，当示波器上出现振幅最大时，记下 S_2 的位置 x_0.

(4) 由近及远移动 S_2，逐次记下各振幅最大时 S_2 的位置，连续测 20 个数据 x_1, x_2,…, x_{20}.

(5) 用逐差法算出声波波长的平均值.

2. 用相位法测声速

(1) 按图 2.14.2 连接电路.

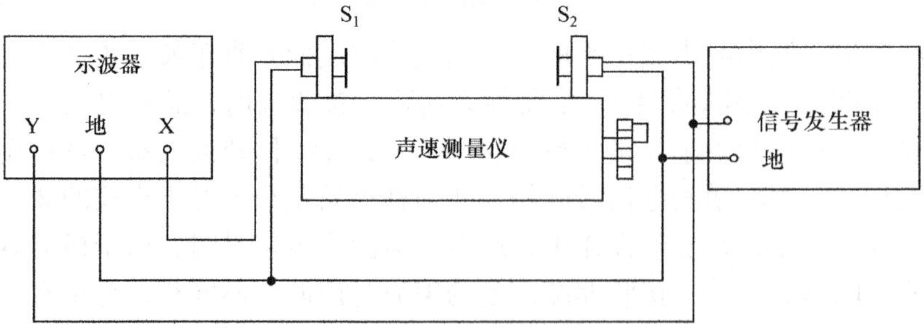

图 2.14.2　相位法测声速实验装置图

(2) 将示波器设至 X-Y 模式，信号发生器接示波器 CH2 通道，利用李萨如图形观察发射波与接收波的相位差，找出同相点.

(3) 在共振条件下，使 S_2 靠近 S_1，然后慢慢移开 S_2，当示波器上出现 45°倾斜线时，微调游标卡尺的微调螺丝，使图形稳定 ，记下 S_2 的位置 x'_0.

(4) 继续缓慢移开 S_2，依次记下示波器上李萨如图形为直线时游标卡尺的 20 个读数 $x'_1, x'_2, x'_3, \cdots, x'_{20}$.

(5) 用逐差法算出声波波长的平均值.

【数据处理】

(1) 表格自拟，利用逐差法处理数据，先算出 10λ 的平均值，再算出其标准偏差 $S_{10\lambda}$，按

$$\Delta_{10\lambda} = \sqrt{(S_{10\lambda})^2 + (\sqrt{2}\Delta)^2} \tag{2.14.6}$$

求出 $\Delta_{10\lambda}$，同时要考虑仪器的误差，如游标卡尺的读数误差.

(2) 由 $\Delta_{10\lambda}$ 求出 Δ_λ，再由 $v=f\lambda$ 推导出 Δ_v 的表达式，Δ_v 取 10Hz，最后给出 v 的完整结果.

(3) 将实验值与理论值比较，求出其相对不确定度.

【注意事项】

(1) 实验前应了解压电换能器的谐振频率.

(2) 实验过程中要保持激振电压不变.

【思考题】

(1) 用逐差法处理数据的优点是什么？

(2) 如何调节与判断测量系统是否处于共振状态？

(3) 分析压电换能器的工作原理.

(4) 为什么在共振状态下测定声速？

【附录】　声速测量仪

声速测量仪必须配上示波器和信号发生器才能完成测量声速的任务. 声速测量仪示意图如图 2.14.3 所示.

声速测量仪是利用压电体的逆压电效应，即在信号发生器产生的交变电压下，使压电体产生机械振动，而在空气中激发出超声波. 本仪器采用的是锆钛酸铅制成的压电陶瓷管或称压电换能器. 将它粘接在合金制成的阶梯形变幅杆上，再将它们与信号发生器连接组成超声波发生器，如图 2.14.4 所示. 当压电陶瓷处于一交变电场时，会发生周期性的伸长与缩短. 当交变电场频率与压电陶瓷管的固有

频率相同时，振幅最大. 这个振动又被传递给变幅杆，使它产生沿轴向的振动，于是变幅杆的端面在空气中激发出超声波. 本仪器的压电陶瓷的振动频率在40kHz 以上，相应的超声波波长为几毫米. 它由于波长短，定向发射性能好，所以是比较理想的波源.

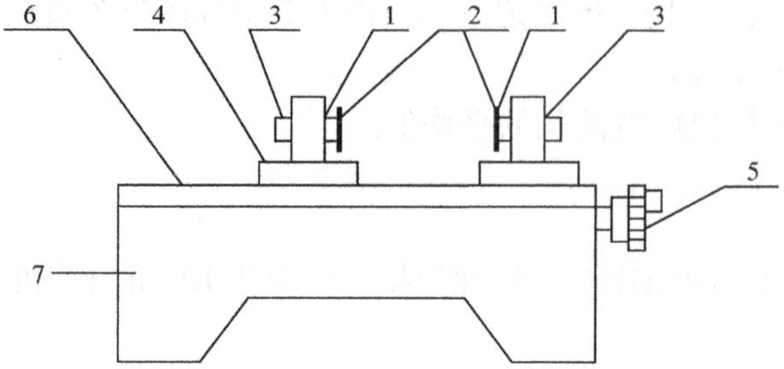

图 2.14.3　声速测量仪示意图

1-压电换能器；2-增强片；3-变幅杆；4-可移动底座；5-刻度鼓轮；6-标尺；7-底座

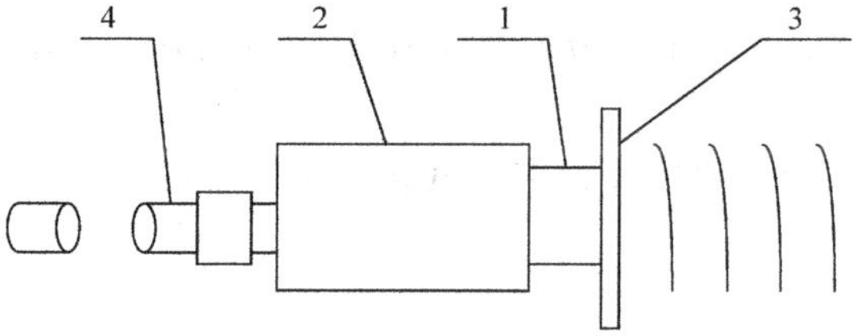

图 2.14.4　超声波发生器原理图

1-压电陶瓷管；2-变幅杆；3-增强片；4-缆线

2.15　弦振动实验

振动和波是物质运动的基本形式之一，两者有着密切联系，振动是波动的根源，波动是振动的传播. 通过实验了解弦振动的传播规律，观察弦振动形成驻波时的波形，测量弦线上横波的传播速度及弦线的线密度和张力间的关系，聆听相关频率的声音.

【实验目的】

(1) 了解固定均匀弦振动的传播规律，加深对振动与波和干涉的概念.

(2) 观察固定弦振动传播时形成驻波的波形.

(3) 测量均匀弦线上横波的传播速度及均匀弦线的线密度.

(4) 了解声音和频率的关系.

【实验仪器】

如图 2.15.1 所示，吉他上有四支钢质弦线，中间两支用来测定弦线张力，旁

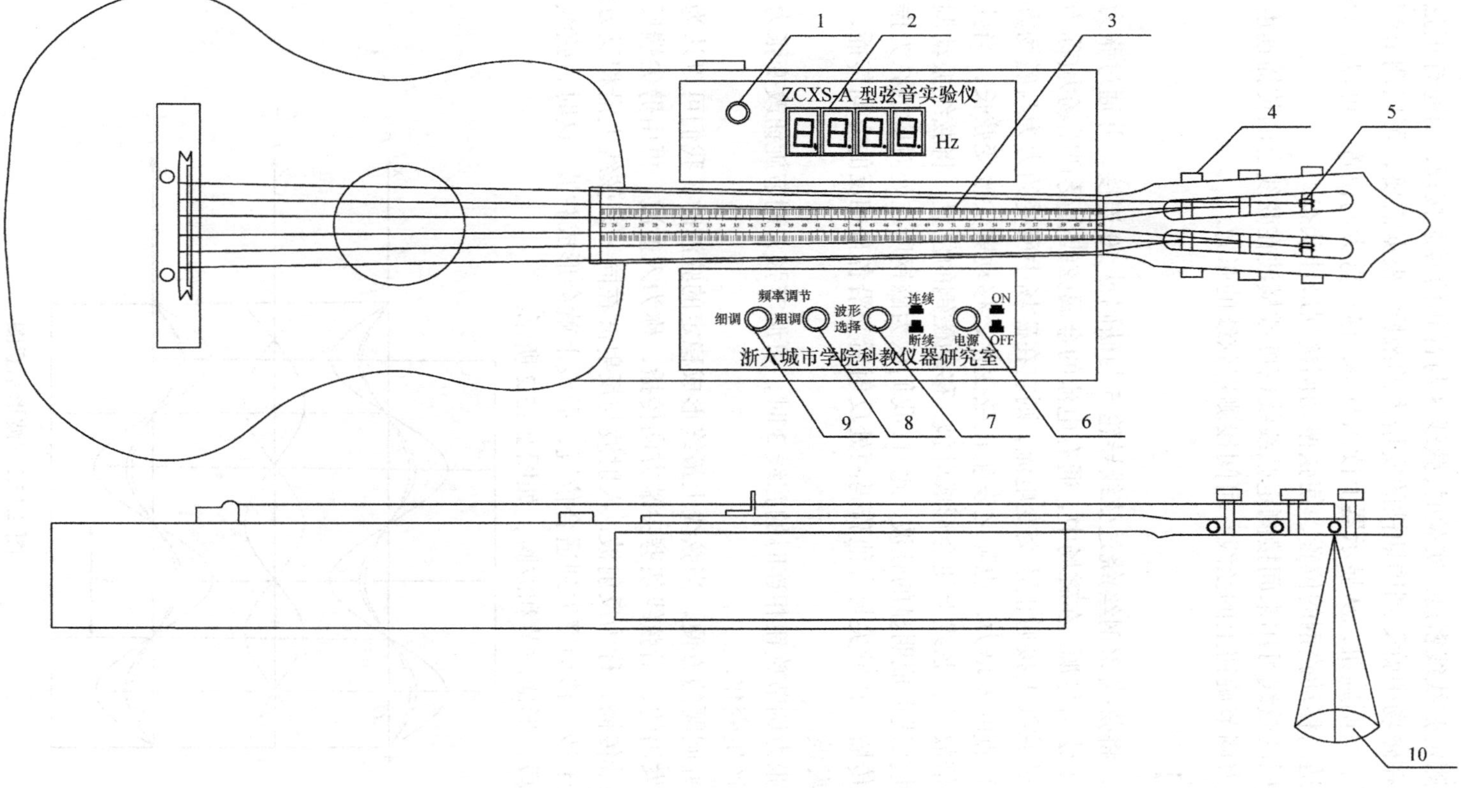

图2.15.1 实验装置示意图

1-接线柱插孔；2-频率显示；3-钢质弦线；4-张力调节旋钮；5-弦线导轮；6-电源开关；7-波形选择开关；8-频段选择开关；9-频率微调旋钮；10-砝码盘

边两支用来测定弦线线密度. 实验时,弦线 3 与音频信号源接通. 当通有正弦交变电流的弦线在磁场中就受到周期性的安培力的激励. 根据需要, 可以调节频率选择开关和频率微调旋钮, 从显示器上读出频率. 移动劈尖的位置, 可以改变弦线长度, 并可适当移动磁钢的位置, 使弦振动调整到最佳状态.

挂有砝码的弦线可用来间接测定弦线线密度或横波在弦线上的传播速度; 利用安装在张力调节旋钮上的弦线, 可间接测定弦线的张力.

【实验原理】

实验时, 将弦线 3(钢丝)绕过弦线导轮 5 与砝码盘 10 连接, 并通过张力调节旋钮 4 接通正弦信号源. 在磁场中, 通有电流的金属弦线会受到磁场力(称为安培力)的作用, 若弦线上接通正弦交变电流, 则它在磁场中所受的力为与磁场方向和电流方向均垂直的安培力, 也随之发生正弦变化, 移动劈尖改变弦长, 当弦长是半波长的整倍数时, 弦线上便会形成驻波. 移动磁钢的位置, 将弦线振动调整到最佳状态,使弦线形成明显的驻波. 此时,我们认为磁钢所在处对应的弦为振源, 振动向两边传播, 在劈尖与吉他骑码两处反射后又沿各自相反的方向传播, 最终形成稳定的驻波.

考察与张力调节旋钮相连时的弦线 3 时, 可调节张力调节旋钮改变张力, 使驻波的长度产生变化.

为了研究问题的方便, 当弦线上最终形成稳定的驻波时, 我们可以认为波动是从骑码端发出的, 沿弦线朝劈尖端方向传播, 称为入射波, 再由劈尖端反射沿弦线朝骑码端传播, 称为反射波. 入射波与反射波在同一条弦线上沿相反方向传播时将相互干涉, 移动劈尖到适合位置, 弦线上就会形成驻波. 这时, 弦线上的波被分成几段, 形成波节和波腹, 如图 2.15.2 所示.

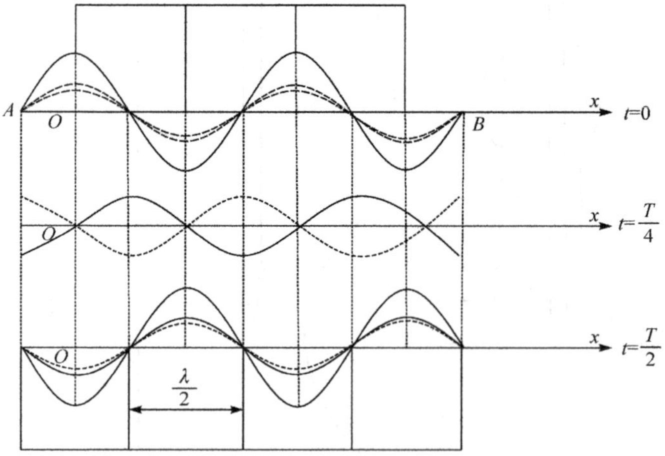

图 2.15.2　波形示意图

设图 2.15.2 中的两列波是沿 x 轴相向方向传播的振幅相等、频率相同、振动方向一致的简谐波. 向右传播的用细实线表示，向左传播的用细虚线表示，当传至弦线上相应点，相位差恒定时，它们就合成驻波，用粗实线表示. 由图 2.15.2 可见，两个波腹或波节间的距离都等于半个波长，这可从波动方程推导出来.

下面用简谐波表达式对驻波进行定量描述. 设沿 x 轴正方向传播的波为入射波，沿 x 轴负方向传播的波为反射波，取它们振动相位始终相同的点作坐标原点“O”，且在 $x=0$ 处，振动质点向上达最大位移时开始计时，则它们的波动方程分别为

$$y_1=A\cos2\pi(ft-x/\lambda)$$

$$y_2=A\cos2\pi(ft+x/\lambda)$$

式中，A 为简谐波的振幅，f 为频率，λ 为波长，x 为弦线上质点的坐标位置. 两波叠加后的合成波为驻波，其方程为

$$y_1+y_2=2A\cos2\pi(x/\lambda)\cos2\pi ft \tag{2.15.1}$$

由此可见，入射波与反射波合成后，弦上各点都在以同一频率作简谐振动，它们的振幅为$|2A\cos2\pi(x/\lambda)|$，只与质点的位置 x 有关，与时间无关.

由于波节处振幅为零，即$|\cos2\pi(x/\lambda)|=0$，则

$$2\pi x/\lambda=(2k+1)\pi/2 \quad (k=0, 1, 2, 3,\cdots)$$

可得波节的位置为

$$x=(2k+1)\lambda/4 \tag{2.15.2}$$

而相邻两波节之间的距离为

$$x_{k+1}-x_k=[2(k+1)+1]\lambda/4-(2k+1)\lambda/4=\lambda/2 \tag{2.15.3}$$

又因为波腹处的质点振幅为最大，即$|\cos2\pi(x/\lambda)|=1$，则

$$2\pi x/\lambda=k\pi \quad (k=0, 1, 2, 3,\cdots)$$

可得波腹的位置为

$$x=k\lambda/2=2k\lambda/4 \tag{2.15.4}$$

这样，相邻的波腹间的距离也是半个波长. 因此，在驻波实验中，只要测得相邻两波节(或相邻两波腹)间的距离，就能确定该波的波长.

在本实验中，由于弦的两端是固定的，故两端点为波节，所以，只有当均匀弦线的两个固定端之间的距离(弦长)等于半波长的整数倍时，才能形成驻波，其数学表达式为

$$L=n\lambda/2 \quad (n=1, 2, 3,\cdots)$$

由此可得沿弦线传播的横波波长为

$$\lambda=2L/n \tag{2.15.5}$$

式中，n 为弦线上驻波的段数，即半波数.

根据波动理论，弦线横波的传播速度为

$$v=(T/\rho)^{1/2} \tag{2.15.6}$$

即

$$T=\rho v^2$$

式中，T 为弦线中的张力；ρ 为弦线单位长度的质量，即线密度.

根据波速、上面频率及波长的普遍关系式 $v=f\lambda$，将式(2.15.5)代入可得

$$v=2Lf/n \tag{2.15.7}$$

再由式(2.15.6)、式(2.15.7)可得

$$\rho=T[n/(2Lf)]^2 \quad (n=1, 2, 3,\cdots) \tag{2.15.8}$$

即

$$T=\rho(2Lf/n)^2 \quad (n=1, 2, 3,\cdots)$$

由式(2.15.8)可知，当给定 T、ρ、L 时，频率 f 只有满足该式关系才能在弦线上形成驻波.

当金属弦线在周期性的安培力激励下发生共振干涉形成驻波时，通过骑码的振动激励共鸣箱的薄板振动，薄板的振动引起吉他音箱的声振动，经过释音孔释放，我们能听到相应频率的声音，当用间歇脉冲激励时尤为明显.

常见的音阶由 7 个基本的音组成，用唱名表示即 do，re，mi，fa，so，la，si，用 7 个音以及比它们高一个或几个八度的音、低一个或几个八度的音构成各种组合，就成为“曲调”.

振动的强弱(能量的大小)体现为声音的大小，不同物体的振动体现为声音音色的不同，而振动的频率 f 则体现为声音的高低. f=261.63Hz 的音在音乐里用字母 C^1 表示. 其相应的音阶表示为 C，D，E，F，G，A，B，在将 C 音唱成“do”时定为 C 调. 人声及器乐中最富有表现力的频率范围为 60～1000Hz. C 调中 7 个基本音的频率，以“do”音的频率 f=261.63Hz 为基准，其他各音的频率为其倍数，其倍数值如表 2.15.1 所示.

表 2.15.1　C 调中各音的频率倍数值

音名	C	D	E	F	G	A	B	C
频率倍数	1	$(\sqrt[12]{2})^2$	$(\sqrt[12]{2})^4$	$(\sqrt[12]{2})^5$	$(\sqrt[12]{2})^7$	$(\sqrt[12]{2})^9$	$(\sqrt[12]{2})^{11}$	2

【实验内容与步骤】

1) 频率 f 一定，测量两种弦线的线密度 ρ 和弦线上横波的传播速度(弦线 a，a' 为同一种规格，b，b' 为另一种规格)

(1) 测弦线 a' 的线密度：波形选择开关 7 选择连续波位置，将信号发生器输出插孔 1 与弦线 a' 接通. 选取频率 f= 240Hz，张力 T 由挂在弦线一端的砝码及砝

码钩产生，以 100g 砝码为起点逐渐增加至 180g. 在各张力的作用下调节弦长 L，使弦线上出现 n=2，n=3 个稳定且明显的驻波段. 记录相应的 f、n、L 的值，由公式 $\rho=T\left[n/(2Lf)\right]^2$ 计算弦线的线密度 ρ. 作 T-$\overline{v}^2$ 拟合直线，由直线的斜率亦可求得弦线的线密度($T=\rho v^2$). 弦线上横波的传播速度为 $v=2Lf/n$.

(2) 测弦线 b' 的线密度：将信号发生器输出插孔 1 与弦线 b' 接通，选取频率 f=200Hz. 方法同 a'.

2) 张力 T 一定，测量弦线的线密度 ρ 和弦线上横波传播速度 v

在张力 T 一定的条件下，改变频率 f 分别为 200Hz、220Hz、240Hz、260Hz、280Hz，移动劈尖，调节弦长 L，仍使弦线上出现 n=2，n=3 个稳定且明显的驻波段. 记录相应的 f、n、L 的值，由式(2.15.7)可间接测量出弦线上横波的传播速度 v.

3) 测量弦线张力 T

选择与张力调节旋钮 4 相连的弦线 a 或者 b，与信号发生器输出插孔 1 连接，调节频率 f=200Hz 左右，适当调节张力调节旋钮，同时移动劈尖改变弦长 L，使弦线上出现明显驻波. 记录相应的 f、n、L 的值，可间接测量出这时弦线的张力

$$T=\rho\left(2Lf/n\right)^2$$

4) 聆听音阶高低

在频率较低情况下形成驻波时，波形选择开关 7 由连续调节至断续位置，聆听其音阶；然后在频率较高情况下形成驻波时，波形选择开关 7 由连续调节至断续位置，聆听其音阶.

【数据记录与处理】

砝码钩的质量 m =＿＿＿＿＿＿kg，重力加速度 $g=9.8\text{m/s}^2$.

1. 频率 f 一定，测弦线的线密度 ρ 和弦线上横波传播速度 v

(1) 弦线 a' 线密度的测定：

	$f=240$Hz									
$T/(\times 9.8\text{N})$	0.100+m		0.120+m		0.140+m		0.160+m		0.180+m	
驻波段数 n	2	3	2	3	2	3	2	3	2	3
弦线长 $L/(\times 10^{-2}\text{m})$										
线密度 $\rho=T\left[n/(2Lf)\right]^2/(\text{kg/m})$										
平均线密度 $\overline{\rho}/(\text{kg/m})$										
传播速度 $v=2Lf/n/(\text{m/s})$										
平均传播速度 $\overline{v}/(\text{m/s})$										
$\overline{v}^2/(\text{m/s})^2$										

作 T-$\overline{v}^2$ 拟合直线，由直线的斜率 $\Delta(\overline{v}^2)/\Delta T$ 求弦线的线密度($T=\rho v^2$).

(2) 弦线 b' 线密度的测定：f=200Hz，数据记录表格同 a'.

2. 张力 T 一定，测量弦线的线密度 ρ 和弦线上横波传播速度 v

	T=(0.150+m)×9.8N									
频率 f/Hz	200		220		240		260		280	
驻波段数 n	2	3	2	3	2	3	2	3	2	3
弦线长 $L/(\times10^{-2}\text{m})$										
横波速度 $v=2Lf/n$/(m/s)										
平均横波速度 $\overline{v}$ =________m/s，$\overline{v}^2$ =________(m/s)^2										
线密度 $\rho=\dfrac{T}{\overline{v}^2}$ = ________kg/m										

3. 测量弦线张力 T

f/Hz	驻波段数 n	弦线长 $L/(\times10^{-2}\text{m})$	弦线张力 T/N
			$T=\rho\left(\dfrac{2Lf}{n}\right)^2=$

【注意事项】

(1) 在线柱 4 与弦线连接时，应避免与相邻弦线短路.

(2) 改变挂在弦线一端的砝码后，要使砝码稳定后再测量.

(3) 磁钢不能处于波节下位置. 要等波稳定后，再记录数据.

【思考题】

(1) 实验中可能存在哪些误差？哪些是系统误差？哪些是随机误差？

(2) 测量弦长 L 时驻波的个数是多取一些好还是少取一些好？为什么？

(3) 若要求测得频率有 4 位有效数字，那么对各直接测量量的精度有什么要求？

(4) 用来产生张力的砝码太重或太轻会出现什么问题？

(5) 驻波有什么特点？在驻波中波节能否移动？弦线有无能量传播？

(6) 如砝码有摆动，会对测量结果带来什么影响？为什么？

2.16　薄透镜焦距的测定

透镜是组成各种光学仪器的最基本的光学元件，焦距是反映透镜特性的主要参量，决定了透镜成像的位置和性质(大小、虚实、正倒). 本实验要求在光具座上测定凸、凹两种薄透镜的焦距，以便了解透镜成像的规律，掌握光路调节技术，比较各种测量方法的优缺点，为今后正确使用光学仪器打下良好的基础.

【实验目的】

(1) 学习光路的等高共轴和消视差等分析调节技术.

(2) 观察薄凸透镜、凹透镜的成像规律，学习几种测量焦距的方法.

【实验仪器】

光具座、凸透镜、凹透镜、光源、物屏、平面反射镜、水平尺和滤光片等.

【实验原理】

1. 凸透镜焦距的测定

1) 成像法

薄透镜成像规律如图 2.16.1 所示.

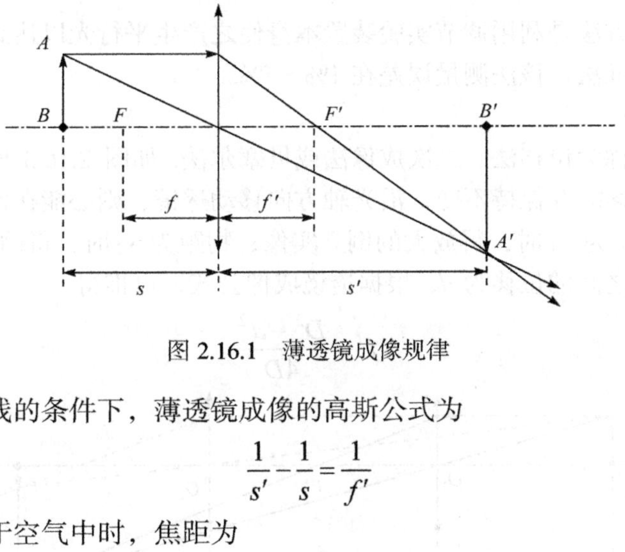

图 2.16.1　薄透镜成像规律

在近轴光线的条件下，薄透镜成像的高斯公式为

$$\frac{1}{s'}-\frac{1}{s}=\frac{1}{f'} \tag{2.16.1}$$

当将薄透镜置于空气中时，焦距为

$$f'=-f=\frac{ss'}{s-s'} \tag{2.16.2}$$

其中，f' 为像方焦距，f 为物方焦距，s' 为像距，s 为物距. 式中各线距均从透镜中心(光心)量起，与光线行进方向一致为正，反之为负. 若在实验中分别测出物距 s 和像距 s'，即可用式(2.16.1)求出该透镜的焦距 f'. 但应注意：测得量须添加符号，求得量则根据求得结果中的符号判断其物理意义.

2) 自准法

如图 2.16.2 所示，在待测透镜 L 的一侧放置一被光源照明的物屏 AB，在另一侧放一平面反射镜 M，移动透镜(或物屏)，当物屏 AB 正好位于凸透镜之前的焦平面时，物屏 AB 上任一点发出的光线经透镜折射后，将变为平行光线，然后被平面反射镜反射回来. 再经透镜折射后，仍会聚在它的焦平面上，即原物屏平面上，形成一个与原物大小相等、方向相反的倒立实像 $A'B'$. 此时，物屏到透镜的距离就是待测透镜的焦距，即

$$f = s \tag{2.16.3}$$

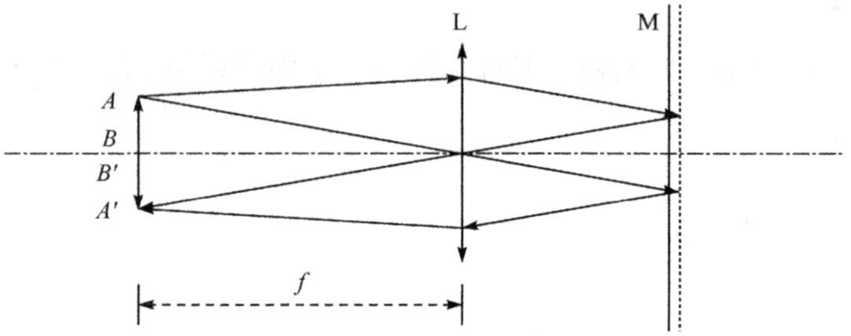

图 2.16.2 自准法测焦距

由于这个方法是利用调节实验装置本身使之产生平行光以达到聚焦的目的，所以称之为自准法，该法测量误差在 1%～5%.

3) 共轭法

共轭法又称为位移法、二次成像法或贝塞尔法. 如图 2.16.3 所示，使物与屏之间的距离 $D>4f$ 并保持不变，沿光轴方向移动透镜，则必能在像屏上观察到二次成像. 设物距为 s_1 时，得放大的倒立实像；物距为 s_2 时，得缩小的倒立实像，透镜两次成像之间的位移为 d，根据透镜成像公式，可推得

$$f' = \frac{D^2 - d^2}{4D} \tag{2.16.4}$$

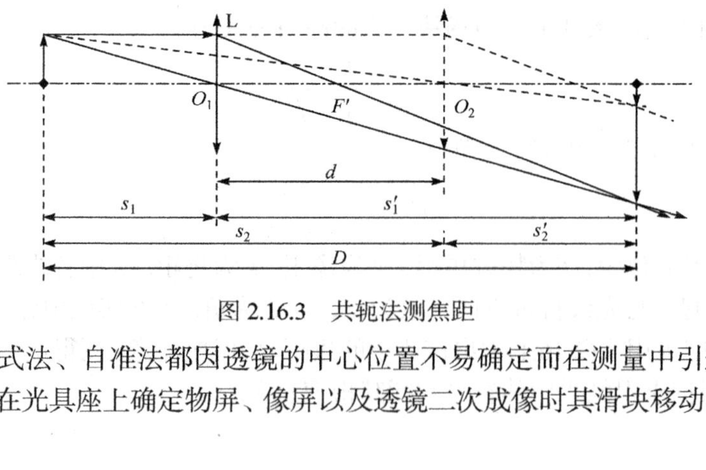

图 2.16.3 共轭法测焦距

物像公式法、自准法都因透镜的中心位置不易确定而在测量中引进误差. 而共轭法只要在光具座上确定物屏、像屏以及透镜二次成像时其滑块移动的距离，就

可较准确地求出焦距 f'. 这种方法无须考虑透镜本身的厚度，测量误差可达到 1%.

操作要领：

(1) 取 $D>4f'$.

(2) 调节箭矢中点与透镜共轴，并且应使透镜光轴尽量与光具座导轨平行. 往复移动透镜并仔细观察，成像清晰时读数，重复 6 次取平均值.

4) 焦距仪法

焦距仪的光路如图 2.16.4 所示，由物(物高为 y)发出的光经平行光管物镜 L 后成为平行光，再经待测透镜 L_x 后成像在焦平面上，像高为 y'，由图可知 $\tan\omega_0 = y/f$ ，$\tan\omega = y'/f_x$，且 $\tan\omega = \tan\omega_0$，所以

$$f_x = \frac{y'}{y} f$$

式中，f 为平行光管物镜的焦距，其数值已标在平行光管上；y 为珀罗板上所选的某一对平行线的线距，其数值也标在平行光管上，单位为 mm；y' 为用测微目镜测得的同一对平行线的像的距离；f_x 为待测凸透镜的焦距.

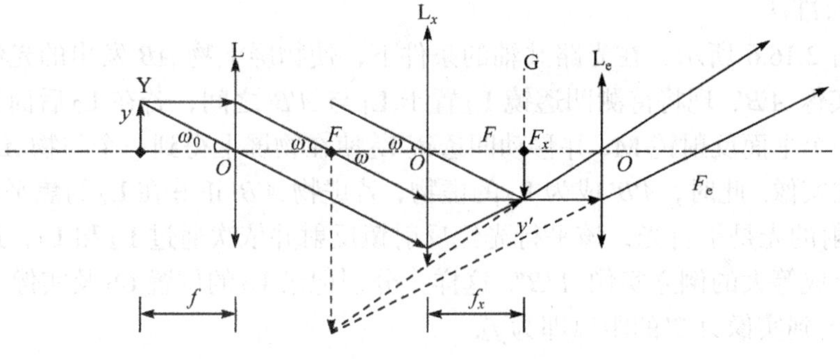

图 2.16.4　焦距仪法测焦距

Y-珀罗板；L-平行光管物镜；L_x-待测透镜；G-固定分划板；L_e-测微目镜中的目镜

操作要领：

(1) 凭眼睛观察粗调平行光管、待测透镜和测微目镜，使三者共轴，并使光轴平行于光具座导轨.

(2) 调节测微目镜的视度，使其同时看清十字叉丝和读距分划板.

(3) 松开透镜夹持器的固定螺旋，前后移动透镜使分划板的像位于显微镜的工作距离上，使读数显微镜能看到平行光管珀罗板成像在读距分划板上，然后根据以上公式算出被测透镜的焦距.

2. 凹透镜焦距的测定

1) 成像法(又称为辅助透镜法)

如图 2.16.5 所示，先使物 AB 发出的光线经凸透镜 L_1 后形成一大小适中的实

像 $A'B'$，然后在 L_1 和 $A'B'$ 之间放入待测凹透镜 L_2，就能使虚物 $A'B'$ 产生一实像 $A''B''$. 分别测出 L_2 到 $A'B'$ 和 $A''B''$ 的距离 s_2、s_2'，由式(2.16.2)即可求出 L_2 的像方焦距 f_2.

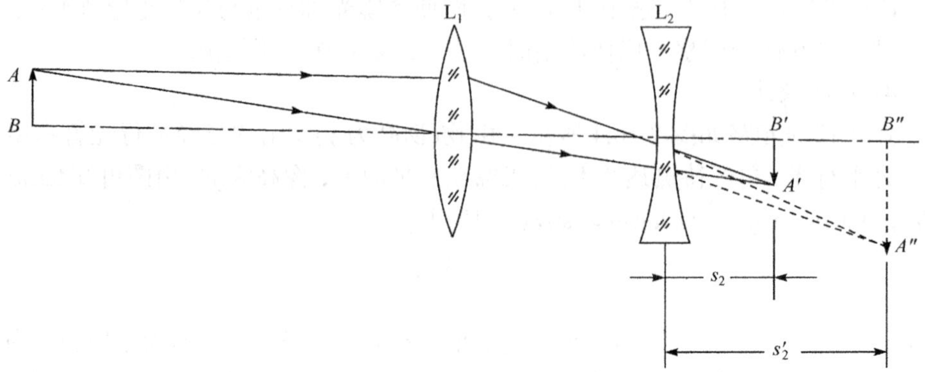

图 2.16.5　辅助透镜法测凹透镜焦距

2) 自准法

如图 2.16.6 所示，在光路共轴的条件下，使物屏上物 AB 发出的光经凸透镜 L_1 后成实像 $A'B'$. 现将待测凹透镜 L_2 置于 L_1 与 $A'B'$ 之间，若在 L_2 后面垂直于光轴放置一个平面反射镜 M，并移动凹透镜 L_2 使在物屏上得到一个与物 AB 大小相等的倒立实像. 此时，$A'B'$ 成为 L_2 的虚物，若虚物 $A'B'$ 正好在 L_2 的焦平面上，则从 L_2 出射的光是平行光，该平行光经反射镜反射并依次通过 L_2 和 L_1，最后必然在物屏上成等大的倒立实像 $A''B''$. 这样，分别记录 L_2 的位置 O_2 及实像 $A'B'$ 的位置，则 O_2 到实像 $A'B'$ 的距离即为 f_2.

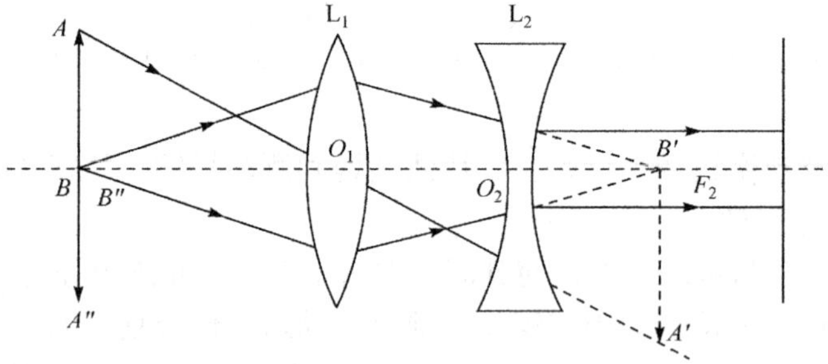

图 2.16.6　自准法测凹透镜焦距

【实验内容与步骤】

(1) 光具座上各光学元件同轴等高的调节：

先利用水平仪将光具座的导轨在实验桌上调水平，然后进行各光学元件共轴等高的粗调和细调(用位移法的两像中心重合或不同大小的实像中心重合的方法)，直到各光学元件的光轴共轴，并与光具座导轨平行.

(2) 参考原理，用成像法、自准法、共轭法等方法测量实验室所提供凸透镜的焦距.

(3) 用成像法、自准法测量实验室所提供凹透镜的焦距.

(4) 计算结果和不确定度，比较各种测量方法的误差，分析各种方法的优缺点.

【注意事项】

由于人眼对成像的清晰度分辨能力有限，所以观察到的像在一定范围内都清晰，加之球差的影响，清晰成像位置会偏离高斯像. 为使两者接近，减小误差. 记录数值时应使用左右逼近的方法.

【思考题】

(1) 如会聚透镜的焦距大于光具座的长度，试设计一个实验，在光具座上能测定它的焦距.

(2) 用共轭法测凸焦距有什么优点？

(3) 若用成像法测焦距，进行多次测量，如何用作图法求焦距？

(4) 试证明，共轭法中，物与屏间的距离 $D>4f$.

(5) 准直管测焦距的方法有哪些优点？还存在哪些系统误差？

2.17　分　光　计

分光计又称光学测角仪，是一种能够精确测量角度的经典光学仪器，常用来测量三棱镜的顶角、折射光线的最小偏向角、光栅的衍射角等，通过这些角度测量计算出三棱镜的折射率、光栅常数、光波波长、玻璃的色散率曲线等.

分光计结构比较复杂，它的设计原理、调节方法与技巧，在光学仪器中有一定的代表性，学会对它的调节和使用，有助于掌握更为复杂的光学仪器的操作方法.

【实验目的】

(1) 了解分光计的主要构造.

(2) 正确掌握调整分光计的方法和需要调节达到的要求.

【调节步骤】

在测量前，分光计必须经过仔细调整. 为保证入射光与刻度盘、载物台相平行，使刻度盘上的读数能正确反映出光线的偏转角，调整分光计时要求达到：望远镜调焦无穷远，能接收平行光；望远镜和平行光管共轴，并均与分光计中心轴相垂直；平行光管出射平行光.

1. 目测粗调

根据眼睛目测：人离分光计合适的距离(大约 1m)，眼睛的视线与分光计大致在一个水平面上，侧面看分光计的平行光管、载物台、望远镜，调节望远镜和平行光管上的高低倾斜调节螺丝，使望远镜和平行光管光轴尽可能水平；调节载物台下的三个水平调节螺丝，使载物台面尽可能呈水平状态.

2. 用自准法调整望远镜

(1) 点亮照明小灯，调节目镜对分划板调焦，分划板聚焦清楚了可以看到分划板上清晰的刻度线，如图 2.17.1 所示.

(2) 将准直镜紧贴望远镜的物镜，从望远镜的目镜中找到反射回来的亮十字像，前后移动目镜对十字像聚焦. 再调准线与目镜间距离，使目镜中既能看清准线，又能看清亮十字像. 注意，准线与亮十字像之间有无视差，如有视差，则需反复调节，予以消除，如图 2.17.2 所示.

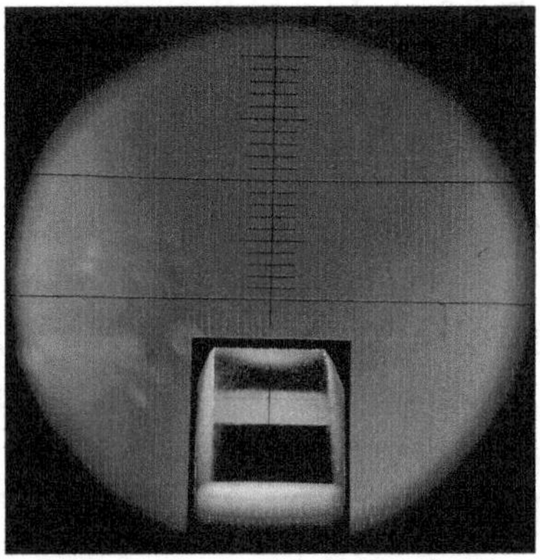

图 2.17.1　分划板聚焦

图 2.17.2　望远镜聚焦

此时，分划板平面、目镜焦平面、物镜焦平面重合在一起，望远镜已聚焦于无穷远(即平行光经物镜聚焦于分划板平面上)，能接收平行光了，如图 2.17.2 所示.

3. 调整平行光管

(1) 目测粗调至平行光管光轴大致与望远镜光轴相一致.

(2) 打开狭缝，从望远镜中观察，调节平行光管对狭缝聚焦，聚焦的标准是狭缝的边沿最清晰，如图 2.17.3 所示，然后调节缝宽，使望远镜视场中缝宽约为 1mm，最合适的缝宽为汞灯下能够分辨出两条黄色谱线，如图 2.17.4 所示.

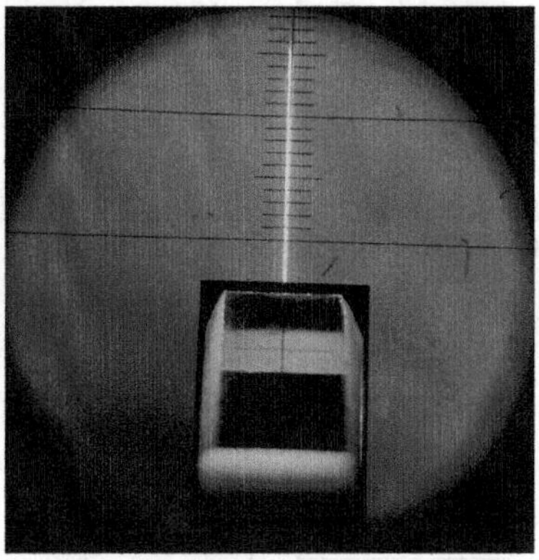

图 2.17.3　狭缝聚焦

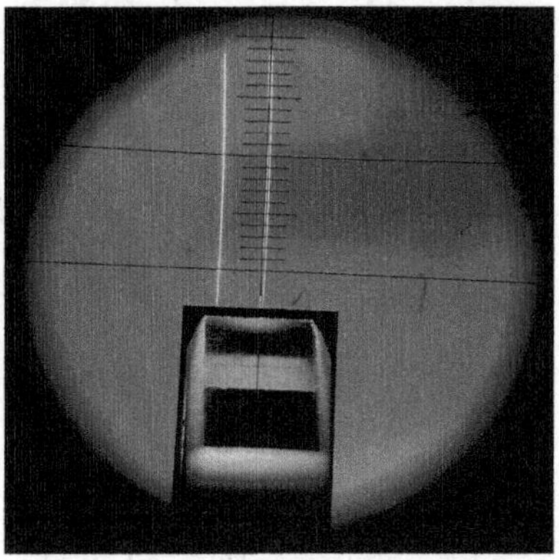

图 2.17.4　合适狭缝的调节标准

(3) 调节平行光管的倾斜度，使狭缝中点与"╪"准线的中心交点重合(图 2.17.4). 这时平行光管与望远镜的光轴在同一水平面内，并与分光计中心轴垂直.

(4) 消除视差，微微改变平行光管的狭缝与会聚透镜的相对位置，并稍微移动望远镜的目镜套筒及转动目镜，最后达到移动头部时，准线与像无相对移动.

4. 调整望远镜光轴与分光计中心轴垂直

将准直镜竖直置于载物台上(图 2.17.5)，转动载物台，使望远镜分别对准准直镜的反射面. 利用自准法可以分别观察到两个十字反射像. 分别调节望远镜方位和载物台平面，使准线与十字反射像重合. 即转动载物台，使望远镜先对着准直镜的一个表面，若从望远镜中看到准线与十字反射像不重合，它们的交点在高低方面相差一段距离δ，此时调节望远镜倾斜度，使差距减小一半；再调节载物台螺丝，消除另一半距离，使准线与十字反射像重合. 然后将载物台旋转 180°，使望远镜对着双面镜的另一面，采用同样的方法调节，如此重复调整数次，直至转动载物台时，从双面镜前后两表面反射回来的十字像都能与准线重合. 常称这种方法为逐次逼近各半调整法. 如图 2.17.6 所示，图中(a)～(c)是望远镜在调整过程中看到的 3 种特殊情况，调整时可以主要调节不垂直于中心轴的部件，采用渐近法各半调节，能很快调至(d)状态.

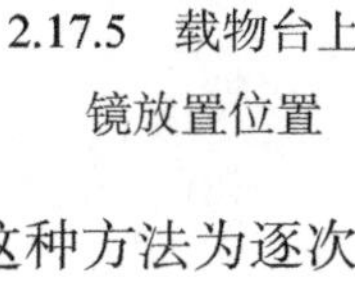

图 2.17.5　载物台上准直镜放置位置

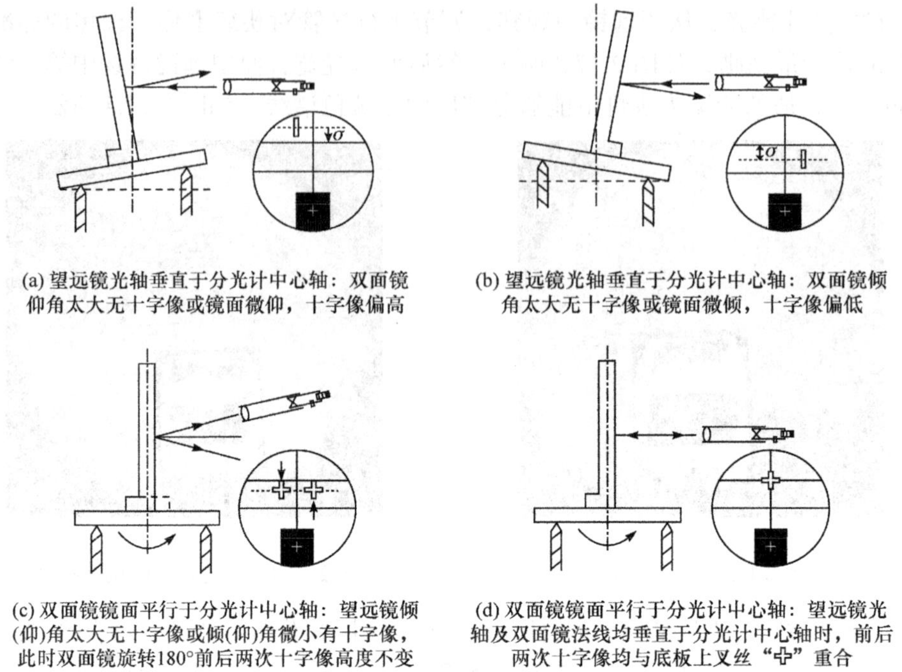

(a) 望远镜光轴垂直于分光计中心轴：双面镜仰角太大无十字像或镜面微仰，十字像偏高

(b) 望远镜光轴垂直于分光计中心轴：双面镜倾角太大无十字像或镜面微倾，十字像偏低

(c) 双面镜镜面平行于分光计中心轴：望远镜倾(仰)角太大无十字像或倾(仰)角微小有十字像，此时双面镜旋转180°前后两次十字像高度不变

(d) 双面镜镜面平行于分光计中心轴：望远镜光轴及双面镜法线均垂直于分光计中心轴时，前后两次十字像均与底板上叉丝“✢”重合

图 2.17.6　逐次逼近各半调整法

【附录】　分光计构造

如图 2.17.7 所示，分光计主要由望远镜、平行光管和主体(底座、刻度盘和载物台)三部分组成，每部分都有特定的调节螺丝. 附件有小灯泡、小灯泡的低压电源以及刻度盘的放大镜.

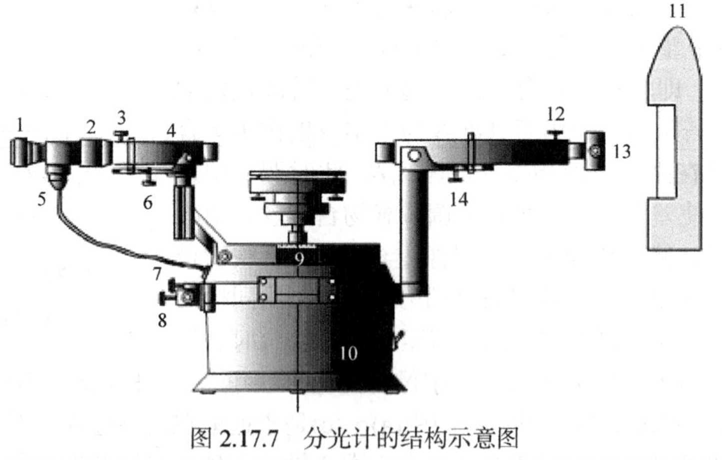

图 2.17.7　分光计的结构示意图

1-目镜；2-分划板位置调节旋钮；3-物镜筒制动螺丝；4-望远镜；5-小灯；6-望远镜倾斜度调节螺丝；7-游标盘制动螺丝；8-载物台紧固螺丝；9-刻度；10-底座；11-光源；12-狭缝套筒制动螺丝；13-狭缝宽度调节螺丝；14-平行光管倾斜度调节螺丝

(1) 分光计底座的中心有一沿铅直方向的转轴，称为分光计的转轴. 在这个转轴上套有一个圆刻度盘和一个游标盘内盘，这两个盘可以绕它旋转.

(2) 平行光管与分光计底座固定在一起. 平行光管的一端装有一会聚透镜(物镜)，另一端是装有狭缝的套管，狭缝的宽度可通过螺丝 13 调节，调节范围为 0.02～2mm. 旋松螺丝 12 可以使狭缝套筒前后移动，以改变狭缝和物镜的距离，当狭缝的平面调到物镜的焦平面上时，平行光管可以发出平行光. 平行光管的俯仰可由倾斜度调节螺丝 14 进行调节.

(3) 望远镜安装在支臂上，支臂与转轴相连. 分光计上的望远镜通常采用阿贝自准直目镜，如图 2.17.8 所示，可将小灯泡的光引入分划板，分划板上刻有黑十字准线，在该准线的竖线下方，紧贴一块小棱镜，在其涂黑的端面上，刻有透明十字线，利用电珠照明使它成为发光体，而在准线的竖线上方，与透明十字线对称的位置上，有一条黑水平线(图 2.17.8(b)). 当分划板的位置刚好在望远镜的焦平面上时，从载物台上放置的平面镜上反射回来的光正好落在分划板上形成一个清晰的十字像.

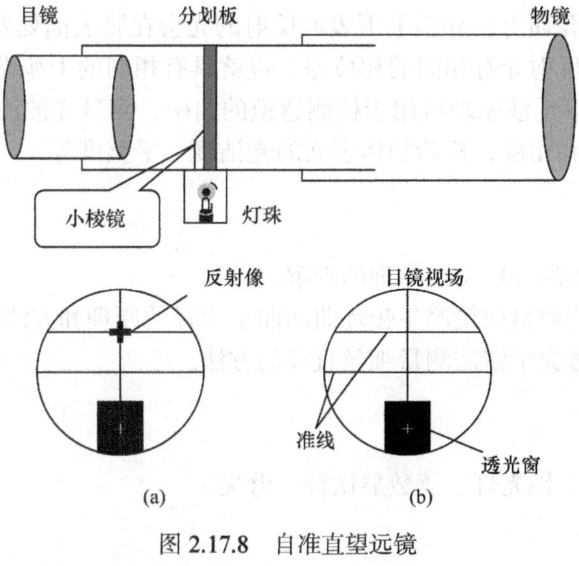

图 2.17.8　自准直望远镜

(4) 载物台是用来放置平面镜、棱镜、光栅等光学元件的，通过载物台紧固螺丝 8 可使它与游标盘相互锁定，拧紧后，载物台可和游标盘一起绕分光计游标盘的转轴转动. 游标盘制动螺丝 7 拧紧时不能再强制转动游标盘，否则亦会损坏仪器. 当螺丝拧紧后，游标盘不能绕轴转动，用它可以使游标盘绕轴作微小转动. 载物台下有三只调节螺丝，可调节台面的倾斜度.

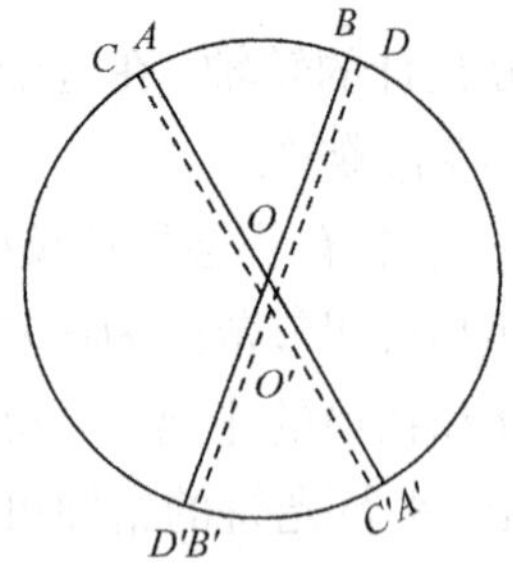

图 2.17.9 圆刻度盘的偏心差

(5) 在分光计出厂时已将圆刻度盘调到与仪器转轴垂直. 由于圆刻度盘中心和仪器转轴在制造和装配时，不可能完全重合，因此在读数时会产生偏心差，如图 2.17.9 所示，圆刻度盘上的刻度均匀地刻在圆周上，当圆刻度盘中心 O 与转轴重合时，由相差 180°的两个游标读出的转角刻度数值相等，即 $AB = A'B'$. 而当圆刻度盘偏心时，由两个游标盘读出的转角刻度值就不相等，即 $CD \neq C'D'$，所以，如果只用一个游标读数窗，会产生系统误差. 由平面几何很容易证明 $\frac{1}{2}(CD + C'D') = AB = A'B'$，所以通过在转轴直径上安置两个对称的游标读数窗，可减小这种系统误差.

2.18 光的等厚干涉实验

光照射到薄介质上，介质上下表面反射的光会在膜表面处发生干涉. 介质厚度相等处的两束反射光有相同的相位差，也就具有相同的干涉光强度，这就是等厚干涉. 光的等厚干涉原理可用于检测透镜的曲率，测量光波波长，精确地测量微小长度、厚度和角度，检验物体表面的光洁度、平整度等.

【实验目的】

(1) 加深对光的等厚干涉原理的理解.

(2) 掌握用读数显微镜测牛顿环曲面曲率半径的原理和方法.

(3) 掌握用劈尖干涉法测量细丝直径的方法.

【实验仪器】

牛顿环装置、钠光灯、读数显微镜、劈尖.

【实验原理】

1. 牛顿环

牛顿环是牛顿于 1675 年制作天文望远镜时，偶然把一个望远镜的物镜放在平玻璃上发现的，如图 2.18.1 所示. 一个曲率半径很大的平凸透镜放在一个平面玻璃上，在透镜的凸面和平面之间形成一个从中心 O 向四周逐渐增厚的空气劈层. 当单色光垂直照射下来时，从空气层的上下两个表面反射的光束 1 和光束 2 在上

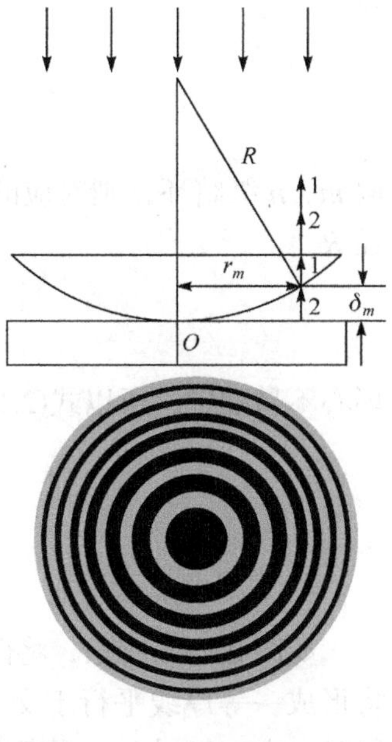

图 2.18.1　牛顿环示意图

表面相遇时产生干涉. 因为光程差相同的地方是以点 O 为中心的同心圆，所以等厚干涉的条纹也是一组以 O 为中心的明暗相间的同心圆环；如是白色光，将观察到彩色条纹. 本实验用牛顿环来测定透镜的曲率半径，需要知道干涉条纹半径 r、光波波长 λ 和透镜曲率半径 R 三者之间的关系.

设第 k 级条纹半径为 r，对应的空气膜厚度为 e，那么，在空气层下表面处所反射的光线 2 比在上表面处所反射的光线 1 多走一段距离 $2e$. 此外，光束 2 是从由光疏介质(空气)射向光密介质(玻璃)时在界面上的反射，有半波损失即附加光程差，而光束 1 则从光密介质射向光疏介质时被反射，无半波损失，所以光程差

$$\delta = 2e + \frac{\lambda}{2} \tag{2.18.1}$$

当光程差为波长整数倍时干涉相长，对应明纹；为半波长奇数倍时干涉相消，对应暗纹，即

$$\delta = \begin{cases} \pm k\lambda & (k=1,2,\cdots) \\ \pm(2k+1)\dfrac{\lambda}{2} & (k=0,1,2,\cdots) \end{cases} \tag{2.18.2}$$

由图中几何关系可知

$$r^2 = R^2 - (R-e)^2 = 2Re - e^2 \approx 2Re \quad (R \gg e) \tag{2.18.3}$$

式(2.18.3)表明 e 与 r 的平方成正比，距离中心越远，光程差增加越快，圆环也变得越密. 所以明环和暗环的半径

$$\begin{cases} r_{明}^2 = (2k-1)R\dfrac{\lambda}{2} \\ r_{暗}^2 = kR\lambda \end{cases} \tag{2.18.4}$$

$$R = \frac{r^2}{k\lambda} \tag{2.18.5}$$

若已知入射光的波长 λ 和第 k 级暗环的半径 r，即可求出透镜的曲率半径 R. 但玻璃接触处受压，引起局部的弹性形变，使透镜凸面与平面玻璃不可能很理想地只以一个点相接触，所以圆心位置很难确定，环的半径 r_k 也就不易测准. 我们可以通过取两个半径的平方差值来消除附加光程差产生的误差. 假设附加厚度为 a，则光程差为

$$\delta = 2(e+a) + \frac{\lambda}{2} = (2k+1)\frac{\lambda}{2}$$

即

$$e = k\frac{\lambda}{2} - a$$

$$r^2 = kR\lambda - 2Ra \tag{2.18.6}$$

取 m、n 级暗环，则对应的暗环半径为 r_m、r_n，由式(2.18.6)整理可得透镜曲率半径 R

$$R^2 = \frac{r_m^2 - r_n^2}{\lambda(m-n)} \tag{2.18.7}$$

环心不易准定，所以式(2.18.7)改用直径 d_m、d_n 来表示

$$R^2 = \frac{d_m^2 - d_n^2}{4\lambda(m-n)} \tag{2.18.8}$$

2. 劈尖

如图 2.18.2 所示，将两块平面玻璃板叠在一起，一端夹入细丝，两玻璃板间将形成一等厚线平行于交棱的空气薄膜层(亦称劈尖). 当一束平行单色光垂直入射时，由空气层上、下表面所反射的两束光将在空气层上表面处形成等厚干涉，其干涉条纹是一簇平行于交棱的明暗相间且等间距的直条纹.

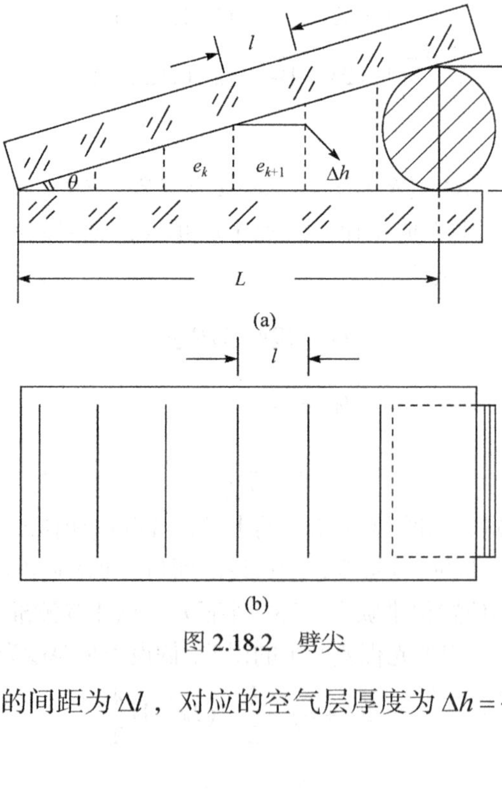

图 2.18.2　劈尖

设两相邻暗纹的间距为 Δl，对应的空气层厚度为 $\Delta h = \frac{\lambda}{2}$，劈尖交棱到细丝

处的距离为 L，细丝直径为 d，于是由图 2.18.2 所示几何关系可得

$$\left.\begin{aligned}\tan\theta=\frac{\Delta h}{\Delta l}=\frac{\lambda}{2l}\\ \tan\theta=\frac{d}{L}\end{aligned}\right\}\Rightarrow d=\frac{L\lambda}{2l} \tag{2.18.9}$$

【实验内容与步骤】

1. 利用牛顿环测定透镜的曲率半径

(1) 利用自然光或灯光调节牛顿环装置，均匀且很轻地调节装置上的三个螺丝，使牛顿环中心条纹出现在透镜正中，无畸变且为最小，放在显微镜物镜下方.

(2) 调节目镜，使显微镜筒下降到接近牛顿环表面，看清目镜视场的十字叉丝.

(3) 前后左右移动读数显微镜(图 2.18.3)，也可轻轻转动镜筒上的 45°反光玻璃，使钠光灯正对 45°玻璃，直至眼睛看到显微镜视场充满钠黄光.

(4) 慢慢升高镜筒聚焦，看到条纹后，来回轻轻微调，直到在显微镜整个视场都能看到非常清晰的干涉条纹.

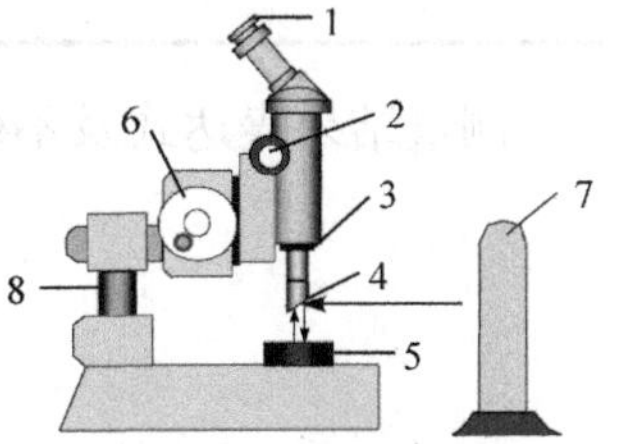

图 2.18.3　读数显微镜

1-目镜；2-调焦手轮；3-物镜；4-45°玻璃片；5-牛顿环；6-测微鼓轮；7-钠灯；8-支架

(5) 测量牛顿环的直径.

移动牛顿环仪，使十字叉丝的交点与牛顿环中心重合，移动测微鼓轮，使叉丝交点都能准确地与各圆环相切，这样才能正确无误地测出各环直径.

为了避免转动部件的螺纹间隙产生的空程误差，同方向转动测微鼓轮，使叉丝超过右边第 33 环，然后倒回到第 30 环开始读数(在测量过程中也不可倒退)，依次记录每个暗环对应的坐标 X，直至第 20 环. 在牛顿环两侧可读出 20 个位置数据，由此可计算出从第 21 环至第 30 环的 10 个直径.

(6) 已知钠光波长 $\lambda=5.893\times10^{-5}$cm，利用式(2.18.8)分别求出五个相应的透镜曲率半径值，并求出算术平均值.

【数据记录与处理】

m	n	$X_{左}$/mm	$X_{右}$/mm	$d_i=\lvert X_{左}-X_{右}\rvert$/mm	d_i^2/mm^2	$d_m^2-d_n^2$/mm^2	R/mm
30							
	25						
29							
	24						

续表

m	n	$X_{左}$/mm	$X_{右}$/mm	$d_i=\|X_{左}-X_{右}\|$/mm	d_i^2/mm^2	$d_m^2-d_n^2$/mm^2	R/mm
28							
	23						
27							
	22						
26							
	21						
平均值							

测量结果表达式及不确定度计算

$$\sigma_R=\Delta R=\sqrt{\frac{\sum_{i=1}^{5}(R_i-\overline{R})^2}{5-1}}$$

$$\begin{cases} R=(\overline{R}\pm\Delta R)\text{cm} \\ U_{\text{r}}=\dfrac{\Delta R}{R}\times 100\% \end{cases}$$

2. 细丝直径的测量

(1) 将被测薄片或细丝夹于两玻璃板之间，用读数显微镜观察劈尖干涉的图样.

(2) 测量劈尖两块玻璃板交线到待测细丝的间距 L.

(3) 分别测量每 10 个、20 个、30 个暗纹之间的距离.

(4) 根据公式求出细丝直径 d 及相对误差.

次数	条数	$X_{起}$/mm	$X_{终}$/mm	$X_i=\|X_{起}-X_{终}\|$/mm	Δl_i/mm	d_i/mm
1	10					
2	20					
3	30					
L=__________(mm)				d=__________(mm)		

【注意事项】

(1) 在调节读数显微镜的过程中要防止玻璃片与牛顿环、劈尖等元件相碰.

(2) 在测量牛顿环直径的过程中，为了避免出现“空程”，只能单方向前进，不能中途倒退后再前进.

【思考题】

(1) 牛顿环的中心在什么情况下是暗的？在什么情况下是亮的？

(2) 在本实验中若遇到下列情况，对实验结果是否有影响？为什么？

(a) 牛顿环中心是亮斑而不是暗斑.

(b) 测各个直径时，十字刻线交点未通过圆环中心，因而测量的是弦而不是真正的直径.

(3) 怎样利用牛顿环来测定未知光波的波长？

2.19　迈克耳孙干涉仪调节及使用

迈克耳孙干涉仪是美国物理学家迈克耳孙于 1881 年设计的一种精密光学仪器，用以进行光谱学和度量学的研究，并精确测出光速. 迈克耳孙与莫雷曾用此仪器做了非常著名的迈克耳孙-莫雷实验，可以说它是狭义相对论的实验基础，为物理学的发展做出了重要贡献.

【实验目的】

(1) 掌握迈克耳孙干涉仪的调节方法并观察各种干涉图样.

(2) 区别等倾干涉、等厚干涉和非定域干涉，测定 He-Ne 激光的波长.

(3) 测量钠黄光双线的波长差.

【实验仪器】

迈克耳孙干涉仪、He-Ne 激光器、扩束透镜、钨丝灯、钠光灯.

【实验原理】

1. 结构

迈克耳孙干涉仪结构如图 2.19.1 所示. 其中 G_1 是有一面镀铝膜的平行平面玻璃，叫做分光板. 光源 S 发出的光束到达点 O 时一半透射、一半反射，分成两束(图 2.19.2)，分别被反射镜 M_1、M_2 反射后又在点 O 会合，并被分束板表面反射向观察位置 E. G_2 是一块与 G_1 的厚度和折射率都相同的平行平面玻璃，与 G_1 平行放置，其作用是使两束光在玻璃中的光程相等，故称为补偿板. 因此，两臂的光程差只需计算两束光在空气中的光程差就可以了. M_2 是固定反射镜，M_1 是装在导轨拖板上的平面反射镜. 精密丝杠可以带动拖板沿导轨前后移动，故 M_1 是可移动反射镜. 它的位置由三个读数装置标明. 主尺是毫米尺，装在导轨的侧面，由拖板上的短线指示毫米以上的准确读数，百分尺是一个直接与丝杠相连接的圆盘. 自读数窗口看，粗调手轮转动盘的一个分度，M_1镜移动 0.01mm，另一个测微尺在仪器的右侧微调手轮上，这个鼓轮每转动一个分格，M_1镜只移动 0.0001mm，由这套传动系统可以把动镜M_1的位置读准到10^{-4}mm，估计到10^{-5}mm. M_1和M_2的后面有三个调节螺丝，用以微调镜面的方位. M_2镜装在与底座相连的悬臂上. 转动水平的或垂直的拉簧螺丝，可以调节弹簧的松紧，更加精细地调节镜面的方位. 图 2.19.2 中的M_2'是平面镜M_2由G_1半反膜形成的虚像. 观察者由 E 处看去，自M_2反射的一束光好像从虚像M_2'射来. 因此，干涉仪所产生的干涉条纹与M_1和M_2'间的空气薄膜所产生的干涉条纹是完全一样的.

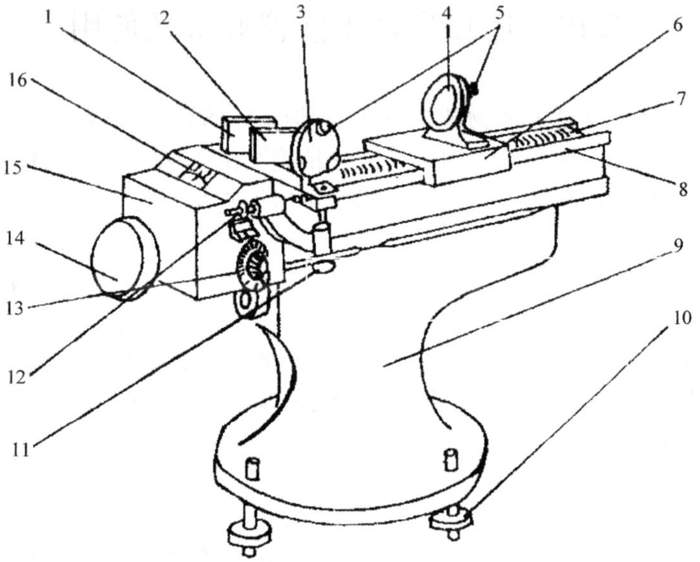

图 2.19.1　迈克耳孙干涉仪结构

1-分光板 G_1；2-补偿板 G_2；3-固定反射镜 M_2；4-移动反射镜 M_1；5-调节螺丝；6-拖板；7-精密丝杠；8-导轨；9-底座；10-仪器水平调节螺丝；11-垂直拉簧螺丝；12-水平拉簧螺丝；　13-微调手轮；14-粗调手轮；15-传动系统；16-读数窗口

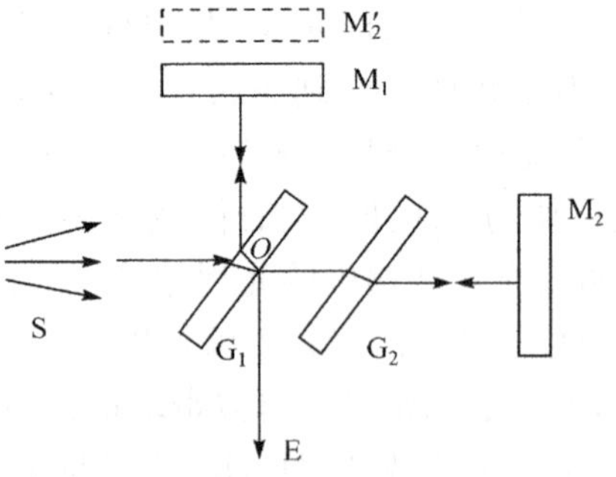

图 2.19.2　迈克耳孙干涉仪光路图

2. 等倾干涉条纹的形成

如果精心调节使 $M_1 \perp M_2$，则必有 $M_1 // M_2'$. 设 M_1 与 M_2' 相距为 d，如图 2.19.3 所示，入射角为 i 的光线经 M_1 和 M_2' 反射后成为平行的两束光 1 和 2. 它们的光程差为

$$\delta = AB + BC - AD = 2d\cos i \qquad (2.19.1)$$

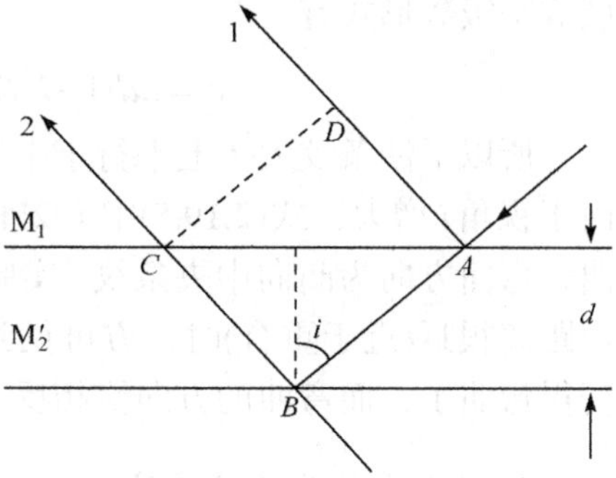

图 2.19.3　干涉圆环的产生

由式(2.19.1)可知，当 d 一定时，光程差只随入射角 i 而变化，亦即具有相同入射角的光线将有相等的光程差. 光束 1 和 2 在无穷远处相遇而干涉. 这种干涉称为等倾干涉. 以视线为中心，入射角为 i 的光经反射后，会聚在无穷远处所产生的干涉条纹为同心圆环.

由干涉加强的条件可推知，第 k 级亮纹满足

$$\delta = 2d\cos i = k\lambda \quad (k = 1,2,3,\cdots) \qquad (2.19.2)$$

式中，λ 为所用单色光的波长. 由式(2.19.2)可见：

(1) 当 d 一定时，i 越小，光程差越大，形成的干涉条纹级次越大；而 i 角越小，所形成的干涉圆环的直径越小. 在视线中心，因 i=0，此时光程差最大，由 δ =$2d$=$k\lambda$，故圆心处干涉条纹级次最高.

(2) 当 d 变化时，如果看定干涉图样中某一级条纹，如第 k_1 级，因为 $2d\cos i_{k_1} = k_1\lambda$，当 d 变小时，为保持 $2d\cos i_{k_1}$ 不变，$\cos i_{k_1}$ 必须增大，即 i_{k_1} 必定逐渐减小，因此可见条纹随 d 减小而逐渐向中心收缩，同时整体上条纹逐渐变粗变疏.

由式(2.19.2)知，$d = k_1\lambda/2$ 是中心明条纹的条件. 若 d 增加或减少半个波长，则中心 k 级将增加或减少一级，将观察到自中心“冒出”或“吞入”一个干涉条纹. 进而推知，当 d 变化 $N\lambda/2$，即Δd=$N\lambda/2$ 时，对应有 N 个条纹于中心“冒出”或“吞入”. 据此可得

$$\lambda=2\Delta d/N \qquad (2.19.3)$$

若数出条纹“冒出”或“吞入”的数目，测得 M_1 与 M_2' 之间的距离变化Δd，便可由式(2.19.3)计算出所用单色光的波长.

3. 等厚干涉条纹的形成

当 M_1 与 M_2' 有一很小的交角时，形成楔形空气层，将会出现等厚干涉现象. 因为角度很小，光程差仍可近似为

$$\delta = 2d\cos i \tag{2.19.4}$$

其中，d 为观察处空气层厚度，i 为入射角. 在 M_1 与 M_2' 相交处 d=0，所以此处 δ=0，应出现直条纹，称为中央条纹. 在中央条纹附近，因视角 i 很小，式(2.19.4)中 $\cos i$ 展成幂级数形式有

$$\delta = 2d(1 - i^2/2! + i^4/4! - i^6/6! + \cdots) \approx 2d \tag{2.19.5}$$

所以干涉条纹大体上平行于中央条纹，并呈现等距分布. 离中央条纹较远处，由于视角 i 增大，式(2.19.5)中 $i^2/2!$ 和高次项的作用不可忽视，因此条纹将发生弯曲，弯曲方向为凸向中央条纹. 实验观察时，必须使 M_1 与 M_2' 夹角甚小，且两平面距离很近(近于重合)时，方可见到直条纹，在其两侧，随 d 的增加，条纹逐渐变得弯曲了，而弯曲的方向恰相反.

4. 钠黄光双线波长差的测量

(1) 如果照射干涉仪的扩展光源，其光谱是由两个波长靠得很近的光谱双线 λ_1 和 $\lambda_2(\lambda_2 = \lambda_1 + \Delta\lambda)$ 组成的，它们的光强相近，并且 M_1 和 M_2' 处于平行的状态. 假如在 $d = d_1$ 时，我们从反射角 i 方向上看到了 λ_1 的 k_1 级亮条纹，同时又看到了 λ_2 的 k_2 级暗条纹，则有

$$2d_1\cos i = k_1\lambda_1 = (k_2 + 0.5)\lambda_2 \quad (k_1,\ k_2 \text{为整数}) \tag{2.19.6}$$

则 λ_1 的一套亮条纹恰与 λ_2 的一套暗条纹重合，视场一片均匀，可见度为零. 移动 M_1 镜，使 d 逐渐增加，则两套同心圆条纹都由中心往外涨出，但因 $\lambda_2 \neq \lambda_1$，所以涨出的快慢不同. 若从 d_1 增加到 d_2 的过程中，在同一个 i 方向上 λ_1 涨出了 $(\Delta k + 0.5)$ 个条纹，而 λ_2 涨出了 Δk 个条纹，则有

$$2d_2\cos i = (k_1 + \Delta k + 0.5)\lambda_1 = (k_2 + 0.5 + \Delta k)\lambda_2$$

显然，这时视场中两套亮同心条纹相重合，条纹清楚可见，继续将 d 由 d_2 增加到 d_3，若 λ_1 涨出 $(\Delta k' + 1)$ 个条纹，λ_2 涨出 $\Delta k'$ 个条纹，则有

$$2d_3\cos i = (k_1 + \Delta k' + 1)\lambda_1 = (k_2 + 0.5 + \Delta k')\lambda_2 \tag{2.19.7}$$

此时视场可见度又为零. 由式(2.19.6)、式(2.19.7)得

$$\Delta\lambda = \lambda_1/\Delta k' \tag{2.19.8}$$

式(2.19.7)减式(2.19.6)得

$$2(d_3 - d_1)\cos i = (\Delta k' + 1)\lambda_1 = \Delta k'\lambda_2 \Rightarrow \Delta k' = \frac{2(d_3 - d_1)\cos i}{\lambda_2}$$

令 $\Delta d = d_3 - d_1$，当 $\delta = 0$ 时

$$\Delta k' = \frac{2\Delta d}{\lambda_2} \tag{2.19.9}$$

将式(2.19.9)代入式(2.19.8)有 $\Delta\lambda=\dfrac{\lambda_1\lambda_2}{2\Delta d}$，$\overline{\lambda}^2=\lambda_1\lambda_2$，则

$$\Delta\lambda=\frac{\overline{\lambda}^2}{2\Delta d} \tag{2.19.10}$$

(2) 相干长度 Δm .

考虑等倾条纹时视场中心处 $i=0$ 的情况. 对于任何一种光源，都存在一个 d_m，当 $d \geqslant d_m$ 时，视场中干涉场的可见度为零. 只有当 $d<d_m$ 时，才能出现干涉条纹. 不同光源的 d_m 不同，即能够产生干涉条纹的最大光程差 $\Delta m=2d_m$ 不同，我们称 Δm 为该光源的相干长度.

光源存在一定的相干长度可以这样来解释：任何光源发射的光波都是一连串有限长的波列. 在迈克耳孙干涉仪中，每个波列由半反射膜分成两个波列. 只有当这两个分波列同时在观察点处存在时，才能叠加形成干涉. 当光程差 $\varDelta$ 过大时，某一分波列已到观察点，而另一分波列却尚未到达，二者不能相遇，因此形不成干涉. 光源单色性越好，其发射的波列越长，在较大的 $\varDelta$ 情况下还能形成干涉，即相干长度较长.

【实验内容与步骤】

1. 迈克耳孙干涉仪的调整

(1) 将水平仪置于干涉仪的导轨上，调节调平螺丝 10(图 2.19.1)使仪器水平，并用其上的锁紧圈锁紧.

(2) 用目测法使激光束大致与导轨垂直(不可用眼直视激光束，以防灼伤).

(3) 调节粗调手轮 14，使动镜 M_1 与分光板 G_1 的距离和定镜 M_2 与 G_1 的距离近于相等.

(4) 开启光源，这时从接收屏可见两组针孔像，如图 2.19.4 所示. 其中一组是由动镜反射的，另一组是由定镜反射的. 细心调节定镜 M_2 后部的三个螺丝 5，使两组针孔像重合. 如果难以调成，亦可调节动镜后面的螺丝. 重合则表明 M_1 与 M_2 处于相互垂直状态.

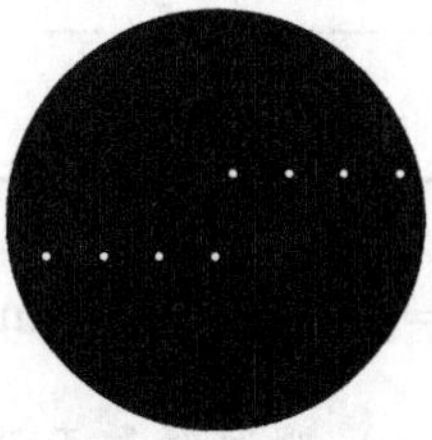

图 2.19.4　两组针孔像

2. 观察等倾干涉条纹

(1) 在光源与仪器之间放入扩束透镜，使激光均匀照亮仪器分光板 G_1，此时在接收屏上可以看到干涉条纹. 如果经上述调节仍未见干涉条纹出现或条纹模糊，可微动微调手轮 13，使 M_1 稍微移动位置即可.

(2) 看到了干涉条纹后，仔细调节 M_2 镜的两个拉簧螺丝，把干涉条纹变粗，曲率变大，直至把条纹的圆心调到视场中央.

(3) 旋动微调手轮 13，观察干涉环的“冒出”和“吞入”的现象.

3. 利用等倾干涉环测 He-Ne 激光的波长

(1) 选定干涉环清晰区域，调整仪器零点. 因为转动微调手轮时，粗调手轮随着转动，而在转动粗调手轮时，微调手轮并不随着转动，为此，需调整仪器零点. 首先，将微调手轮沿某一方向(如沿顺时针方向)旋转至零，而后，同方向转动粗调手轮，对齐读数窗中某一刻度，则仪器零点调整完毕，以后测量过程只使用微调手轮并应同方向转动，以避免空程误差.

(2) 轻轻旋动微调手轮，每“冒出”或“吞入”50 条干涉环，记录一次 M_1 镜的位置(标尺、读数窗和微调手轮三者读数之和)，直到第 450 条. 填入表 2.19.1 中，用逐差法处理数据并求 λ 和 $u(\lambda)$.

表 2.19.1 测 He-Ne 激光的波长数据表

条纹移动数 N_1	0	50	100	150	200
可动镜位置 d_1/mm					
条纹移动数 N_2	250	300	350	400	450
可动镜位置 d_2/mm					
$N = N_2 - N_1$	250	250	250	250	250
$\Delta d = d_1 - d_2$/mm					
$\lambda = \frac{2\Delta d}{N} \times 10^6$/nm					

$\bar{\lambda} =$ ____________(nm)； $u(\lambda) =$ ____________(nm)； $\lambda = \bar{\lambda} \pm u(\lambda) =$ ____________(nm).

4. 观察等厚干涉条纹

慢慢转动粗调手轮，使干涉圆环逐渐向圆心缩入，同时可见条纹由细变粗，由密变疏，直至整个视场条纹消失，此时 M_1 与 M_2' 的距离 $d = 0$. 调节 M_2 镜的拉簧螺丝，使 M_1 与 M_2' 有一很小的角度，则视场中出现直线形平行干涉条纹，记录条纹的特点.

5. 测量钠黄光双线的波长差

以钠灯为光源，调出等倾圆条纹. 旋动 M_1 镜位置粗调手轮，观察钠光干涉条纹可见度随光程差变化的情况. 熟悉情况后, 换用 M_1 镜位置微调手轮, 记录可见度为零时 M_1 镜的位置(表 2.19.2). 连续记录 10 个位置. 由式(2.19.10)求出 $\Delta\lambda$ ($\bar{\lambda}$ 取 589.3nm).

表 2.19.2　M_1 镜位置

1	2	3	4	5
6	7	8	9	10

【思考题】

(1) 等倾干涉条纹与牛顿环的干涉图样区别何在?

(2) 试分析你在调节中看不清干涉条纹的原因.

(3) 当用白光照射时, 彩色干涉条纹出现在视场中央后, 如果在动镜光路中插入一块折射率为 n、厚度为 l 的均匀薄玻璃片, 显然彩色条纹消失了. 当移动动镜 M_1(应该向什么方向移动? 为什么?)经过 d 距离后, 彩色条纹再次出现在视场中央. 如果空气折射率为 1, 试证明: $\Delta d = l(n-1)$.

第3章　基本实验Ⅱ

3.1　霍尔效应法测磁感应强度

1879年，美国物理学家霍尔在研究载流导体在磁场中受力时发现了一种电磁效应：若在与电流垂直的方向存在磁场，则在与电流和磁场都垂直的方向将建立一个电场. 这种效应后来被称为霍尔效应. 具备霍尔效应功能的元件称为霍尔元件. 霍尔元件在测量中具有频率响应宽(从直流到微波)，牢靠、小型，测量时无接触，使用寿命长和成本低等优点，但也存在着转换效率低、温度影响较显著等缺点. 尽管如此，目前霍尔元件在测试技术、自动控制、计算机和信息技术等方面有着极其广泛的应用.

【实验目的】

(1) 掌握霍尔效应法测磁感应强度的原理和方法.

(2) 学会用霍尔元件测量通电螺线管轴向磁场分布的基本方法.

【实验仪器】

霍尔元件测螺线管轴向磁场装置、多量程电流表2只、电势差计、滑线变阻器、双路直流稳压电源、双刀双掷开关、连接导线15根.

【实验原理】

1. 霍尔效应

霍尔效应从本质上讲是运动的带电粒子在磁场中受洛伦兹力作用而引起的偏转. 当带电粒子(电子或空穴)被约束在固体材料中时，这种偏转就导致在垂直于电流和磁场方向上产生正负电荷的聚积，从而形成附加的横向电场，即霍尔电场 E_H. 如图3.1.1所示的半导体试样，若在 x 方向通以电流 I_S，在 z 方向加磁场 B，则在 y 方向即试样 A-A'电极两侧就开始聚集异号电荷而产生相应的附加电场. 电场的指向取决于试样的导电类型. 图3.1.1(a)所示的N型试样，霍尔电场逆 y 方向，图3.1.1(b)所示的P型试样则沿 y 方向. 即有

$$E_H(y) < 0 \quad \Rightarrow (\text{N型})$$
$$E_H(y) > 0 \quad \Rightarrow (\text{P型})$$

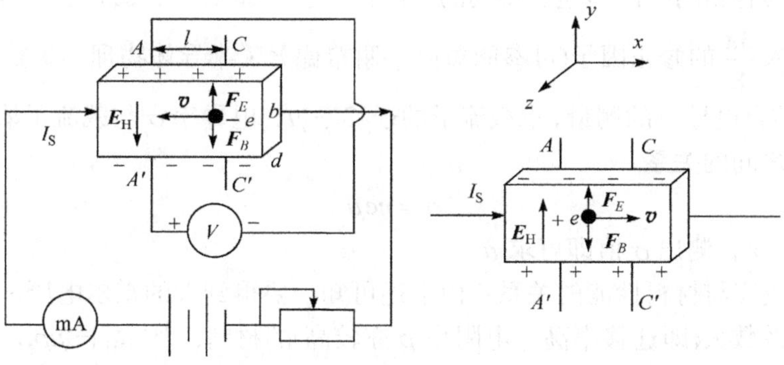

(a) 载流子为电子(N型)　　(b) 载流子为空穴(P型)

图 3.1.1　霍尔效应实验原理示意图

霍尔电场 E_H 阻止载流子继续向侧面偏移，当载流子所受的横向电场力 eE_H 与洛伦兹力 $e\overline{v}B$ 相等时，样品两侧电荷的积累就达到动态平衡，即

$$eE_H = e\overline{v}B \tag{3.1.1}$$

其中，E_H 为霍尔电场，$\overline{v}$ 是载流子在电流方向上的平均漂移速度.

设试样的宽为 b，厚度为 d，载流子浓度为 n，则

$$I_S = ne\overline{v}bd \tag{3.1.2}$$

由式(3.1.1)与式(3.1.2)可得

$$V_H = E_H b = \frac{1}{ne}\frac{I_S B}{d} = R_H \frac{I_S B}{d} \tag{3.1.3}$$

式(3.1.3)表明，霍尔电压 V_H 与 $I_S B$ 成正比，与试样厚度 d 成反比. 比例系数 $R_H = \frac{1}{ne}$ 称为霍尔系数，是反映材料霍尔效应强弱的重要参数. 测出 V_H(V)以及知道 I_S(A)、B(T)和 d(cm)，可按下式计算 R_H(cm³/C)：

$$R_H = \frac{V_H d}{I_S B} \times 10^4 \tag{3.1.4}$$

式中，10^4 是由于磁感应强度 B 用电磁单位(T).

根据霍尔系数 R_H 可进一步确定以下参数：

(1) 由 R_H 的符号(或霍尔电压的正负)判断样品的导电类型. 判断的方法是按图 3.1.1 所示的 I_S 和 B 的方向，若测得的 $V_H = V_{A'A} < 0$，即点 A 的电势高于点 A' 的电势，则 R_H 为负，样品属 N 型；反之，则为 P 型.

(2) 由 R_H 求载流子浓度 n，即 $n=\dfrac{1}{|R_H|e}$. 应该指出，这个关系式是假定所有载流子都具有相同的漂移速度得到的，严格一些，如果考虑载流子的速度统计分布，需引入 $\dfrac{3\pi}{8}$ 的修正因子(可参阅黄昆、谢希德著《半导体物理学》).

(3) 结合电导率的测量,求载流子的迁移率 μ. 电导率 σ 与载流子浓度 n 以及迁移率 μ 之间的关系

$$\sigma = ne\mu \tag{3.1.5}$$

即 $\mu=|R_H|\sigma$，测出 σ 值即可求 μ.

霍尔效应与材料性能的关系：由上述可知，要得到大的霍尔电压，关键是要选择霍尔系数大(即迁移率高、电阻率 ρ 亦较高)的材料. 因 $|R_H|=\mu\rho$，就金属导体而言，μ 和 ρ 均很低，而不良导体 ρ 虽高，但 μ 极小，因而上述两种材料的霍尔系数都很小，不能用来制造霍尔元件. 半导体 μ 高，ρ 适中，是制造霍尔元件较理想的材料，由于电子的迁移率比空穴的迁移率大，所以霍尔元件多采用 N 型材料；霍尔电压的大小与材料的厚度成反比，因此薄膜型的霍尔元件的输出电压较片状要高得多. 就霍尔元件而言，其厚度是一定的，所以实用上采用 $K_H=\dfrac{1}{ned}$ 来表示器件的灵敏度，K_H 称为霍尔灵敏度，单位为 mV/(mA · T) 或 mV/(mA · kGs)[①].

2. 副效应及其消除方法

在研究固体导电过程中，继霍尔效应之后又相继发现了埃廷斯豪森(Ettingshausen)效应、能斯特(Nernst)效应、里吉-勒迪克(Righi-Leduc)效应，这些都属于热磁效应.

1) 埃廷斯豪森效应电压

1887 年，埃廷斯豪森发现，由于载流子速度不同，在磁场的作用下所受洛伦兹力不相等，快速载流子受力大而能量高，慢速载流子受力小而能量低，因此霍尔元件的一端较另一端温度高而形成一个温度梯度场，从而出现一个温差电压. 埃廷斯豪森效应产生的电压的大小与电流 I、磁感应强度 B 的大小成正比，方向与 V_H 一致. 因此，它在实验中无法消除，但它的值一般较小，由它带来的误差约为 5%.

2) 能斯特效应电压

由于电流输入、输出两引线端焊点处的电阻不可能完全相等，因此，通电后会产生不同的势效应，使 x 方向产生温度梯度. 电子将从热端扩散到冷端，扩散

① $1\text{Gs}=10^{-4}\text{T}$.

电子在磁场的作用下在横向形成电场，从而产生电压. 电压的正负与磁场 B 有关，与电流 I 无关.

3) 里吉-勒迪克效应电压

由能斯特效应引起的扩散电流中的载流子速度不一样，类似于埃廷斯豪森效应，也将在 y 方向产生温度梯度场，导致产生一附加电压，电压的正负与磁感应强度 B 有关，与电流 I 无关.

4) 不等势电势差

不等势电势差是由霍尔元件的材料自身不均匀，以及电压输出端引线在制作时不可能绝对对称焊接在霍尔片的两侧所引起的，如图 3.1.1 所示. 这时，即使不加磁场(只通电流)，也不存在. 若元件制作不好，有可能与有着相同的数量级，因此不等势电势差是影响霍尔电压的一种最大的副效应. 电压的正负只与电流有关，与磁感应强度 B 无关.

值得注意的是，在产生霍尔效应的同时，因伴随着各种副效应，以致实验测得的 A、A' 两极间的电压并不等于真实的霍尔电压 V_H 值，而是包含着各种副效应所引起的附加电压，因此必须设法消除. 根据副效应产生的机理可知，采用电流和磁场换向的对称测量法，基本上能把副效应的影响从测量结果中消除. 即在规定了电流和磁场正、反方向后，分别测量由下列四组不同方向的 I_S 和 B 组合的 $V_{A'A}$(A' 、A 两点的电势差)，即

$$+B,\ +I_S \qquad V_{A'A}=V_1$$
$$-B,\ +I_S \qquad V_{A'A}=V_2$$
$$-B,\ -I_S \qquad V_{A'A}=V_3$$
$$+B,\ -I_S \qquad V_{A'A}=V_4$$

然后求 V_1、V_2 、V_3 和 V_4 的代数平均值

$$V_H=\frac{V_1-V_2+V_3-V_4}{4} \tag{3.1.6}$$

通过上述测量方法，虽然还不能消除所有的副效应，但其引入的误差不大，可以忽略不计.

【实验内容与步骤】

1. 掌握仪器性能，连接测试仪与实验仪之间的各组连线

(1) 开、关机前，测试仪的“I_S 调节”和“I_M 调节”旋钮均置零位(即逆时针旋转到底).

(2) 按图 3.1.2 连接测试仪与实验仪之间各组连线. 注意：①样品各电极引线与对应的双刀开关之间的连线已由制造厂家连接好，请勿再动！②严禁将测试仪的励磁电流“I_M输出”误接到实验仪的“I_S输入”或“V_H、V_σ输出”处，否则，一旦通电，霍尔样品即遭损坏！样品共有三对电极，其中 A、A'或 C、C'用于测量霍尔电压 V_H，A、C 或 A'、C'用于测量电导，D、E 为样品工作电流电极. 样品的尺寸为：d=0.5mm，b=4.0mm，A、C 电极间距 l=3.0mm. 仪器出厂前，霍尔片已调至中心位置. 霍尔片性脆易碎，电极甚细易断，严防撞击或用手去触摸，否则即遭损坏！霍尔片放置在电磁铁空隙中间，在需要调节霍尔片位置时，必须谨慎，切勿随意改变 y 轴方向的高度，以免霍尔片与磁极面摩擦而受损.

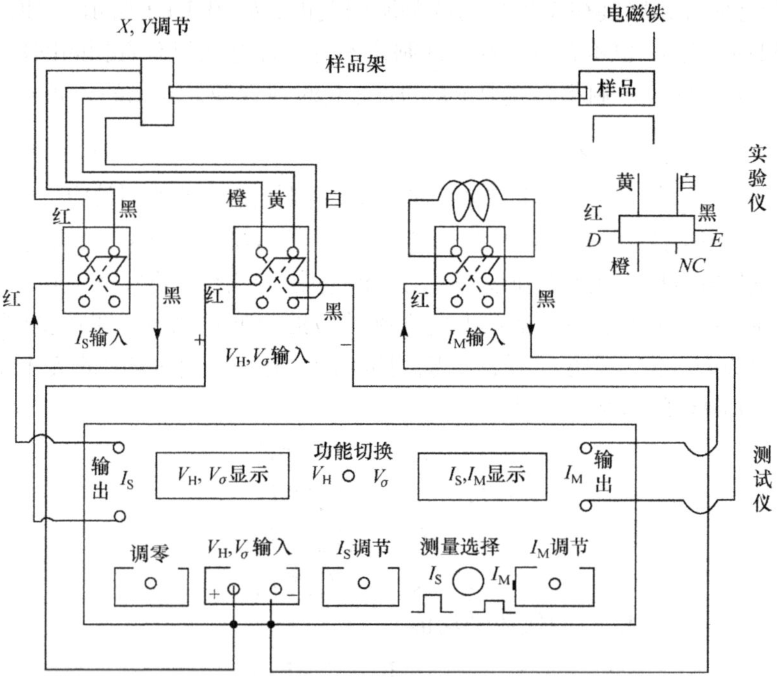

图 3.1.2 实验线路连接装置图

(3) 接通电源，预热数分钟，电流表显示“.000”(按下“测量选择”键时)或“0.00”(放开“测量选择”键时)，电流表显示为“0.00”.

(4) 置“测量选择”于 I_S 挡(放键)，电流表所示的值即随“I_S 调节”旋钮顺时针转动而增大，其变化范围为 0～10mA 时，电压表 V_H 所示读数为“不等势”电压值，它随 I_S 增大而增大，I_S 换向，V_H 极性改号(此乃“不等势”电压值，可通过“对称测量法”予以消除)，取 $I_S \approx 2$mA.

(5) 置“测量选择”于 I_M 挡(按键)，顺时针转动“I_M 调节”旋钮，电流表变化范围为 0～1A，此时 V_H 值随 I_M 增大而增大，I_M 换向，V_H 极性改号(其绝对值随 I_M 流向不同而异，此乃副效应而致，可通过“对称测量法”予以消除). 至此，应将“I_M 调节”旋钮置零位(即逆时针旋到底).

(6) 放开测量选择键，再测 I_S，调节 $I_S \approx 2$mA，然后将“V_H、V_σ 输出”切换开关拨向 V_σ 一侧，测量 V_σ 电压(A、C 电极间电压)；I_S 换向，V_σ 亦改号. 这些说明霍尔样品的各电极工作均正常，可进行测量. 将“V_H、V_σ 输出”切换开关恢复至 V_H 一侧.

2. 测绘 V_H-I_S 曲线

将测试仪的“功能切换”置 V_H，I_S 及 I_M 换向开关掷向上方，表明 I_S 及 I_M 均为正值(即 I_S 沿 x 方向，I_M 沿 y 方向). 反之，则为负. 保持 I_M 值不变(取 I_M= 0.600 A)，改变 I_S 的值，I_S 取值范围为 1.00～4.00mA. 将实验测量值记入表 3.1.1 中.

3. 测绘 V_H-I_M 曲线

保持 I_S 值不变(取 I_S=3.00mA)，改变 I_M 的值，I_M 取值范围为 0.300～0.800A. 将测量数据记入表 3.1.2 中.

4. 测量 V_σ 值

“V_H、V_σ 输出”拨向 V_σ 侧，“功能切换”置 V_σ. 在零磁场(I_M=0)下，取 I_S= 2.00mA，测量 V_{AC}(即 V_σ). 注意：I_S 取值不要大于 2mA，以免 V_σ 过大使毫伏表超量程(此时首位数码显示为 1，后三位数码熄灭). V_H 和 V_σ 通过功能切换开关由同一只数字电压表进行测量. 电压表零位可通过调零电位器进行调整. 当显示器的数字前出现“–”时，被测电压极性为负值.

5. 确定样品导电类型

将实验仪三组双刀开关均掷向上方，即 I_S 沿 x 方向，B 沿 z 方向，毫伏表测量电压为 $V_{A'A}$. 取 I_S=2.00mA, I_M=0.600A，测量 $V_{A'A}$ 大小及极性，由此判断样品导电类型.

6. 求样品的 R_H、n、σ 和 μ 值

根据给定的霍尔元件工作条件及元件尺寸参数值，分别计算霍尔元件的霍尔系数、载流子浓度、电导率及载流子的迁移率.

7. 测单边水平方向磁场分布(I_S=2.00mA, I_M=0.600A)

沿水平单方向移动霍尔元件的位置并记录实验数据.

【数据记录与处理】

(1) 在表 3.1.1 与表 3.1.2 中记录数据.

表 3.1.1　测绘 V_H-I_S 实验曲线数据记录表　　I_M =0.600A

I_S /mA	V_1 /mV	V_2 /mV	V_3 /mV	V_4 /mV	$V_H=\frac{V_1-V_2+V_3-V_4}{4}$ /mV
	$+B_S,+I_S$	$-B,+I_S$	$-B,-I_S$	$+B,-I_S$	
1.00					
1.50					
2.00					
2.50					
3.00					
3.50					
4.00					

表 3.1.2　测绘 V_H-I_M 实验曲线数据记录表　　I_S=3.00mA

I_M /A	V_1 /mV	V_2 /mV	V_3 /mV	V_4 /mV	$V_H=\frac{V_1-V_2+V_3-V_4}{4}$ /mV
	$+B_S,+I_S$	$-B,+I_S$	$+B,-I_S$	$+B,-I_S$	
0.300					
0.400					
0.500					
0.600					
0.700					
0.800					

(2) 在毫米方格纸上画出 V_H-I_S 曲线和 V_H-I_M 曲线.

(3) 记下样品的相关参数 b、d、l 值，根据在零磁场下，I_S=2.00mA 时测得的 V_{AC}(即 V_σ)值计算电导率σ.

(4) 确定样品的导电类型(P 型还是 N 型).

(5) 从测试仪电磁铁的线包上查出 B 的大小与 I_M 之间的关系，并求 R_H(I_S=2.00mA，I_M =0.600A)、n 和μ值.

(6) 自拟表格，测单边水平方向磁场分布(测试条件 I_S =2.00mA，I_M =0.600A)，测量点不得少于 8 个(不等步长)，以磁心中间为相对零点位置，作 V_H-x 图，另半边作图时对称补足.

【注意事项】

(1) 霍尔元件很容易受大电流的冲击而损坏，因此，工作电流应从小到大慢慢调到指定值，在开关 K_2 第一次合上时应注意观察电流表的反应，以防意外使大电流烧坏霍尔片.

(2) 霍尔元件受温度影响参数会产生变化，因此，本实验时间应尽量短. 因为时间过长,霍尔片自身的温度升高和螺线管发热都将使霍尔元件的参数发生变化.

【思考题】

(1) 实验中的 K_H 值已由实验室给出，若某个元件的 K_H 值丢失，你是否可以用实验方法测出？请你写出设计方案.

(2) 利用霍尔元件能测交流电流的磁场吗？若能，请你设计一个测交流磁场的实验，并推导出计算公式.

3.2　直流激励时霍尔传感器的位移特性实验

传感器的种类繁多，传感器技术是一门分散型技术，又是一门知识密集型技术. 它涉及物理、化学、生物、材料、电子学等几乎所有的科学技术.

【实验目的】

(1) 掌握霍尔传感器工作原理与应用.

(2) 通过静态位移量输入了解霍尔传感器的工作特性.

【实验仪器】

THSRZ-1 型实验仪器、霍尔传感器模块、霍尔传感器、测微头、直流电源、数显电压表.

【实验原理】

霍尔传感器是根据霍尔效应制作的一种磁场传感器，霍尔效应是磁电效应的一种，这一现象是霍尔于 1879 年在研究金属的导电机构时发现的. 后来发现半导体、导电流体等也有这种效应，而半导体的霍尔效应比金属强得多，利用这现象制成的各种霍尔元件，广泛地应用于工业自动化技术、检测技术及信息处理等方面. 霍尔效应是研究半导体材料性能的基本方法. 通过霍尔效应实验测定的霍尔系数，能够判断半导体材料的导电类型、载流子浓度及载流子迁移率等重要参数.

霍尔元件置于磁感应强度为 B 的磁场中，在垂直于磁场方向通以电流 I，则与这二者垂直的方向上将产生霍尔电势差

$$U_H = K \cdot I \cdot B \tag{3.2.1}$$

式中，K 为元件的霍尔灵敏度. 如果保持霍尔元件的电流 I 不变，而使其在一个均

匀梯度的磁场中移动，则输出的霍尔电势差变化量为

$$\Delta U_{\mathrm{H}} = K \cdot I \cdot \frac{\mathrm{d}B}{\mathrm{d}z} \cdot \Delta z \tag{3.2.2}$$

式中，Δz 为位移量，此式说明若 $\frac{\mathrm{d}B}{\mathrm{d}z}$ 为常数，则 ΔU_{H} 与 Δz 成正比.

为实现均匀梯度的磁场(如图 3.2.1 所示)，利用两块相同的磁铁(磁铁截面积及表面磁感应强度相同)相对放置，即 N 极与 S 极相对，两磁铁之间留一等间距间隙，霍尔元件平行于磁铁放在该间隙的中轴上. 间隙大小要根据测量范围和测量灵敏度要求而定，间隙越小，磁场梯度就越大，灵敏度就越高. 磁铁截面要远大于霍尔元件，以尽可能地减小边缘效应影响，提高测量精确度.

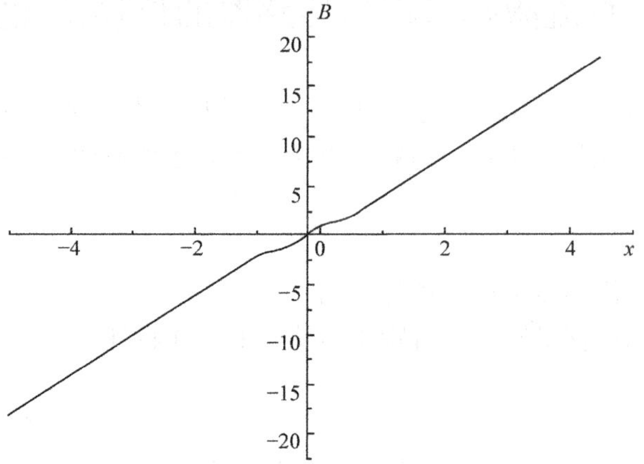

图 3.2.1 均匀梯度的磁场

若磁铁间隙内中心截面处的磁感应强度为零，霍尔元件处于该处时，输出的霍尔电势差应该为零. 当霍尔元件偏离中心沿 z 轴发生位移时，由于磁感应强度不再为零，霍尔元件也就产生相应的电势差输出，其大小可以用数字电压表测量. 由此可以将霍尔电势差为零时元件所处的位置作为位移参考零点.

霍尔电势差与位移量之间存在一一对应关系，当位移量较小(小于 2mm)时，这一一对应关系具有良好的线性.

【实验内容与步骤】

1. THSRZ-1 型实验仪器的操作步骤

(1) 在霍尔传感器模块上，按图 3.2.2 接线.

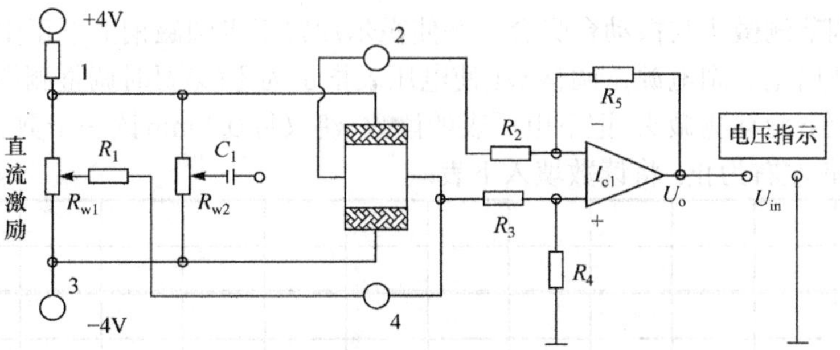

图 3.2.2　霍尔传感器直流激励接线图(THSRZ-1 型)

(2) 开启电源，直流数显电压表选择“2V”挡，将测微头的起始位置调到“1cm”处，手动调节测微头的位置，先使霍尔片大概在磁钢的中间位置(数显表大致为 0)，固定测微头，再调节 R_{w1} 使数显表显示为零.

(3) 分别向左、右不同方向旋动测微头，每隔 0.2mm 记下一个读数，直到读数近似不变，将读数填入下表.

x/mm												
U/mV												

2. DH-CG2000 型实验仪器的操作步骤

所需单元及部件：霍尔传感器、差动放大器、V/F 表、直流稳压电源、测微头.

有关旋钮初始位置：差动放大器增益旋钮打到最小，电压表置 200mV 挡，直流稳压电源置 2V 挡.

(1) 按图 3.2.3 接线：w1、r1 为电桥单元中的直流平衡网络.

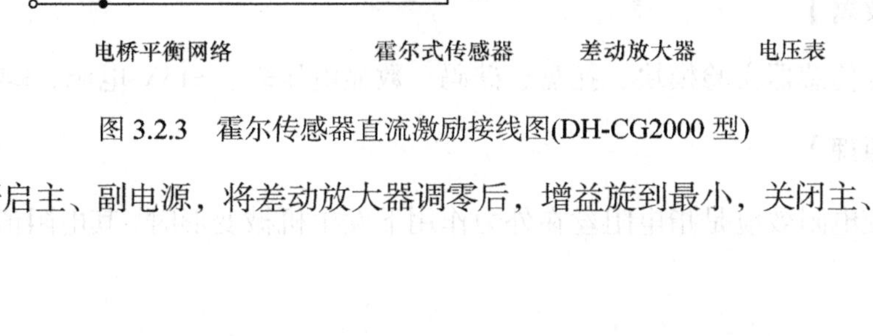

图 3.2.3　霍尔传感器直流激励接线图(DH-CG2000 型)

(2) 开启主、副电源，将差动放大器调零后，增益旋到最小，关闭主、副电源.

(3) 调节测微头与振动台吸合，并使霍尔片置于半圆磁钢上下正中位置.

(4) 开启主、副电源，调整 w1 使电压表指示为零(必要时调整测微头).

(5) 上下旋动测微头，记下电压表的读数，建议每 0.2 mm 读一个数，从 15.0mm 到 5.00 mm 左右为止. 将读数填入下表.

x/mm											
U/V											
x/mm											
U/V											

【数据处理】

作出 U-x 曲线并用最小二乘法拟合实验数据，计算不同线性范围时的灵敏度并定性给出结论.

3.3　金属箔式应变片输出特性研究

电阻应变片是一种电阻式的敏感元件，它一般由基底、敏感栅、覆盖层和引线四部分组成. 把一根电阻丝机械地分布在一块有机材料制成的基底上，即成为一片应变片. 应变片的应用十分广泛，可测量应变、应力、弯矩、扭矩、加速度、位移等物理量. 应变片的应用可分为两大类：第一类是将应变片粘贴于某些弹性体上，并将其接到测量转换电路，这样就构成测量各种物理量的专用应变式传感器. 应变式传感器中，敏感元件一般为各种弹性体，传感元件就是应变片，测量转换电路一般为桥路. 第二类是将应变片贴于被测试件上，然后将其接到应变仪上就可直接从应变仪上读取被测试件的应变量. 现在使用的称重传感器、力传感器，绝大部分都是电阻应变式传感器.

【实验目的】

(1) 了解金属箔式应变片的应变效应原理及单臂电桥工作原理和性能.

(2) 比较全桥、半桥与单臂电桥的不同性能及特点.

(3) 了解全桥测量电路的优点及其在工程测试中的实际应用.

【实验仪器】

应变传感器实验模块、托盘、砝码、数显电压表、±15V 电源、±4V 电源.

【实验原理】

应变电阻效应是指电阻丝在外力作用下发生机械变形时，其电阻值发生变化.

如图 3.3.1 所示，设有一根长为 l、半径为 r、截面积为 S、电阻率为ρ的金属丝，电阻 $R=\rho\dfrac{l}{S}$. 当轴向受到拉力作用时，长度增加了Δl，截面积减少了ΔS，那么电阻变化量为ΔR，电阻相对变化为$\dfrac{\Delta R}{R}=\dfrac{\Delta l}{l}-\dfrac{\Delta S}{S}+\dfrac{\Delta\rho}{\rho}$. 对于箔式应变片，$\dfrac{\Delta\rho}{\rho}\approx 0$，电阻变化主要由应变产生

$$\frac{\Delta R}{R}\approx\frac{\Delta l}{l}-\frac{\Delta S}{S}=\varepsilon(1+2\mu)=K\varepsilon \tag{3.3.1}$$

式中，$\varepsilon=\dfrac{\Delta l}{l}$是材料的轴向线应变；$\dfrac{\Delta S}{S}=2\dfrac{\Delta r}{r}=2\mu\varepsilon$是材料截面积的变化，材料的泊松比$\mu=-\dfrac{\Delta r}{r}\Big/\dfrac{\Delta l}{l}$. 由此可以看出，金属材料的电阻相对变化与其线应变成正比，比例系数 K 称为灵敏度，这就是金属材料的应变电阻效应. 金属箔式应变片就是通过光刻、腐蚀等工艺制成的应变敏感组件，如图 3.3.2 所示，四个金属箔应变片分别贴在弹性体的上下两侧，弹性体受到压力发生形变，应变片随弹性体形变被拉伸或压缩.

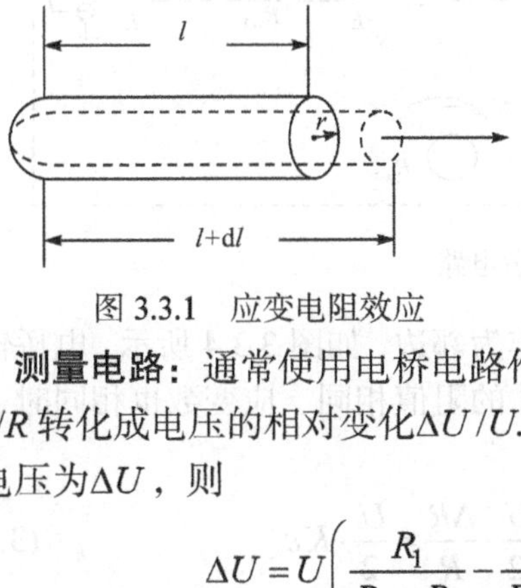

图 3.3.1　应变电阻效应

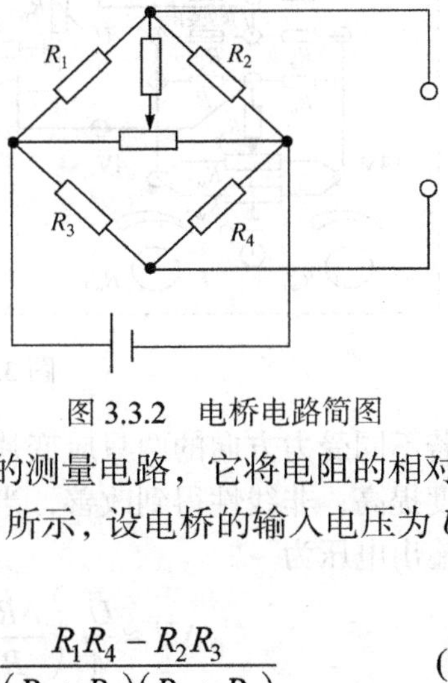

图 3.3.2　电桥电路简图

测量电路：通常使用电桥电路作为应变片的测量电路，它将电阻的相对变化$\Delta R/R$转化成电压的相对变化$\Delta U/U$. 如图 3.3.2 所示，设电桥的输入电压为 U，输出电压为ΔU，则

$$\Delta U=U\left(\frac{R_1}{R_1+R_2}-\frac{R_3}{R_3+R_4}\right)=U\frac{R_1R_4-R_2R_3}{(R_1+R_2)(R_3+R_4)} \tag{3.3.2}$$

设各桥臂的初始电阻为$R_1=R_2=R_3=R_4=R$，电桥初始处于平衡状态，当四个桥臂电阻分别变为$R_1+\Delta R_1$、$R_2+\Delta R_2$、$R_3+\Delta R_3$、$R_4+\Delta R_4$时，则由式(3.3.2)可得

$$\begin{aligned}\Delta U&=U\frac{(R+\Delta R_1)(R+\Delta R_4)-(R+\Delta R_2)(R+\Delta R_3)}{(2R+\Delta R_1+\Delta R_2)(2R+\Delta R_3+\Delta R_4)}\\&=U\frac{R(\Delta R_1-\Delta R_2-\Delta R_3+\Delta R_4)+\Delta R_1\Delta R_4-\Delta R_2\Delta R_3}{(2R+\Delta R_1+\Delta R_2)(2R+\Delta R_3+\Delta R_4)}\end{aligned} \tag{3.3.3}$$

一般情况下，$\Delta R_i\,(i=1,2,3,4)$很小，即 $R \gg \Delta R_i$，则式(3.3.3)可变化为

$$\Delta U \approx \frac{U}{4}\left(\frac{\Delta R_1}{R}-\frac{\Delta R_2}{R}-\frac{\Delta R_3}{R}+\frac{\Delta R_4}{R}\right) \tag{3.3.4}$$

由式(3.3.4)可知，电阻变化率(或应变)与输出电压之间就近似为线性关系，这就是利用桥式电路测量电阻应变的工作原理.

如图 3.3.3 所示，R_5、R_6、R_7为固定电阻，与应变片一起构成一个单臂电桥，其输出电压

$$\Delta U \approx \frac{U}{4}\cdot\frac{\Delta R}{R}=\frac{U}{4}\cdot K\varepsilon \tag{3.3.5}$$

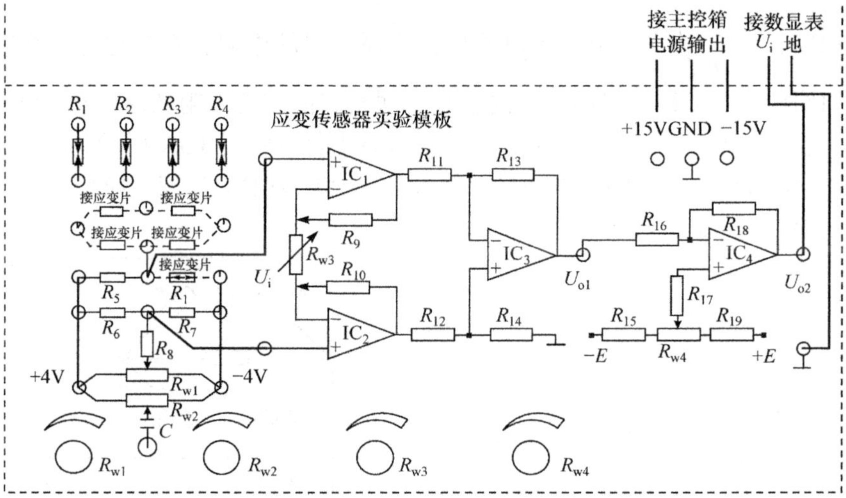

图 3.3.3　单桥测量电路

若不同受力方向的两只应变片接入电桥作为邻边，如图 3.3.4 所示，电桥输出灵敏度提高，非线性得到改善，当两只应变片的阻值相同、应变数也相同时，半桥的输出电压为

$$\Delta U \approx \frac{U}{4}\cdot\left(\frac{\Delta R_1}{R}-\frac{\Delta R_2}{R}\right)=\frac{U}{2}\cdot\frac{\Delta R}{R}=\frac{U}{2}\cdot K\varepsilon \tag{3.3.6}$$

式(3.3.6)表明，半桥输出灵敏度比单桥提高一倍.

如图 3.3.5 所示，将受力性质相同的两只应变片接到电桥的对边，不同的接入邻边，当应变片初始值相等，变化量也相等时，全桥路输出

$$\Delta U \approx \frac{U}{4}\cdot\left(\frac{\Delta R_1}{R}-\frac{\Delta R_2}{R}-\frac{\Delta R_3}{R}+\frac{\Delta R_4}{R}\right)=U\cdot K\varepsilon \tag{3.3.7}$$

式(3.3.7)表明，全桥输出灵敏度比半桥又提高了一倍，非线性误差得到进一步改善.

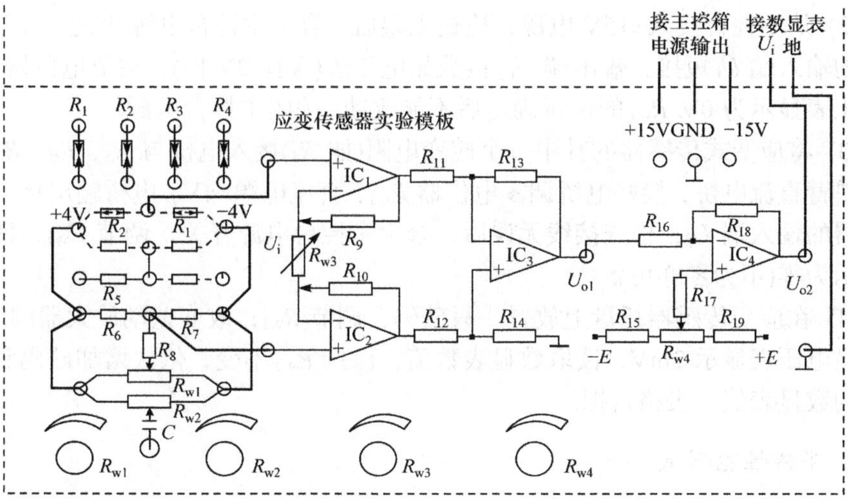

图 3.3.4　半桥测量电路

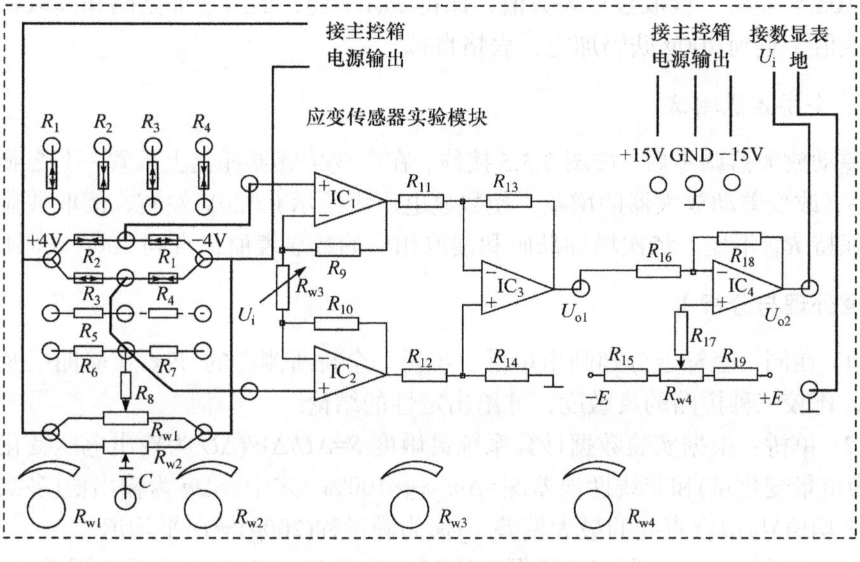

图 3.3.5　全桥测量电路

【实验内容与步骤】

1. 单桥性能测试

(1) 图 3.3.3 应变传感器上的各应变片已分别接到应变传感器模块左上方的 R_1、R_2、R_3、R_4 上，可用万用表测量判别，R_1=R_2=R_3=R_4=350Ω.

(2) 从主控台接入±15V 电源，检查无误后，合上主控台电源开关，将差动放大器的输入端 U_i 短接，输出端 U_{o2} 接数显电压表(选择 2V 挡)，调节电位器 R_{w4}，使电压表显示为 0V. R_{w4} 的位置确定后不能改动. 关闭主控台电源.

(3) 将应变式传感器的其中一个应变电阻(如 R_1)接入电桥与 R_5、R_6、R_7 构成一个单臂直流电桥，接好电桥调零电位器 R_{w1}，直流电源±4V，电桥输出接到差动放大器的输入端 U_i，检查接线无误后，合上主控台电源开关，调节 R_{w1}，使电压表显示为零(不为零亦可).

(4) 在应变传感器托盘上放置一只砝码，调节 R_{w3}，改变差动放大器的增益，使数显电压表显示 2mV，读取数显表数值，保持 R_{w3} 不变，依次增加砝码和读取相应的数显表值，表格自拟.

2. 半桥性能测试

差动放大器调零后，按图 3.3.4 接线. 调节 R_{w1}，使电压表显示为零. 在应变传感器托盘上放置一只砝码，调节 R_{w3}，改变差动放大器的增益，使数显电压表显示 10mV 左右，读取数显表数值，保持 R_{w3} 不变，依次增加砝码和读取相应的数显表值，直到 200g 砝码加完，表格自拟.

3. 全桥性能测试

差动放大器调零后，按图 3.3.5 接线，在应变传感器托盘上放置一只砝码，调节 R_{w3}，改变差动放大器的增益，使数显电压表显示 0.020V 左右，读取数显表数值，保持 R_{w3} 不变，依次增加砝码和读取相应的数显表值，直到 200g 砝码加完.

【数据处理与分析】

(1) 在同一坐标上分别画出单桥、半桥、全桥所测得的 V-x 实验曲线及拟合直线，比较三种桥路的灵敏度，并给出定性的结论.

(2) 单桥：根据实验数据计算系统灵敏度 $S=\Delta U/\Delta W$(ΔU 为输出电压变化量，ΔW 为重量变化量)和非线性误差 $\delta_{f1}=\Delta m/y_{FS}\times 100\%$，式中，$\Delta m$ 为输出值(多次测量时为平均值)与拟合直线的最大偏差，y_{FS} 为满量程(200g)输出平均值.

(3) 半桥/全桥：根据实验数据，计算灵敏度 $L=\Delta U/\Delta W$ 和非线性误差 δ，引起测量时非线性误差的原因是什么?

【注意事项】

加在应变传感器上的压力不应过大，以免造成应变传感器的损坏!

【思考题】

(1) 单臂电桥时，作为桥臂电阻，应变片应选用：①正(受拉)应变片；②负(受压)应变片；③正、负应变片均可.

(2) 半桥测量时，两片不同受力状态的电阻应变片接入电桥时，应放在：①对边；②邻边.

(3) 桥路(差动电桥)测量时存在非线性误差，是因为：①电桥测量原理上存在非线性；②应变片应变效应是非线性的；③调零值不是真正为零.

(4) 全桥测量中，当两组对边(R_1、R_3 为对边)电阻值 R 相同，即 $R_1=R_3$, $R_2=R_4$，而 $R_1\neq R_2$ 时，是否可以组成全桥？①可以；②不可以.

【附录】数据分析相关知识

1. 测量范围和量程

$$量程=测量上限值-测量下限值$$

2. 输入-输出特性

1) 灵敏度

灵敏度是指传感器或检测系统在稳态下输出量变化和引起此变化的输入量变化的比值

$$s=\frac{\Delta y}{\Delta x} \quad 或 \quad \frac{\mathrm{d}y}{\mathrm{d}x}$$

它是输入-输出特性曲线的斜率.

如果系统的输出和输入之间有线性关系，则灵敏度是一个常数，否则，它将随输入量的变化而变化. 一般希望灵敏度 s 在整个测量范围内保持常数，这样，可得均匀刻度的标尺，使读数方便，也便于分析和处理测量结果. 由于输入和输出的变化量一般都有不同的量纲，所以灵敏度 s 也是有量纲的. 如输入量为温度(℃)，输出量为标尺上的位移(格)，则 s 的量纲为格/℃. 如果输入量和输出量是同类量，则此时 s 可理解为放大倍数. 因此，灵敏度比放大倍数有更广泛的含义.

2) 死区(不灵敏区)

死区是指输入信号的变化不能引起输出信号发生变化的有限空间，是由系统元件的摩擦及空隙等现象引起的.

3) 回差——变差

回差是指正向(输入量增大)和反向(输入量减小)行程期间检测装置输入-输出曲线的不重合程度，如图 3.3.6 所示. 外界条件不变的情况下，同一大小的输入信号在正反行程的输出信号数值不相等. 产生原因一般是检测装置中的弹性元件、机械传动中的间隙和内摩擦、磁性材料的磁滞.

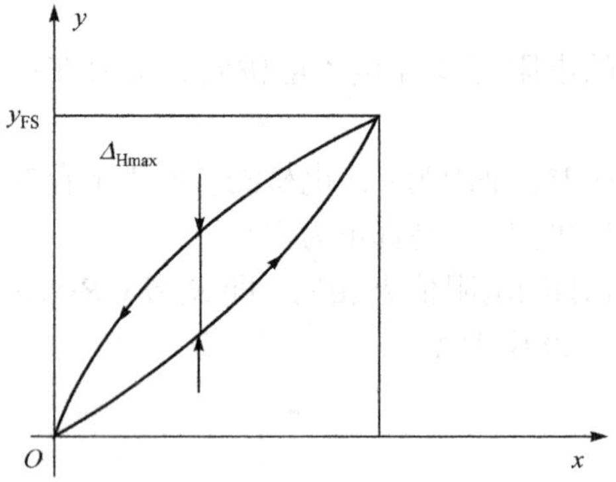

图 3.3.6　回差

$$\delta_h = \frac{\Delta_{Hmax}}{y_{FS}} \times 100\%$$

4) 线性度

理想检测系统的输入-输出关系应为比例关系，表示为 $y(t) = kx(t)$. 而实际检测装置的输入-输出关系往往不是理想的线性关系. 非线性误差是指实测曲线偏离理想直线的程度,用实际测得的输入-输出特性曲线(标定曲线)与其拟合直线之间的最大偏差和检测装置满量程输出范围之比表示：$e = \Delta_m / y_{FS}$ ，如图 3.3.7 所示. 其中参考直线通常用以下两种方法获得.

(1) 最小二乘直线：标定值相对于该直线的误差平方和最小.

(2) 端点连线：连接最大与最小标定值的直线——端基直线.

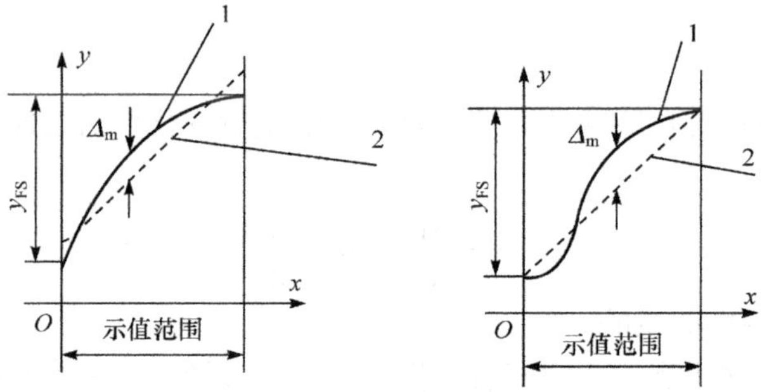

图 3.3.7　线性度

1-标定曲线；2-拟合直线

3. 重复性与再现性

重复性是指在相同测量条件下，对同一被测量，按同一方向多次测量时，检测仪表的各输出值之间的一致程度. 如图 3.3.8 所示，重复性误差可用正反行程的最大偏差表示，即

$$\gamma_R = \pm(\Delta_{Rmax} / y_{FS}) \times 100\%$$

再现性是指在相同测量条件下，在规定的相对较长的时间内，对同一被测量从两个方向上重复测量时，检测仪表的各输出值之间的一致程度. 重复性不包括回差，再现性包括回差，也包括了重复性.

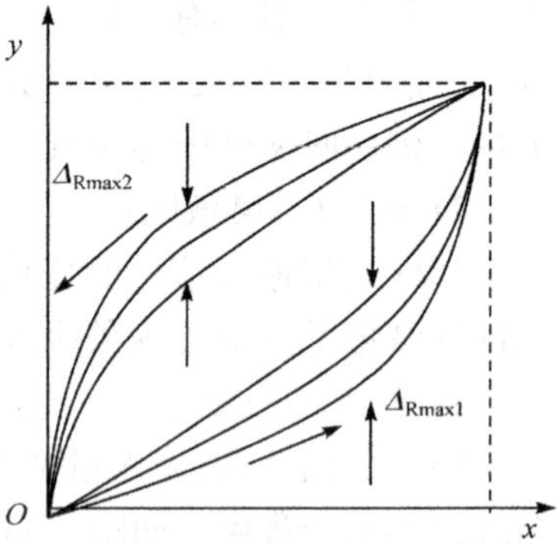

图 3.3.8　重复性误差

Δ_{Rmax1} 为正行程的最大重复性偏差；

Δ_{Rmax2} 为反行程的最大重复性偏差

3.4　金属箔式应变片的温度影响实验

【实验目的】

(1) 进一步熟悉金属箔式应变片传感器的工作特性.

(2) 了解温度对应变片输出特性的影响.

【实验仪器】

综合传感实验仪、应变传感器实验模块、加热器(已贴在应变片底部).

【实验原理】

电阻应变片的电阻值受温度的影响，主要来自两个方面的原因：敏感栅丝的温度系数；应变栅的线膨胀系数与弹性体(或被测试件)的线膨胀系数不一致会产生附加应变. 因此，当温度变化时，在被测体受力状态不变时，输出会有变化.

【实验内容与步骤】

(1) 将金属箔式应变片连接成全桥性能测试电路，逐步调零(方法见金属箔式应变片输出特性研究实验步骤).

(2) 将 200g 砝码加于砝码盘上，记录数显电压表的读数 U_{o1}.

(3) 将 5V 直流稳压电源接于实验模块的加热器插孔上，数分钟后，待数显表电压显示值基本稳定后，记下读数 U_{ot}，两者之间的电压差值即为温度变化对测量值的影响.

(4) 记录不同砝码质量下，温度对输出电压的影响数值. 由温度变化引起应变片传感器输出电压变化产生的相对误差为

$$\delta=\frac{U_{ot}-U_{o1}}{U_{ot}}\times 100\% \tag{3.4.1}$$

【思考题】

(1) 金属箔式应变片温度影响有哪些消除方法?

(2) 应变式传感器可否用于测量温度?

3.5　光纤传感器的位移特性实验

【实验目的】

了解光纤位移传感器的工作原理和性能.

【实验仪器】

光纤传感器、光纤传感器实验模块、数显单元、测微头、±15V 直流源、反射面.

【实验原理】

本实验采用的是导光型多模光纤，它由两束光纤混合组成 Y 形光纤，探头为半圆分布，一束光纤端部与光源相接发射光束，另一束光纤端部与光电转换器相接接收光束. 两光束混合后的端部是工作端，即探头，它与被测体相距 X，由光源发出的光通过光纤传到端部射出后再经被测体反射回来，由另一束光纤接收反射光信号，再由光电转换器转换成电压量，而光电转换器转换的电压量大小与间距 X 有关，因此可用于测量位移.

【实验内容与步骤】

(1) 根据图 3.5.1 安装光纤位移传感器，两束光纤插入实验板上的光电变换座孔上. 其内部已和发光管 D 及光电转换管 T 相接.

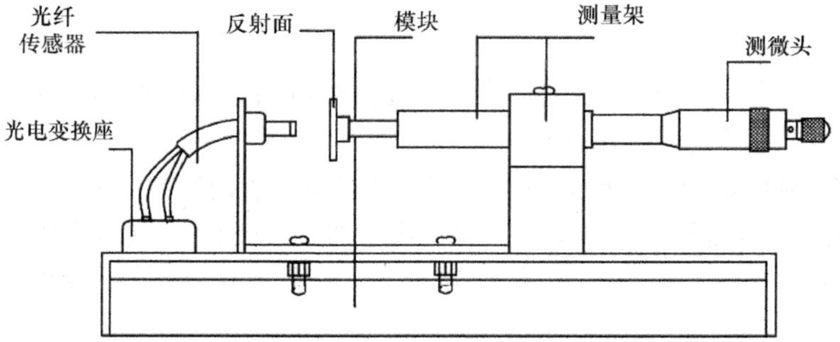

图 3.5.1　光纤位移传感器安装示意图

(2) 将光纤传感器实验模块输出端 V_{o1} 与数显单元相连，见图 3.5.2.

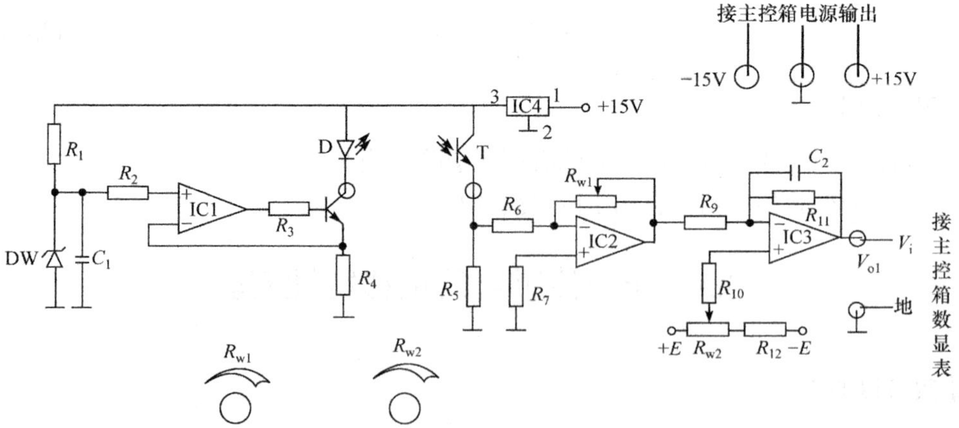

图 3.5.2　光纤位移传感器实验模块

(3) 调节测微头，使探头与反射平板轻微接触.

(4) 实验模块接入±15V 电源，合上主控箱电源开关，调 R_W 使数显表显示为零.

(5) 旋转测微头，被测体离开探头，每隔 0.1mm 读出数显表值，将其填入表 3.5.1.

表 3.5.1　光纤位移传感器位移与输出电压数据

x/mm							…
V/V							…

(6) 根据表 3.5.1 的数据，分析光纤位移传感器的位移特性，计算在量程 1mm 时的灵敏度和非线性误差.

【思考题】

光纤位移传感器测位移时对被测体的表面有些什么要求？

3.6　*RLC* 串联电路暂态特性的研究

电阻、电容及电感是电路中的基本元件，由 *RC*、*RL*、*RLC* 构成的串联电路具有不同的特性，包括暂态特性、稳态特性、谐振特性. 它们在实际应用中都起着重要的作用.

【实验目的】

(1) 利用示波器观察 *RC*、*RL*、*RLC* 等电路的暂态过程，并用相关图表直观表示.

(2) 理解时间常数、半衰期的概念及其实验测量方法.

(3) 观察并探究 *RLC* 串联电路产生阻尼衰减振荡的波形及其特性.

【实验仪器】

数字存储示波器、信号发生器、面包板、电感、电容、电阻、导线等.

【实验原理】

1. *RC* 串联电路暂态过程

在由 *R*、*C* 组成的电路中，暂态过程是电容的充放电的过程. 图 3.6.1 为 *RC*

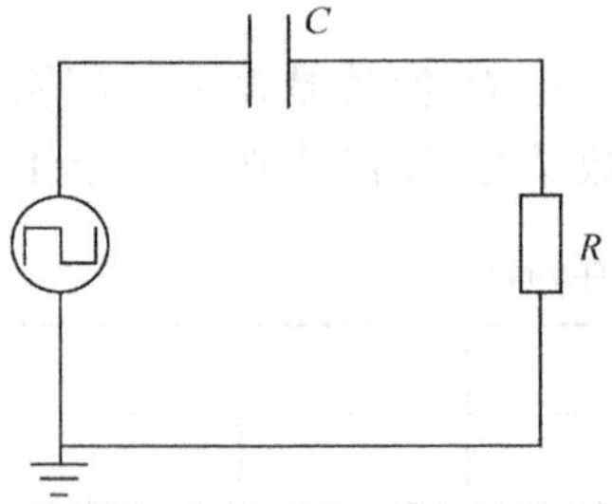

图 3.6.1　RC 串联电路

串联电路，其中信号源用方波信号. 在上半个周期内，方波电源(+E)对电容充电；在下半个周期内，方波电压为零，电容对地放电. 充电过程中的回路方程为

$$RC\frac{\mathrm{d}U_C}{\mathrm{d}t}+U_C=E \tag{3.6.1}$$

由初始条件 $t=0$ 时，$U_C=0$，可得

$$\begin{cases}U_C=E\left(1-\mathrm{e}^{-\frac{t}{RC}}\right)\\U_R=iR=E\mathrm{e}^{-\frac{t}{RC}}\end{cases} \tag{3.6.2}$$

从式(3.6.2)可见，U_C 随时间 t 按指数函数规律增长，而电阻电压 U_R 随时间 t 按指数函数规律衰减，如图 3.6.2 中 U-t、U_C-t 及 U_R-t 曲线所示.

在放电过程中的回路方程为

$$RC\frac{\mathrm{d}U_C}{\mathrm{d}t}+U_C=0 \tag{3.6.3}$$

由初始条件 $t=0$ 时，$U_C=E$，得解为

$$\begin{cases}U_C=E\mathrm{e}^{-\frac{t}{RC}}\\U_R=iR=-E\mathrm{e}^{-\frac{t}{RC}}\end{cases} \tag{3.6.4}$$

从式(3.6.4)可见，它们都随时间 t 按指数函数规律衰减. 式中的 $RC=\tau$ 具有时间的量纲，称为时间常数(或弛豫时间)，是表征暂态过程进行得快慢的一个重要物理量. 与时间常数 τ 有关的另一个在实验中较容易测定的特征值，称为半衰期 $T_{1/2}$，即当 $U_C(t)$ 下降到初值(或上升至终值)一半时所需要的时间，它同样反映了暂态过程的快慢程度，与 τ 的关系为

$$T_{1/2}=\tau\ln 2=0.693\tau \tag{3.6.5}$$

一般从示波器上测量 RC 半衰期 $T_{1/2}$ 比测弛豫时间要方便.

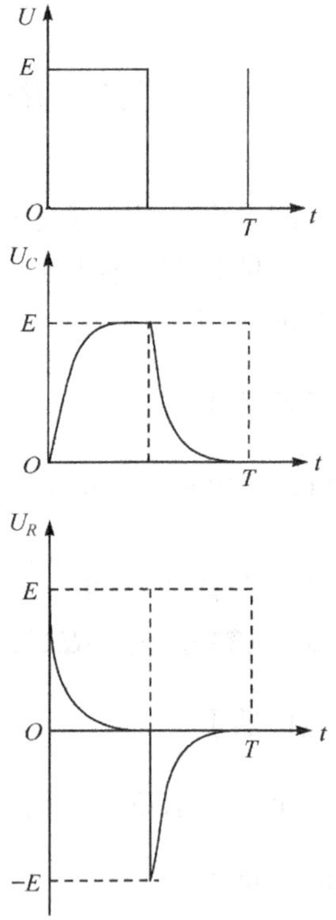

图 3.6.2　RC 串联电路充、放电曲线

2. RL 串联电路暂态过程

图 3.6.3 为 RL 串联电路暂态过程电压 U_L 变化曲线，电路时间常数 τ 及半衰

期 $T_{1/2}$ 分别为

$$\tau = \frac{L}{R}, \quad T_{1/2} = 0.693\tau = 0.693\frac{L}{R} \tag{3.6.6}$$

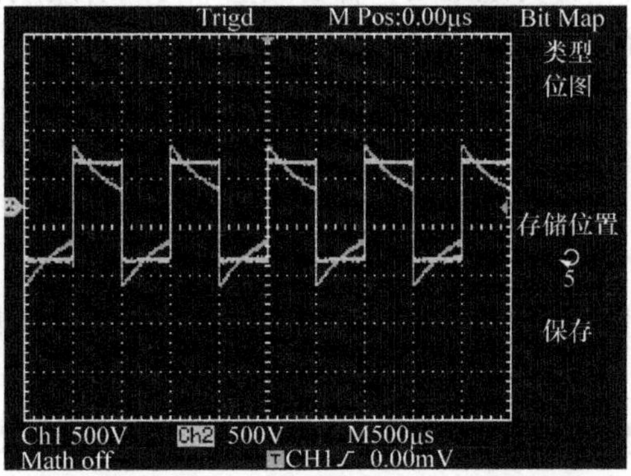

图 3.6.3 *RL* 串联电路暂态过程电压 U_L 变化曲线

3. *RLC* 串联电路

当 *RLC* 电路中突然接入电源时，电容器上电压满足的微分方程为

$$LC\frac{\mathrm{d}^2U_C}{\mathrm{d}t^2} + RC\frac{\mathrm{d}U_C}{\mathrm{d}t} + U_C = E \tag{3.6.7}$$

等式两边同除以 *LC*，并令

$$\beta = \frac{R}{2L}, \quad \omega_0 = \frac{1}{\sqrt{LC}} \tag{3.6.8}$$

则式(3.6.7)可化为

$$\frac{\mathrm{d}^2U_C}{\mathrm{d}t^2} + 2\beta\frac{\mathrm{d}U_C}{\mathrm{d}t} + \omega_0^2U_C = \omega_0^2E \tag{3.6.9}$$

式(3.6.9)为一阻尼振荡方程，β 为阻尼系数，ω_0 为电路的固有频率. 初始条件为

$$U_C\big|_{t=0} = 0, \quad \frac{\mathrm{d}U_C}{\mathrm{d}t}\bigg|_{t=0} = 0 \tag{3.6.10}$$

所以式(3.6.10)最终解的形式取决于 β 和 ω_0 的相对大小，分三种情形.

1) 欠阻尼

当 $\beta^2 - \omega_0^2 < 0$ 时，称为欠阻尼(阻尼振荡)，各物理量均呈现振荡特性，如图 3.6.4 所示，其解为

$$U_C = E - E\mathrm{e}^{-\beta t}\left(\cos\omega t + \frac{\beta}{\omega}\sin\omega t\right) \tag{3.6.11}$$

式中，$\omega=\sqrt{\omega_0^2-\beta^2}$，称为阻尼振荡角频率.

2) 过阻尼

当$\beta^2-\omega_0^2>0$时，称为过阻尼，各物理量不再具有周期性变化规律，而缓慢地趋于平衡值，其解为

$$U_C=E-\frac{E}{2r}e^{-\beta t}\left[(\beta+\gamma)e^{\gamma t}-(\beta-\gamma)e^{-\gamma t}\right] \tag{3.6.12}$$

式中，$\gamma=\sqrt{\beta^2-\omega_0^2}$.

3) 临界阻尼

当$\beta^2-\omega_0^2=0$时，称为临界阻尼，各物理量不再具有周期性变化规律，解为

$$U_C=E-E(1+\beta t)e^{-\beta t} \tag{3.6.13}$$

当电路达到稳定后，突然撤去电源电动势(即$E=0$)，电路的变化类似于充电过程. 方程的解也分为三种情况.

以上讨论的充、放电的条件是加阶跃波且源内阻$r_s=0$. 在实验中，我们可以用源内阻很小的方波源来代替上述条件，只要方波的周期远大于电路的时间常数就可以.

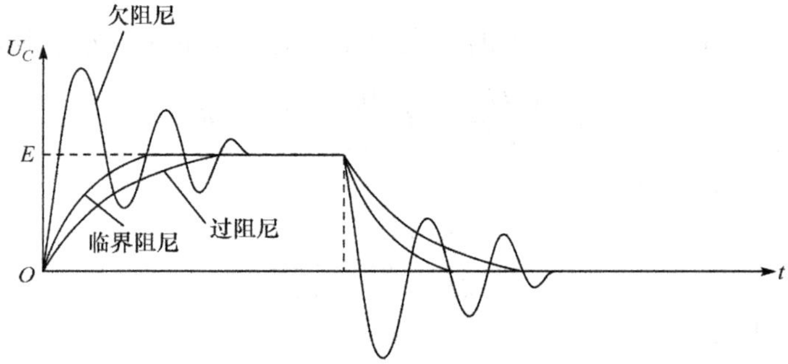

图 3.6.4　*RLC* 串联电路充、放电波形

【实验内容与步骤】

(1) 方波信号源频率$f=200$Hz，取不同参数的*RC*或*RL*组成串联电路，熟练使用示波器，完整地显示暂态过程，绘制一个周期内的U_C和U_L波形，测量半衰期，计算时间常数并与理论值比较.

(2) 方波信号源频率$f=200$Hz，选择不同的*RLC*组成的串联电路，观察并绘制欠阻尼过程、临界阻尼过程、过阻尼过程时电容上的波形，测量欠阻尼过程的半衰期，计算时间常数并与理论值比较.

【注意事项】

(1) 应用各种仪器前，仔细查阅有关说明书和使用方法.

(2) 各电路元件在测量时，接地点应与仪器的接地点一致.

【思考题】

(1) 在 *RC* 暂态过程中，固定方波的频率，而改变电阻的阻值，为什么会有不同的波形？而改变方波的频率，会得到类似的波形吗？

(2) 在 *RLC* 暂态过程中，若方波的频率很高或很低，能观察到阻尼振荡的波形吗？如何由阻尼振荡的波形来测量 *RLC* 电路的时间常数？

(3) 在 *RC*、*RL* 电路中，当 *C* 或 *L* 的损耗电阻不能忽略不计时，能否用本实验测量电路中的时间常数？

3.7　*RLC* 串联交流电路谐振特性的研究

【实验目的】

(1) 观察 *RLC* 电路的串联谐振和并联谐振的现象.

(2) 测量 *RLC* 串联谐振电路的幅频特性曲线.

(3) 学习并掌握电路品质因数 *Q* 的测量方法及其物理意义.

【实验仪器】

数字存储示波器、面包板、信号源、电容、电感、电阻、导线若干.

【实验原理】

如图 3.7.1 所示，在 *RLC* 串联电路中，若接入幅值一定、频率 *f* 连续可调的正弦交流信号源，则电路参数都将随着信号源频率的变化而变化. 电路总阻抗

$$Z=\sqrt{R^2+(X_L-X_C)^2}=\sqrt{R^2+\left(\omega L-\frac{1}{\omega C}\right)^2} \tag{3.7.1}$$

$$I=\frac{u_i}{Z}=\frac{u_i}{\sqrt{R^2+\left(\omega L-\frac{1}{\omega C}\right)^2}} \tag{3.7.2}$$

其中，角频率 $\omega=2\pi f$，容抗 $X_C=\frac{1}{\omega C}$，感抗 $X_L=\omega L$，随 *f* 变化的趋势如图 3.7.2 所示. ω很小时，电路总阻抗 $Z\to\sqrt{R^2+\frac{1}{(\omega L)^2}}$；$\omega$很大时，电路总阻抗 $Z\to\sqrt{R^2(\omega L)^2}$.

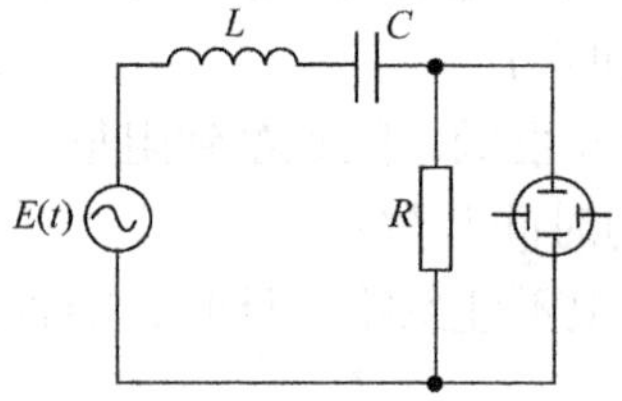

图 3.7.1　*RLC* 串联谐振电路

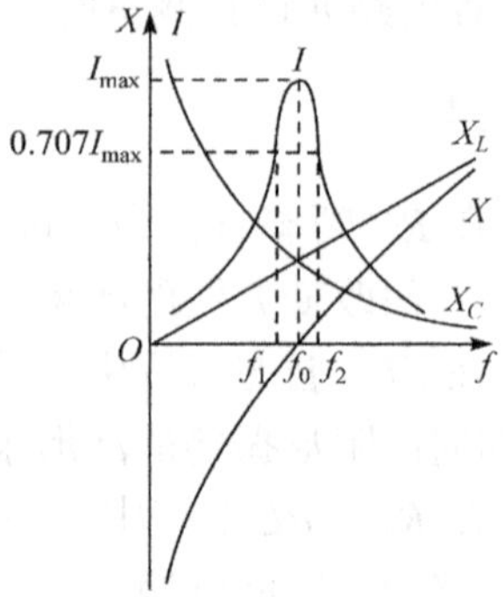

图 3.7.2　*RLC* 串联谐振电路 *I* 随 *f* 的变化曲线

当 $\omega L=\dfrac{1}{\omega C}$ 时，容抗、感抗互相抵消，电路总阻抗 $Z=R$，为最小值，而此时回路电流 $I_{\max}=V_i/R$ 则成为最大值，这个现象即为谐振现象. 发生谐振时的频率 f_0 称为谐振频率，此时的角频率 ω_0 即为谐振角频率，它们之间的关系为

$$\omega=\omega_0=\sqrt{\frac{1}{LC}}\,,\quad f_0=\frac{\omega_0}{2\pi}=\frac{1}{2\pi\sqrt{LC}} \tag{3.7.3}$$

谐振时，通常用品质因数 Q 来反映谐振电路的固有性质

$$Q=\frac{Z_C}{R}=\frac{Z_L}{R}=\frac{V_C}{V_R}=\frac{V_L}{V_R} \tag{3.7.4}$$

$$Q=\frac{1}{\omega_0 RC}=\frac{\omega_0 L}{R}=\frac{1}{R}\sqrt{\frac{L}{C}} \tag{3.7.5}$$

结论：

(1) 在谐振时，$u_R=u_i$，$u_L=u_C=Qu_i$，所以电感和电容上的电压达到信号源电压的 Q 倍，故串联谐振电路又称为电压谐振电路.

(2) Q 值决定了谐振曲线的尖锐程度，或称为谐振电路的通频带宽度，见图 3.7.2，当电流 I 从最大值 $I_{\max}$ 下降到 $\dfrac{1}{\sqrt{2}}I_{\max}$ 时，在谐振曲线上对应有两个频率 f_1 和 f_2，$\mathrm{BW}=f_2-f_1$，即通频带宽度. 显然，BW 越小，曲线的峰就越尖锐，电路的选频性能就越好，可以证明

$$Q=\frac{f}{\mathrm{BW}} \tag{3.7.6}$$

【实验内容与步骤】

(1) 按照图 3.7.3 所示连接线路，注意保持信号源电压 u_i 的峰值不变. 将 u_i 和 u_R 接入双踪示波器的信号轴输入端. 例如，电路和各元件的参考值为 $R=50\Omega, L=10\text{mH}, C=0.47\mu\text{F}$.

(2) 测量 i-f 曲线，计算 Q 值.

观测 u_i、u_R 电压波形，改变 u_i 的频率 f，先定性观察 u_R 的变化，再定量测量 u_R 随 f 的变化，并测出谐振频率 f_0，在 f_0 附近应多选几个点，测得密些，而在远离 f_0 处则可测得稀些.

(3) 改变电阻 R 的值，重复步骤(2)，测出 u_R 随 f 的变化.

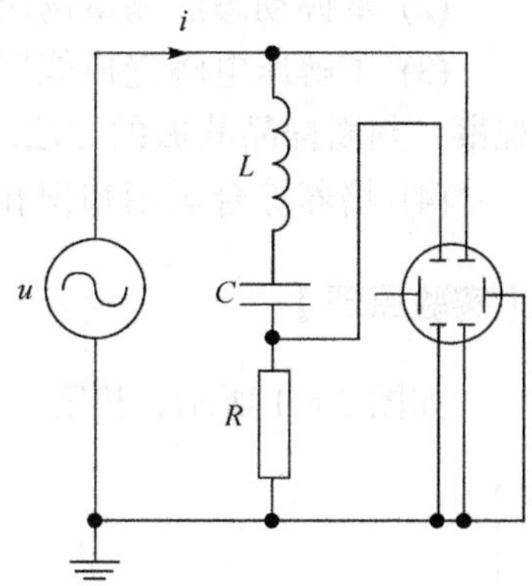

图 3.7.3　RLC 串联谐振电路接线

【数据处理与分析】

(1) 作谐振曲线 u_R-f，由曲线测出通频带宽度 BW .

(2) 由式(3.7.3)计算出 f_0 的理论值，并与测得的 f_0 进行比较，求出相对误差.

(3) 用式(3.7.4)～式(3.7.6)三种公式计算 Q 值，并进行比较.

(4) 比较步骤(2)和步骤(3)的 u_R-f 曲线，并分析结果.

【思考题】

(1) 根据 RLC 串联电路的谐振特点，在实验中如何判断电路达到了谐振?

(2) 串联电路谐振时，测量电容与电感上的电压为什么要将电表的量程置于较大的挡位?

3.8　动态法测量杨氏模量

杨氏模量是描述固体材料弹性形变的一个重要物理量，测量杨氏模量的方法基本上可以分为四类：①静态测量法(如静态拉伸法)；②动态测量法(如共振测量法)；③波速测量法；④其他测量方法. 静态拉伸法的缺点是不能真实地反映材料内部结构的变化，而且不能对脆性材料进行测量. 本实验采用动态法，这个方法既可以测量金属材料的杨氏模量，也可以测量玻璃、陶瓷材料的杨氏模量，测量准确度也较高.

【实验目的】

(1) 理解动态法测量杨氏模量的基本原理.

(2) 掌握动态法测量杨氏模量的基本方法，学会用动态法测量杨氏模量.

(3) 了解压电陶瓷换能器的功能，熟悉信号源和示波器的使用. 学会用示波器观察、判断样品共振的方法.

(4) 培养综合运用知识和使用常用实验仪器的能力.

【实验原理】

如图 3.8.1 所示，长度 L 远大于直径 $d(L \gg d)$ 的一细长棒作微小横振动(弯曲振动)时满足的动力学方程(横振动方程)为

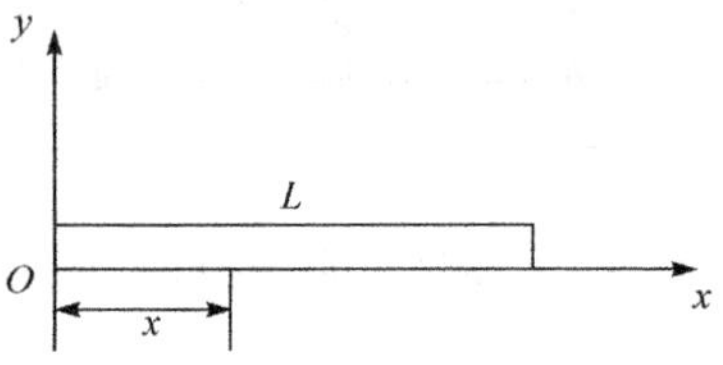

图 3.8.1　杆的弯曲振动

$$\frac{\partial^4 y}{\partial x^4}+\frac{\rho S\partial^2 y}{EJ\partial t^2}=0 \tag{3.8.1}$$

棒的轴线沿 x 方向. 式中，y 为棒上距左端 x 处截面的 y 方向位移；E 为杨氏模量，单位为 Pa 或 $\mathrm{N/m^2}$；ρ 为材料密度；S 为截面积；J 为绕垂直于杆并通过横截面形心的轴的惯量矩，$J=\iint_S y^2\mathrm{d}S$.

横振动方程的边界条件为：棒的两端(x=0, L)是自由端，端点既不受正应力也不受切向力. 用分离变量法求解方程(3.8.1)，令 $y(x,t)=X(x)T(t)$ ，则有

$$\frac{1}{X}\frac{\mathrm{d}^4 X}{\mathrm{d}x^4}=-\frac{\rho S}{EJ}\cdot\frac{1}{T}\frac{\mathrm{d}^2 T}{\mathrm{d}t^2} \tag{3.8.2}$$

由于等式两边分别是两个变量 x 和 t 的函数，所以只有当等式两边都等于同一个常数时，等式才成立. 假设此常数为 K^4，则可得到下列两个方程

$$\frac{\mathrm{d}^4 X}{\mathrm{d}x^4}-K^4 X=0 \tag{3.8.3}$$

$$\frac{\mathrm{d}^2 T}{\mathrm{d}t^2}+\frac{K^4 EJ}{\rho S}T=0 \tag{3.8.4}$$

如果棒中每点都作简谐振动，则上述两方程的通解分别为

$$\begin{cases}X(x)=a_1\mathrm{ch}Kx+a_2\mathrm{sh}Kx+a_3\cos Kx+a_4\sin Kx\\ T(t)=b\cos(\omega t+\varphi)\end{cases} \tag{3.8.5}$$

于是可以得出

$$y(x,t)=(a_1\mathrm{ch}Kx+a_2\mathrm{sh}Kx+a_3\cos Kx+a_4\sin Kx)\cdot b\cos(\omega t+\varphi) \tag{3.8.6}$$

式中

$$\omega=\left(\frac{K^4EJ}{\rho S}\right)^{\frac{1}{2}} \tag{3.8.7}$$

式(3.8.7)称为频率公式，适用于不同边界条件任意形状截面的试样. 如果试样的悬挂点(或支撑点)在试样的节点，则根据边界条件可以得到

$$\cos KL\cdot \mathrm{ch}KL=1 \tag{3.8.8}$$

采用数值解法可以得出本征值 K 和棒长 L 应满足如下关系：

$$K_nL=0,4.730,7.853,10.996,14.137,\cdots \tag{3.8.9}$$

其中，第一个根 $K_0L=0$ 对应试样静止状态；第二个根记为 $K_1L=4.730$，所对应的试样振动频率称为基振频率(基频)或称固有频率，此时的振动状态如图 3.8.2(a)所示；第三个根 $K_2L=7.853$ 所对应的振动状态如图 3.8.2(b)所示，称为一次谐波.

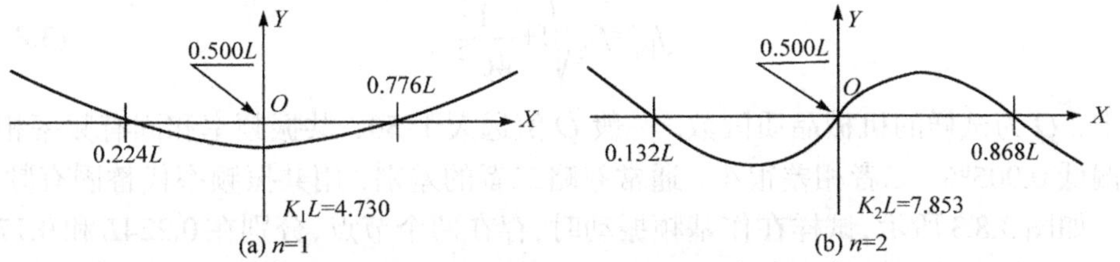

图 3.8.2　两端自由的棒的基频振动波形和一次谐波振动波形

由此可知，试样在作基频振动时存在两个节点，它们的位置分别距端面 0.224L 和 0.776L. 将基频对应的 K_1 值代入频率公式，可得到杨氏模量为

$$E=1.9978\times10^{-3}\frac{\rho L^4S}{J}\omega^2=7.8870\times10^{-2}\frac{L^3m}{J}f^2 \tag{3.8.10}$$

如果试样为圆棒 ($d\ll L$)，则 $J=\dfrac{\pi d^4}{64}$，所以式(3.8.10)可改写为

$$E=1.6067\frac{L^3m}{d^4}f^2 \tag{3.8.11}$$

同理，对于矩形棒试样，则有

$$E_{矩}=6.9464\frac{L^3m}{bh^3}f^2 \tag{3.8.12}$$

式中，m 为棒的质量，f 为基频振动的固有频率，d 为圆棒直径，b 和 h 分别为矩形棒的宽度和高度.

如果圆棒试样不能满足 $d\ll L$，式(3.8.11)应乘上一个修正系数 T_1，即

$$E=1.6067\frac{L^3m}{d^4}f^2T_1 \tag{3.8.13}$$

式中的修正系数 T_1 可以根据径长比 d/L 的泊松比查表 3.8.1 得到.

表 3.8.1　径长比与修正系数的对应关系

径长比 d/L	0.01	0.02	0.03	0.04	0.05	0.06	0.08	0.10
修正系数 T_1	1.001	1.002	1.005	1.008	1.014	1.019	1.033	1.055

由式(3.8.10)～式(3.8.12)可知，对于圆棒或矩形棒试样，只要测出固有频率就可以计算试样的动态杨氏模量，所以整个实验的主要任务就是测量试样的基频振动的固有频率.

本实验只能测出试样的共振频率，物体固有频率 $f_{固}$ 和共振频率 $f_{共}$ 是两个相关的不同概念，二者之间的关系为

$$f_{固}=f_{共}\sqrt{1+\frac{1}{4Q^2}} \tag{3.8.14}$$

式中，Q 为试样的机械品质因数. 一般 Q 值远大于 50，共振频率和固有频率相比只偏低 0.005%，二者相差很小，通常忽略二者的差别，用共振频率代替固有频率.

如图 3.8.3 所示，试样在作基频振动时，存在两个节点，分别在 $0.224L$ 和 $0.776L$ 处. 显然节点是不振动的，实验时悬丝(或支撑点)是不能挂在节点处的(或支撑点不能放在节点处)，而本实验又同时要求在试样两端自由的条件下，检测出共振频率. 显然这两条是矛盾的. 悬挂点(支撑点)离节点越远，可以检测到的共振信号就越强，但试样受外力作用也就越大，这样产生的系统误差就越大.

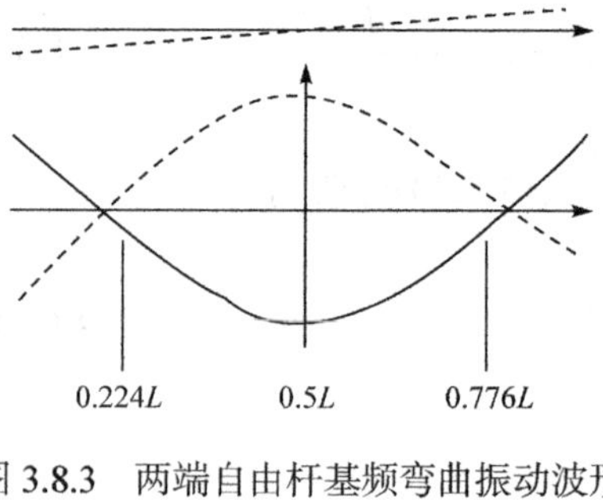

图 3.8.3　两端自由杆基频弯曲振动波形

为了消除误差，可采用内插测量法测出悬丝挂在节点上(或换能器支撑在节点上)时试样的共振频率. 具体测量方法是可以改变悬丝吊扎点的位置，逐步测出试样的共振频率 f. 设试样端面离吊扎点的距离为 x，以 x/l 为横坐标，共振频率 f 为纵坐标，作图后，从图上用内插法，求出悬丝吊扎在试样节点处(或换能器支撑在节点上)时的共振频率 f.

【实验装置】

悬挂式测量装置如图 3.8.4 所示. 图中，1 是功率函数信号发生器，它发出的声频信号经换能器 2 转换为机械振动信号，该振动通过悬丝(或支撑物)3 传入试棒引起试棒 4 振动，试棒的振动情况通过悬丝(或支撑物)3′传入接收换能器 5 转变为电信号进入示波器显示. 调节信号发生器的输出频率，当信号发生器的输出频

率不等于试样的固有频率时，试样不发生共振，示波器上波形幅度很小. 当信号发生器的输出频率等于试样的固有频率时，试样发生共振，在示波器 6 上可看到信号波形振幅取最大值. 如将信号发生器的输出同时接入示波器的 x 轴，则当输出信号频率在共振频率附近扫描时，可在显示器上看到李萨如图形(椭圆)的主轴在 y 轴左右偏转.

支撑式测量装置如图 3.8.5 所示，试棒 4 通过特殊材料搭放在两个换能器上，支架横杆上有 2 和 5 两个换能器，间距可调节.

悬挂式测量装置的两个换能器 2 和 5 的位置可调节，悬线采用直径 0.05～0.15mm 的铜线，粗硬的悬线会引入较大的误差.

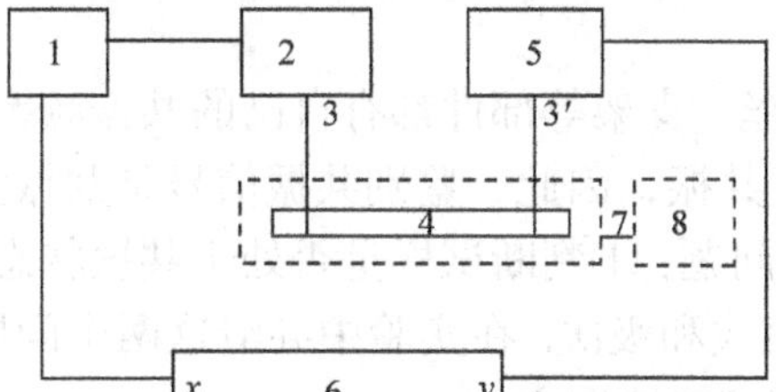

图 3.8.4　悬挂式测量装置

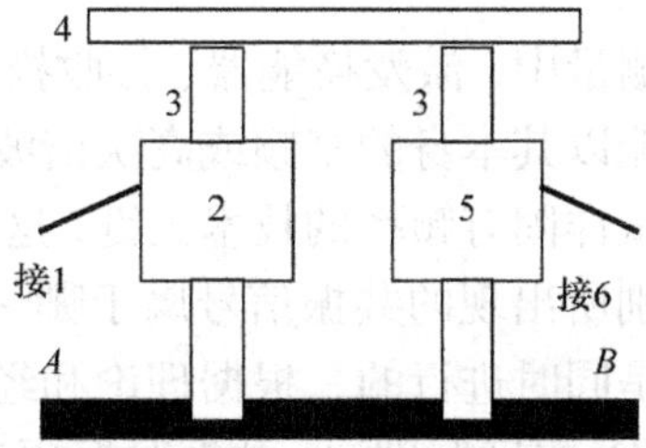

图 3.8.5　支撑式测量装置

【实验内容与步骤】

本实验测试样品共 4 根直圆棒.

(1) 用螺旋测微器测量试样的直径，在不同部位测量 3 次，取平均值.

(2) 用游标卡尺测量试样的长度，测量 3 次，取平均值.

(3) 用天平测量棒的质量.

(4) 根据图 3.8.4 连接各仪器，悬挂式(或支撑式)测量装置测出样品的共振频率.

用动态支撑法测量不同试样的杨氏模量步骤如下.

(1) 测量和安装试样棒. 选择一试样棒，分别测量试样的质量 m、长度 L 和直径 d，测量 5 次. 小心地将试样放在支撑支架上，要求试样棒横向水平，支撑点到试样棒端点的距离相同.

(2) 连接测量仪器. 如图 3.8.5 所示，动态弹性模量测定仪激振信号输出端接激振器的输入端，拾振信号的输入端接拾振器的输出端，拾振信号的输出端接示波器 Y 通道. 如果采用李萨如图形测量法，同时还要将示波器的 X 通道接激振信号的输出端.

(3) 开机调试. 开启仪器的电源，调节示波器处于正常工作状态，信号发生器的频率置于适当挡位(如 5kHz 挡)，连续调节输出频率，此时激发换能器应发出相应声响. 轻敲桌面，示波器 y 轴信号大小立即变动并与敲击强度有关，这说明整套实验装置已处于工作状态.

(4) 鉴频与测量. 由低到高调节信号发生器的输出频率, 正确找出试样棒的基频共振状态, 从频率计上读出共振频率. 继续升高频率大约在 2.74 倍基频处, 看是否能测出一次谐波共振频率.

(5) 测量基频共振频率. 在两个节点位置两侧各取几个测试点, 各点间隔 5mm 左右. 从外向内依次同时移动两个支撑点的位置, 每次移动 5mm, 分别测出不同位置处相应的基频共振频率.

(6) 根据式(3.8.13)计算杨氏模量.

【共振信号的鉴别】

测量中, 激发换能器、接收换能器、悬丝、支架等部件都有自己的共振频率, 都可能以其本身的基频或高次谐波频率发生共振, 因此, 鉴别共振信号是共振法测量试样固有频率的技术关键, 这包含两个问题: ①判断试样是否处于共振状态; ②判别所出现的共振信号属于哪一种振动模式和级次. 在实验中弄清这两个问题往往是同时进行的, 根据理论和经验可采用下述鉴别方法.

(1) 幅度鉴别法. 共振时振幅达到极大值. 振动阻尼越小, 共振峰越尖锐. 这是判断共振状态最直接的办法, 也是实验时第一步应该做的. 通过手动扫频找出了出现极大振幅的几个频率, 只表明共振频率一定处在这几个频率上, 还不清楚是否有假信号(非试样共振引起的极大值)以及所对应的振动模式和级次, 应采用下述方法进一步确定.

(2) 相位鉴别法. 接收到的试样振动信号和激发信号间有一个相位差, 也就是说, 振动信号比激发信号落后某一相角, 共振时, 相位差为 $\frac{\pi}{2}$. 当激发频率自小而大地扫过共振频率时, 相位差从小于 $\frac{\pi}{2}$、等于 $\frac{\pi}{2}$, 再到大于 $\frac{\pi}{2}$. 根据共振时的这一特征, 可以判断共振信号. 将激振信号输入示波器的 x 轴, 待测信号输入 y 轴, 在示波器上将出现一个扁圆形, 当激振信号的频率调节到共振频率附近时, 随着待测信号振幅的急剧增大, 横卧着的扁圆形开始立起来, 其长轴自 y 轴的一侧扫过 y 轴向另一侧变化.

(3) 节点鉴别法. 共振时, 沿试样轴向形成驻波, 有固定的波峰和波节. 两端自由的试棒作弯曲振动时, 基频弯曲振动波形如图 3.8.3 所示, 基频波及各次谐波的节点位置如表 3.8.2 所示. 基频和各次谐波振动的节点数目和位置都不相同. 如果我们能够用肉眼观察到振动的波形和节点, 当然很容易判断试样是否处于共振状态, 以及属于哪一个级次. 但由于试样振幅一般很小, 无法用肉眼观察, 故常使用如下几种间接的办法:

(a) 听诊法. 用医用听诊器接近试样但不接触试样, 从试样一端到另一端, 一边移动一边听, 在波峰处可听见最强的振动声, 波节处声音最弱, 以此判断节点数及位置.

(b) 触觉法. 用一根细金属棒, 轻轻地搭放在试样上, 如果是波峰位置, 将感到颤动, 同时振动的振幅将因振动受阻而明显减小, 如果是节点位置, 则不感到颤动且对信号振幅没有影响.

(c) 移动吊扎点法. 如果将吊扎点移到节点位置, 待测信号将消失, 也可以据此判定节点位置.

表 3.8.2　两端自由弯曲振动的节点位置

振动级次	节点数	节点位置(距试棒一端)
基频	2	$0.224L, 0.776L$
一次谐波	3	$0.132L, 0.500L, 0.868L$
二次谐波	4	$0.094L, 0.356L, 0.644L, 0.906L$

(4) 频率鉴别法. 当我们已经用幅度或相位鉴别法找出了若干与振幅极大值响应的频率后, 可以按各次谐波与基频振动的频率比, 对照它们间的频率关系($f_1 : f_2 : f_3 : f_4 = 1 : 2.76 : 5.40 : 8.93$), 如果相符, 就同时验证了它们的共振状态和振动级次.

(5) 估算鉴别法. 预先根据模量值的大致范围, 按计算公式反算共振频率, 在此频率值的附近寻找共振信号. 一般说来, 如果在可能的一个频率范围内, 只有一个振动峰, 则多半就是所要找的共振信号.

【思考题】

(1) 在实验中是否发现假共振峰? 是何原因? 如何消除? 是否有新的判据?

(2) 悬挂时捆绑的松紧, 悬丝的长短、粗细、材质、刚性都对实验结果有影响, 是何原因? 可否消除?

(3) 如何用内插法算出试样棒真正的节点共基频振动频率?

(4) 试样的固有频率和共振频率有何不同? 有何关系? 可否不测量质量而引入材料密度 ρ? 这时杨氏模量计算公式应作何变动?

(5) 实验时发现用悬挂方式很难测出一次谐波频率, 而用支撑法却很容易测量; 同时发现悬挂和支撑的位置与基频关系密切, 但用支撑法测出的一次谐波频率和支撑位置关系不大, 你能分析出其中原因吗?

(6) 在实验过程中如何判别是否有假共振信号的出现?

(7) 如果试样不满足 $d \ll L$ 条件, 则对测量结果应如何修正?

【附录】

常用材料杨氏模量参考值

材料名称	杨氏模量 $E/(\times10^{11}\text{Pa})$
钢	2.0
铸铁	1.15～1.60
铜及其合金	1.0
铝及硬铝	0.7

3.9　铁磁材料的磁滞回线和基本磁化曲线

铁磁材料按特性分硬磁和软磁两大类，铁磁材料的磁化曲线和磁滞回线反映了该材料的重要特性，也是设计选用材料的重要依据.

【实验目的】

(1) 掌握用磁滞回线测试仪测绘磁滞回线的方法.

(2) 测定样品的基本磁化特性曲线(B_S-H_S曲线)，并作μ-H曲线.

(3) 测绘样品在给定条件下的磁滞回线，估算其磁滞损耗以及相关的H_D、B_r、B_S和$[HB]$等参数.

(4) 比较两种典型铁磁物质的动态磁化特性.

【实验仪器】

TH-MHC型智能磁滞回线测试仪、示波器.

【实验原理】

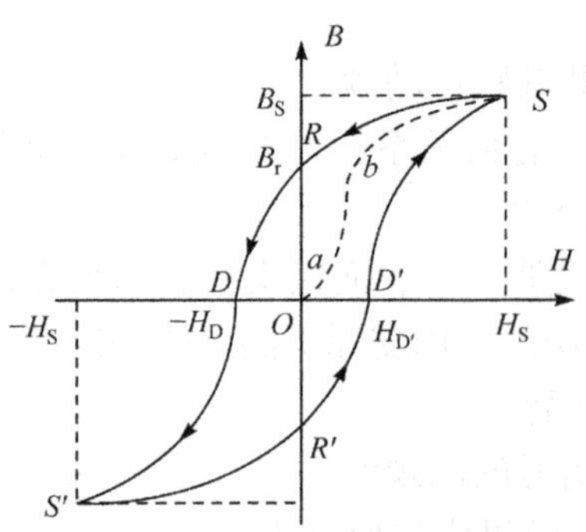

图 3.9.1　铁磁材料起始磁化曲线和磁滞回线

1. 铁磁材料的磁滞特性

铁磁材料是一种性能特异、用途广泛的材料. 铁、钴、镍及其众多合金以及含铁的氧化物(铁氧体)均属于铁磁材料. 其特征是在外磁场作用下能被强烈磁化，故磁导率μ很高. 另一特征是磁滞，即磁场作用停止后，铁磁材料仍保留磁化状态，图 3.9.1 为铁磁材料的磁感

应强度 B 与磁场强度 H 之间的关系曲线.

图 3.9.1 中的原点 O 表示磁化之前铁磁材料处于磁中性状态，即 $B=H=0$. 当磁场强度 H 从零开始增加时，磁感应强度 B 随之缓慢上升，如线段 Oa 所示；继之 B 随 H 迅速增长，如 ab 所示；其后 B 的增长又趋缓慢，并且当 H 增至 H_S 时，B 到达饱和值 B_S，$OabS$ 称为起始磁化曲线. 图 3.9.1 表明，当磁场从 H_S 逐渐减小至零时，磁感应强度 B 并不沿起始磁化曲线恢复到"O"点，而是沿另一条新的曲线 SR 下降，比较线段 OS 和 SR 可知，H 减小，B 相应也减小，但 B 的变化滞后于 H 的变化，这种现象称为磁滞.磁滞的明显特征是当 $H=0$ 时，B 不为 0，而保留剩磁 B_r.

当磁场反向从 0 逐渐变至 $-H_D$ 时，磁感应强度 B 消失，说明要消除剩磁，必须施加反向磁场，H_D 称为矫顽力，它的大小反映铁磁材料保持剩磁状态的能力，曲线 RD 称为退磁曲线.

图 3.9.1 还表明，当磁场按 $H_S \to O \to -H_D \to -H_S \to O \to H'_D \to H_S$ 次序变化时，相应的磁感应强度 B 则沿闭合曲线 $SRDS'R'D'S$ 变化，这条闭合曲线称为磁滞回线. 所以，当铁磁材料处于交变磁场中时(如变压器中的铁心)，将沿磁滞回线反复被磁化→去磁→反向磁化→反向去磁. 在此过程中要消耗额外的能量，并以热的形式从铁磁材料中释放，这种损耗称为磁滞损耗，可以证明，磁滞损耗与磁滞回线所围面积成正比.

初始态为 $H=B=0$ 的铁磁材料，在交变磁场强度由弱到强依次进行磁化，可以得到面积由小到大向外扩张的一簇磁滞回线，如图 3.9.2 所示. 这些磁滞回线顶点的连线称为铁磁材料的基本磁化曲线，由此可近似确定其磁导率 $\mu=B/H$. 因 B 与 H 的非线性关系，故铁磁材料的 μ 不是常数而是随 H 的变化而变化(如图 3.9.3 所示). 铁磁材料的相对磁导率可高达数千乃至数万，这一特点是它用途广泛的主要原因之一.

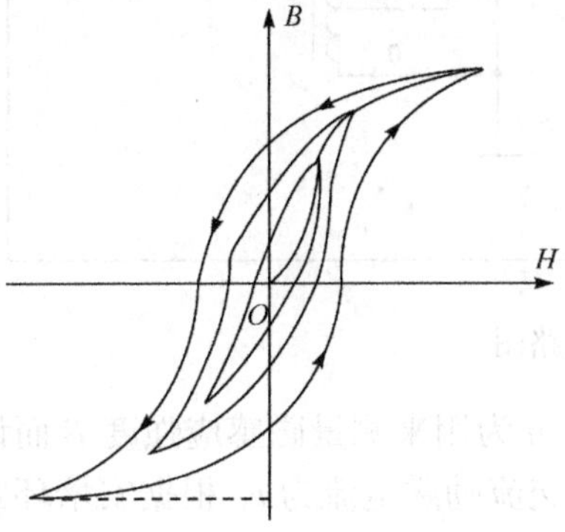

图 3.9.2　同一铁磁材料的一簇磁滞回线

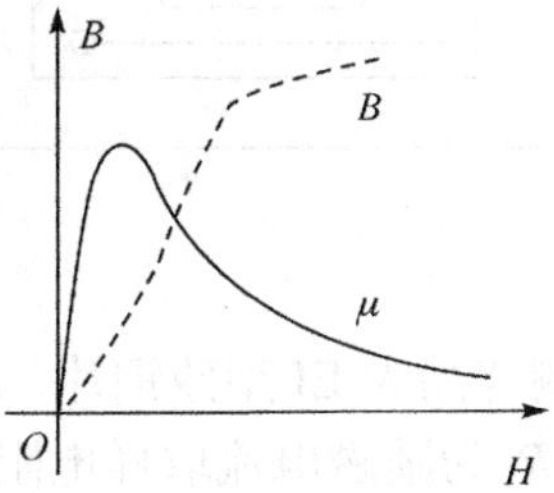

图 3.9.3　铁磁材料 μ 与 H 的关系曲线

可以说磁化曲线和磁滞回线是铁磁材料分类和选用的主要依据，图 3.9.4 为常见的两种典型的磁滞回线，其中软磁材料的磁滞回线狭长，矫顽力、剩磁和磁滞损耗均较小，容易磁化，也容易退磁，是制造变压器、电机和交流磁铁的主要材料，而硬磁材料的磁滞回线较宽，矫顽力大，剩磁强，可用来制造永磁体.

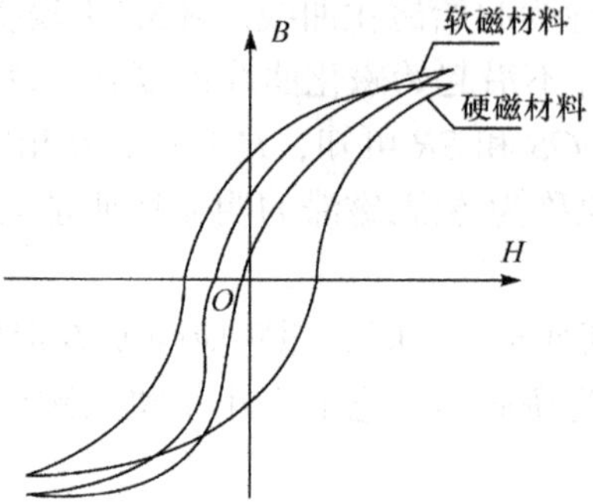

图 3.9.4　不同铁磁材料的磁滞回线

2. 测绘磁滞回线原理

观察和测量磁滞回线与基本磁化曲线的线路如图 3.9.5(TH/KH-MHC 型磁滞实验仪面板上)所示.

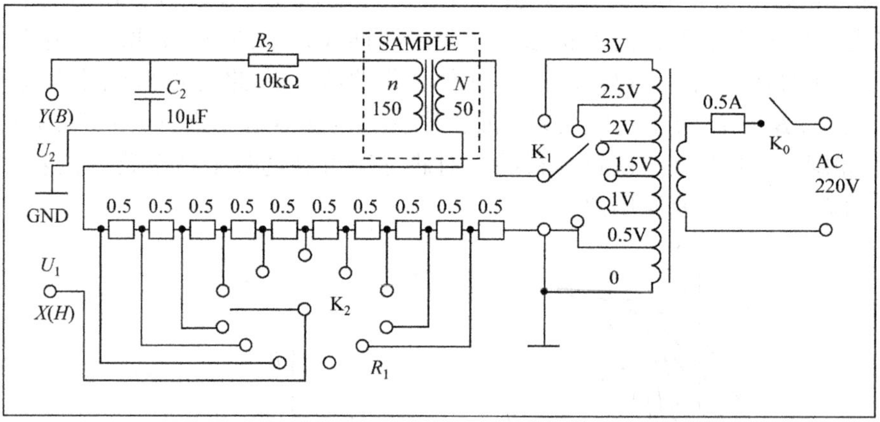

图 3.9.5　实验线路图

待测样品为 EI 型矽钢片，N 为励磁绕组，n 为用来测量磁感应强度 B 而设置的绕组. R_1 为励磁电流取样电阻，设通过 N 的交流励磁电流为 i，根据安培环路定理，样品的磁场强度

$$H = \frac{Ni}{L} \quad (L\text{ 为样品的平均磁路})$$

因为

$$i = \frac{U_1}{R_1}$$

所以

$$H = \frac{N}{LR_1} \cdot U_1 \tag{3.9.1}$$

式中，N、L、R_1 均为已知常数，所以由 U_1 可确定 H.

在交变磁场下，样品的磁感应强度瞬时值 B 是测量绕组 n 和 R_2C_2 电路给定的，根据法拉第电磁感应定律，由于样品中的磁通量 ϕ 的变化，在测量线圈中产生的感生电动势的大小为

$$\varepsilon_2 = n\frac{\mathrm{d}\phi}{\mathrm{d}t}$$

$$\phi = \frac{1}{n}\int \varepsilon_2 \mathrm{d}t$$

$$B = \frac{\phi}{S} = \frac{1}{nS}\int \varepsilon_2 \mathrm{d}t \tag{3.9.2}$$

式中，S 为样品的截面积.

如果忽略自感电动势和电路损耗，则回路方程为

$$\varepsilon_2 = i_2R_2 + U_2 \tag{3.9.3}$$

式中，i_2 为感生电流，U_2 为积分电容 C_2 两端电压. 设在 Δt 时间内，i_2 向电容 C_2 的充电电量为 Q，则

$$U_2 = \frac{Q}{C_2}$$

所以

$$\varepsilon_2 = i_2R_2 + \frac{Q}{C_2}$$

如果选取足够大的 R_2 和 C_2，使 $i_2R_2 \gg \frac{Q}{C_2}$，则

$$\varepsilon_2 = i_2R_2$$

因为

$$i_2 = \frac{\mathrm{d}Q}{\mathrm{d}t} = C_2\frac{\mathrm{d}U_2}{\mathrm{d}t}$$

故

$$\varepsilon_2 = C_2 R_2 \frac{\mathrm{d}U_2}{\mathrm{d}t} \tag{3.9.4}$$

由式(3.9.2)与式(3.9.4)可得

$$B = \frac{C_2 R_2}{nS} U_2 \tag{3.9.5}$$

式中，C_2、R_2、n 和 S 均为已知常数，所以由 U_2 可确定 B.

综上所述，将图 3.9.5 中的 U_1 和 U_2 分别加到示波器的“X 输入”和“Y 输入”便可观察样品的 B-H 曲线；如将 U_1 和 U_2 加到测试仪的信号输入端，可测定样品的饱和磁感应强度 B_S、剩磁 B_r、矫顽力 H_D、磁滞损耗[BH]以及磁导率 μ 等参数.

【实验内容与步骤】

(1) 电路连接：选样品 1 按测试仪上所给的电路图连接线路，并令 $R_1 = 2.5\Omega$，“U 选择”置于 0 位. U_H 和 U_B(即 U_1 和 U_2)分别接示波器的“X 输入”和“Y 输入”，插孔⊥为公共端.

(2) 样品退磁：开启实验仪电源，对试样进行退磁，即顺时针方向转动“U 选择”旋钮，令 U 从 0 增至 3V，然后逆时针方向转动旋钮，将 U 从最大值降为 0，其目的是消除剩磁，确保样品处于磁中性状态，即 $B=H=0$，如图 3.9.6 所示.

(3) 观察磁滞回线：开启示波器电源，令光点位于坐标网格中心，令 U=2.2 V，并分别调节示波器 x 轴和 y 轴的灵敏度，使显示屏上出现图形大小合适的磁滞回线(若图形顶部出现编织状的小环，如图 3.9.7 所示，这时可降低励磁电压 U 予以消除).

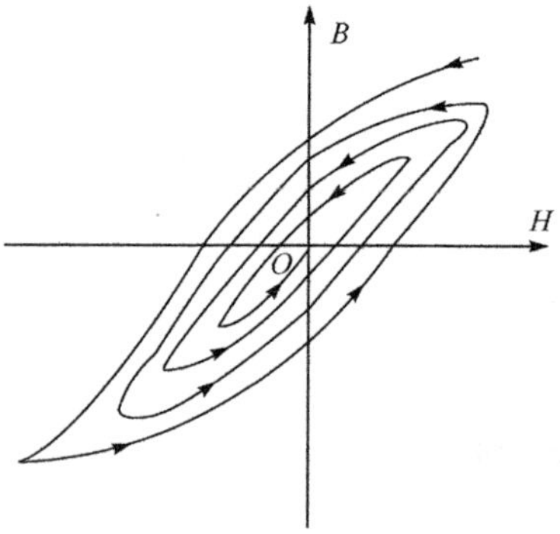

图 3.9.6　退磁示意图

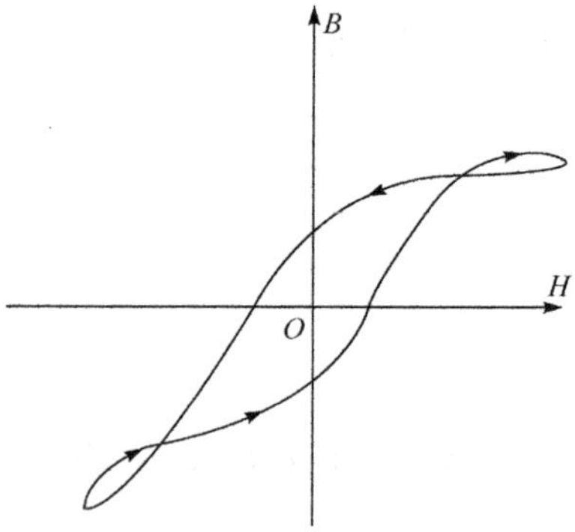

图 3.9.7　U_2 和 B 的相位差等因素引起的畸变

(4) 观察基本磁化曲线，按步骤(2)对样品进行退磁，从 U=0 开始，逐挡提高励磁电压，将在显示屏上得到面积由小到大、一个套一个的一簇磁滞回线. 这些磁滞回线顶点的连线就是样品的基本磁化曲线，借助长余辉示波器便可观察到该曲线的轨迹.

(5) 观察、比较样品 1 和样品 2 的磁化性能.

(6) 测绘μ-H曲线：接通实验仪和测试仪之间的连线. 开启电源，对样品进行退磁后，依次测定 U=0.5V,1.0V,…,3.0V 时的十组 H_S 和 B_S 值，作μ-H曲线(表 3.9.1).

(7) 令 U=3.0V，R_1=2.5Ω，测定样品 1 的 B_S,B_r,H_D 和[BH]等参数.

(8) 取步骤(7)中的 H 和其相应的 B 值，用坐标纸绘制 B-H 曲线(如何取数？取多少组数据？自行考虑)，并估算曲线所围面积(表 3.9.2).

【数据记录与处理】

表 3.9.1　基本磁化曲线与 μ-H 曲线

测试条件：R_1=________

U/V	H/(A/m)	B/T	$\mu=B/H$/(H/m)
0.5			
1.0			
1.2			
1.5			
1.8			
2.0			
2.2			
2.5			
2.8			
3.0			

表 3.9.2　B-H 曲线

H_D=________, B_r=________, B_S=________, [BH]=________

测试条件：U=________, R_1=________

No.	H/(A/m)	B/T	No.	H/(A/m)	B/T

【注意事项】

(1) 实验前仔细阅读该实验仪的使用说明书.

(2) 对于示波器的使用，请参照课本示波器实验讲义.

【思考题】

(1) 如果不退磁，我们做实验会有什么后果?

(2) 示波器显示的磁滞回线是真实的 H-B 曲线吗？如果不是，为什么可以用它来描绘磁滞回线?

3.10 利用光电效应测普朗克常量

1887 年，赫兹发现光电效应，他在用两套电极做电磁波的发射与接收的实验中，发现当紫外线照射到接收电极的负极时，接收电极间产生放电，形成电流. 但光电效应的基本规律无法用麦克斯韦的经典电磁理论完满地解释.

1905 年，爱因斯坦为了解释光电效应现象，继承并发展了普朗克的“量子”假说，提出了“光量子”假设，即频率为 ν 的光子的能量为 $h\nu$. 当电子吸收了光子能量 $h\nu$ 之后，一部分消耗为电子的逸出功 W，另一部分转换为电子的动能 $\frac{1}{2}mv^2$，即

$$\frac{1}{2}mv^2 = h\nu - W$$

上式称为爱因斯坦光电效应方程. 1921 年，爱因斯坦因为光电效应等方面的杰出贡献荣获诺贝尔物理学奖.

1916 年，密立根首次用油滴实验证实了爱因斯坦光电效应方程，并较为精确地测得普朗克常量为 $h=6.57\times10^{-34}\mathrm{J\cdot s}$，其不确定度约为 0.5%. 这一数据与现在的公认值比较，相对误差也只有 0.9%. 1923 年，密立根因这项工作而荣获诺贝尔物理学奖.

目前，利用光电效应制成的光电器件和光电管、光电池、光电倍增管等已成为生产和科研中不可缺少的重要器件.

普朗克常量是现代物理学中的一个重要常数；由光电效应实验可简单准确地测定普朗克常量，实验有助于对光的量子性的理解.

【实验目的】

(1) 研究光电管的伏安特性及光电特性.

(2) 比较不同频率光强的伏安特性曲线与遏止电压.

(3) 了解光电效应的规律，加深对光的量子性的理解.

(4) 验证爱因斯坦方程，并测定普朗克常量 h.

【实验仪器】

FB807 型光电效应(普朗克常量)测定仪(实验仪器的组成见图 3.10.1).

(1) 实验仪器构成：FB807 型光电效应(普朗克常量)测定仪由光电检测装置和测定仪主机两部分组成. 光电检测装置包括光电管暗箱、汞灯灯箱、汞灯电源箱和导轨等.

(2) 实验主机为 FB807 型光电效应(普朗克常量)测定仪，该测定仪是主要包含微电流放大器和直流电压发生器两大部分的整体仪器.

(3) 光电管暗箱：安装有滤色片、光阑(可调节)、挡光罩、光电管.

(4) 汞灯灯箱：安装有汞灯管、挡光罩.

(5) 汞灯电源箱：箱内安装镇流器，提供点亮汞灯的电源.

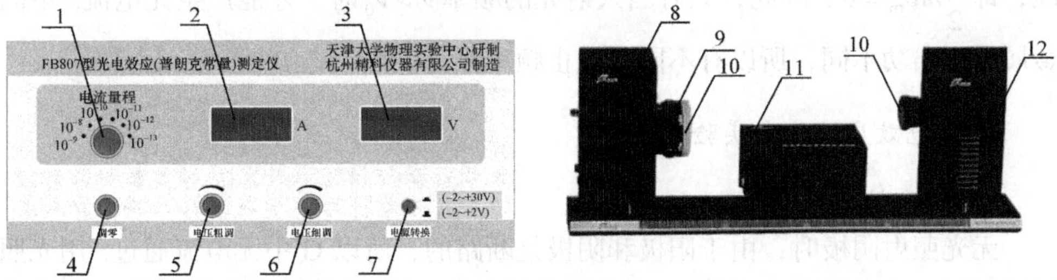

图 3.10.1　FB807 型光电效应(普朗克常量)测定仪

1-电流量程调节旋钮及其量程指示；2-光电管输出微电流指示表；3-光电管工作电压指示表；4-微电流指示表调零旋钮；5-光电管工作电压调节(粗调)；6-光电管工作电压调节(细调)；7-光电管工作电压转换按钮：按钮释放测量遏止电压，按钮按下测量伏安特性；8-光电管暗箱；9-滤色片，光阑(可调节)总成；10-挡光罩；11-汞灯电源箱；12-汞灯灯箱

【实验原理】

光电效应实验示意图如图 3.10.2 所示. 图中 A 与 K 组成抽成真空的光电管，A 为阳极、K 为阴极，G 为微电流计，V 为电压表，E 为电源，R 为滑线变阻器，调节 R 可获得实验所需要的从 $-U$ 到 0 再到 $+U$ 连续变化的加速电势差 U_{AK}. 实验时的单色光采用干涉滤色片从低压汞灯光谱中过滤得到，波

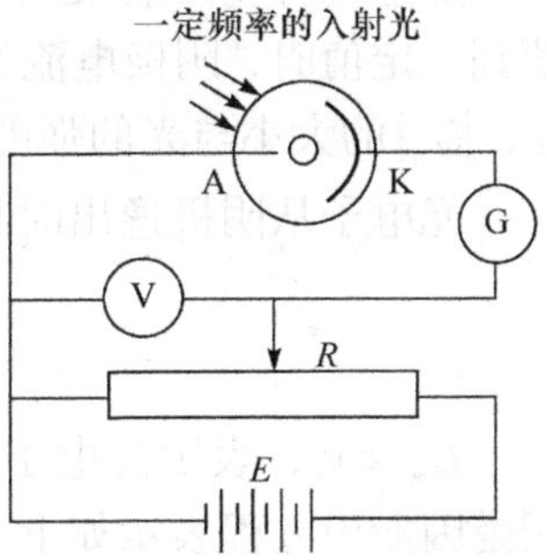

图 3.10.2　光电效应实验示意图

长分别为 365nm、405nm、436nm、546nm、577nm.

当一定频率的光照射到金属表面时，就有电子从金属表面逸出，从金属表面逸出的电子称为光电子. 若在 A，K 两端加上电压 U，光电子将由 K 定向运动到 A，在回路中形成光电流 I.

金属中的电子吸收一个频率为 ν 的光子时，便会获得这个光子的全部能量，如果这些能量大于电子摆脱金属表面的溢出功 W，电子就会从金属中逸出. 按照能量守恒原理，有

$$h\nu = \frac{1}{2}mv_{\rm m}^2 + W \tag{3.10.1}$$

式(3.10.1)称为爱因斯坦方程. 式中，h 为普朗克常量，公认值为 h=6.57×10^{-34}J · s；ν 为入射光频率；$\frac{1}{2}mv_{\rm m}^2$ 为光电子飞出金属表面后所具有的最大动能；W 为电子从金属内部逸出表面所需的逸出功. 由式(3.10.1)可知，ν 存在截止频率 ν_0，使 $h\nu_0 - W = 0$，此时吸收的光子能量 $h\nu_0$ 恰好用于抵消电子逸出功而没有多余的动能，即 $\frac{1}{2}mv_{\rm m}^2 = 0$. 因此，只有当入射光的频率 $\nu \geqslant \nu_0$ 时，才能产生光电流. 不同金属的逸出功不同，所以有不同的截止频率.

1. 光电效应的基本实验规律

(1) 伏安特性.

无光照射阴极时，由于阳极和阴极是断路的，所以 G 中无电流通过. 用光照射阴极时，由于阴极释放出电子而形成阴极光电流(简称阴极电流). 加速电势差 $U_{\rm AK}$ 越大，阴极电流越大，当 $U_{\rm AK}$ 增加到一定数值后，阴极电流不再增大而达到某一饱和值 $I_{\rm H}$，$I_{\rm H}$ 的大小和照射光的强度成正比. 图 3.10.3 中曲线称为光电管伏安特性曲线.

(2) 遏止电压及普朗克常量的测量.

加速电势差 $U_{\rm AK}$ 变为负值时，阴极电流会迅速减小，当加速电势差 $U_{\rm AK}$ 取负值到一定值时，阴极电流变为“0”，与此对应的电势差称为遏止电压，用 $U_{\rm a}$ 来表示. $|U_{\rm a}|$ 的大小与光的强度无关，而是随着照射光频率的增大而增大.

光电子从阴极逸出时具有初动能，其最大值等于它反抗电场力所做的功，即

$$\frac{1}{2}mv_{\rm m}^2 = eU_{\rm a} \tag{3.10.2}$$

$U_{\rm a} \propto \nu$，表示光电子初动能大小与光的强度无关，只随频率的增大而增大. 用爱因斯坦方程表示如下

$$U_a = \frac{h}{e}\cdot\nu - \frac{W}{e} \tag{3.10.3}$$

实验时用不同频率的单色光照射阴极，测出相对应的遏止电压，然后画出 U_a-ν图(图 3.10.4)，由此图的斜率即可以求出 h.

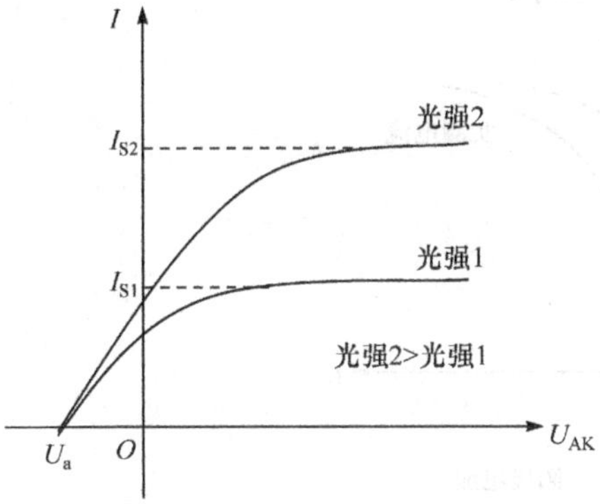

图 3.10.3　光电管伏安特性曲线

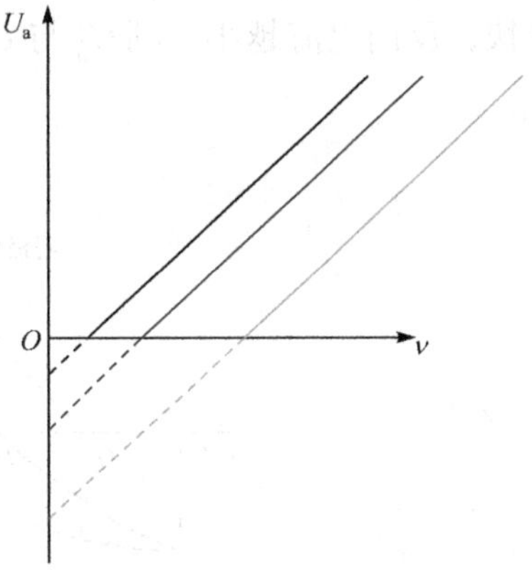

图 3.10.4　普朗克常量 h 的测定

(3) 截止频率(红限).

光电效应存在一个频率阈值 ν_0，称为截止频率(红限). 当入射光频率 $\nu < \nu_0$ 时，无论光强如何，均不能产生光电效应；对应入射光的频率称为阴极的红限，用 $\nu_0(\nu_0 \leqslant W/h)$ 来表示. 实验时可以从 U_a-ν图的截距求得阴极的红限频率和逸出功.

(4) 光电效应是瞬时效应，只要入射光频率满足要求，光电管一经光线照射，几乎同时就有光电子产生，延迟时间最多不超过 10^{-9}s.

2. 实际测量中遏止电压的确定

本实验的关键是正确确定遏止电压，画出 U_a-ν图. 至于在实际测量中如何正确地确定遏止电压，还需根据所使用的光电管来决定. 下面就专门对如何确定遏止电压的问题作简要的分析与讨论.

遏止电压的确定：如果使用的光电管对可见光都比较灵敏，而暗电流也很小，由于阳极包围着阴极，即使加速电势差为负值，阴极发射的光电子仍能大部分射到阳极. 而阳极材料的逸出功又很高，可见光照射时是不会发射光电子的，其电流特性曲线如图 3.10.4 所示. 图中电流为零时的电势就是遏止电压 U_a. 然而，由于光电管在制造过程中，工艺上很难保证阳极不被阴极材料所污染(这里污染的含义是：阴极表面的低逸出功材料溅射到阳极上)，而且这种污染还会在光电管的使用过程中日趋加重. 被污染后的阳极逸出功降低，当从阴极反射过来的散射光照到它时，便会发射出光电子而形成阳极光电流. 实验中测得的电流特性曲线是阳极光电流和阴极光电流叠加的结果，如图 3.10.5 中的实线所示. 由图 3.10.5 可见，由于阳极的污染，实验时出现了反向电流. 特性曲线与横轴交点的电流虽然等于“0”，但阴极光电流并不等于“0”，交点的电势差 U_a' 也不等于遏止电压 U_a，两者之差由阴极电流上升的快慢和阳极电流的大小所决定. 如果阴极电流上升越快，阳极电流越小，U_a' 与 U_a 之差也越小. 从实际测量的电流曲线上看，正向电流上升越快，反向电流越小，则 U_a' 与 U_a 之差也越小.

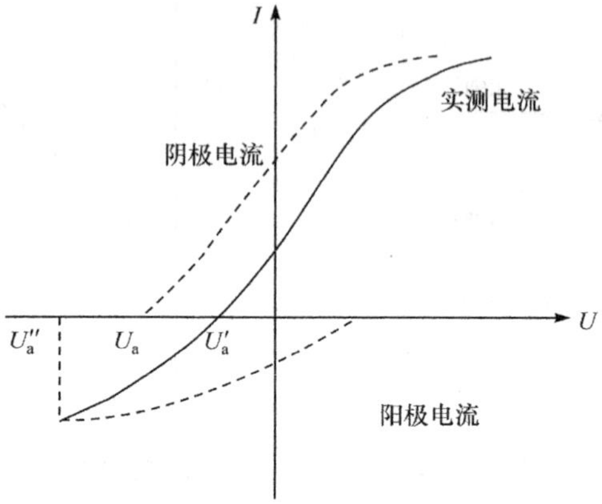

图 3.10.5　实际测量的光电管的伏安特性曲线

由图 3.10.5 可以看到，由于电极结构等原因，实际上阳极电流往往饱和缓慢，在加速电势差负到 U_a 时，阳极电流仍未达到饱和，所以反向电流刚开始饱和的拐点电势差 U_a'' 也不等于遏止电压 U_a. 两者之差视阳极电流的饱和快慢而异. 阳极电流饱和得越快，两者之差越小. 若在负电压增至 U_a 之前阳极电流已经饱和，则拐点电势差就是遏止电压 U_a. 总而言之，对于不同的光电管，应该根据其电流特性曲线的不同采用不同的方法来确定其遏止电压. 假如光电流特性的正向电流上升得很快，反向电流很小，则可以用光电流特性曲线与暗电流特性曲线交点的电势差 U_a' 近似地当作遏止电压 U_a(交点法). 反向特性曲线的反向电流虽然较大，但其饱和速度很快，则可用反向电流开始饱和时的拐点电势差 U_a'' 当作遏止电压 U_a(拐点法).

【实验内容与步骤】

1. 测试前准备

仪器连接：将 FB807 测定仪及汞灯电源接通(光电管暗箱调节到遮光位置)，预热 20min. 调整光电管与汞灯距离约为 40cm 并保持不变，用专用连接线将光电管暗箱电压输入端与 FB807 测定仪后面板上的电压输出连接起来(红对红，黑对黑). 将“电流量程”选择开关置于合适挡位：测量遏止电压时调到 10^{-13}A，测定伏安特性时则调到 10^{-10}A(或 10^{-11}A). 测定仪在开机或改变电流量程后，都需要进行调零.调零时应将装滤色片置于“0”，旋转调零旋钮使电流指示为 000.0.

2. 用 FB807 测定仪测定遏止电压、伏安特性

由于本实验仪器的电流放大器灵敏度高，稳定性好，光电管阳极反向电流、暗电流水平也较低，在测量各谱线的遏止电压 U_a 时，可采用零电流法(即交点法)，即直接将各谱线照射下测得的电流为零时对应的电压 U_{AK} 的绝对值作为遏止电压 U_a. 此法的前提是阳极反向电流、暗电流和本底电流都很小，用零电流法测得的遏止电压与真实值相差较小；且各谱线的遏止电压都相差 ΔU，对 U_a-ν 曲线的斜率无大的影响，即对 h 的测量不会产生大的影响.

1) 测量遏止电压

工作电压转换按钮处于释放状态，电压调节范围是−2～+2V，“电流量程”开关应置于×10^{-13}A 挡. 在不接输入信号的状态下对微电流测量装置调零. 操作方法是：将暗盒前面的转盘用手轻轻拉出约 3mm，即脱离定位销，把ϕ4mm 的光阑标志对准上面的白点，使定位销复位. 再把装滤色片的转盘放在挡光位，即指示“0”对准上面的白点，在此状态下测量光电管的暗电流. 然后把 365nm 的滤色片转到窗口(通光口)，此时把电压表显示的 U_{AK} 值调节为−1.999V；打开汞灯遮光盖，电流表显示对应的电流值 I 应为负值. 用电压粗调和细调旋钮，逐步升高工作电压(即使负电压绝对值减小)，当电压到达某一数值，光电管输出电流为零时，记录对应的工作电压 U_{AK}，该电压即为 365nm 单色光的遏止电压. 然后按顺序依次换上 405nm、436nm、546nm、577nm 的滤色片，重复以上测量步骤，一一记录 U_{AK} 值.

2) 测光电管的伏安特性曲线

此时，将工作电压转换按钮按下，电压调节范围转变为−2～+30V，“电流量程”开关应转换至×10^{-10}A 挡，并重新调零.其余操作步骤与“测量遏止电压”类同，不过此时要把每一个工作电压和对应的电流值加以记录，以便画出饱和伏安特性曲线，并对该特性进行研究分析.

(1) 观察在同一光阑、同一距离条件下的 5 条伏安特性曲线.

记录所测 U_{AK} 及 I 的数据到表 3.10.2 中，在坐标纸上作对应波长及光强的伏安特性曲线.

(2) 观察同一距离、不同光阑(不同光通量)、某条谱线的饱和伏安特性曲线.

测量并记录同一谱线、同一距离，而光阑分别为 2mm、4mm、8mm 时对应的电流值于表 3.10.3 中，验证光电管的饱和光电流与入射光强成正比.

(3) 观察同一光阑、不同距离(不同光强)、某条谱线的饱和伏安特性曲线.

当 U_{AK} 为 30V 时，测量并记录同一谱线、同一光阑时，光电管与入射光在不同距离，如 300mm、350mm、400mm 等，对应的电流值于表 3.10.4 中，同样可以验证光电管的饱和电流与入射光强成正比.

【数据记录与处理】

由表 3.10.1 的实验数据，画出 U_a-ν 图，求出直线的斜率 K，即可用 $h=e\cdot K$ 求出普朗克常量 h，把它与公认值 h_0 比较，求出实验结果的相对误差 $E=(h-h_0)/h_0$，式中，常数 e=1.602×10^{-19}C，h_0=6.57×10^{-34}J · s.

表 3.10.1 U_a-ν 关系

波长λ_i/nm	365	405	436	546	577
频率ν_i/(×10^{14}Hz)	8.214	7.408	6.879	5.490	5.196
遏止电压 U_a/V					

表 3.10.2 I-U_{AK} 关系

U_{AK}/V											
I/(×10^{-10}A)											
U_{AK}/V											
I/(×10^{-10}A)											

表 3.10.3 I-ϕ 关系

U_{AK}=_________V, λ=_________nm, L=_________nm

光阑孔径ϕ/mm	2	4	8
I/(×10^{-10}A)			

表 3.10.4 I-L 关系

U_{AK}=_________V, λ=_________nm, ϕ=_________nm

距离 L/mm	300	350	400
I/(×10^{-10}A)			

【思考题】

(1) 测定普朗克常量的关键是什么？怎样根据光电管的特性曲线选择适宜的测定遏止电压 U_a 的方法？

(2) 从遏止电压 U_a 与入射光的频率 ν 的关系曲线中，你能确定阴极材料的逸出功吗？

(3) 本实验存在哪些误差来源？实验中如何解决这些问题？

3.11 空气折射率的测量

光的干涉是重要的光学现象之一，根据干涉条纹数目和间距的变化与光程差、波长等的关系式，可以推出微小长度和微小角度的变化，因此，干涉现象在测量技术、平面角检测技术、材料应力应变等领域有着广泛的应用.

迈克耳孙干涉仪是 1883 年美国物理学家迈克耳孙和莫雷合作,为研究“以太”漂移而设计制造出来的精密光学仪器，在近代计量技术中有着重要的应用. 利用该仪器的原理，可以测定透明气体、液体的折射率，马赫-曾德尔干涉仪、瑞利干涉仪和迈克耳孙干涉仪都是测定折射率的有效工具.

【实验目的】

(1) 进一步了解光的干涉现象及其形成条件，掌握迈克耳孙干涉光路的原理和调节方法.

(2) 利用迈克耳孙干涉光路测量常温下空气的折射率.

【实验仪器】

迈克耳孙干涉仪、气室组件、激光器、光阑.

【实验原理】

由图 3.11.1 可知，迈克耳孙干涉仪中，当光束垂直入射至 M_1、M_2 镜面时，两光束的光程差 δ 为

$$\delta = 2(n_1L_1 - n_2L_2) \tag{3.11.1}$$

式中，n_1 和 n_2 分别是路程 L_1 和 L_2 上介质的折射率.

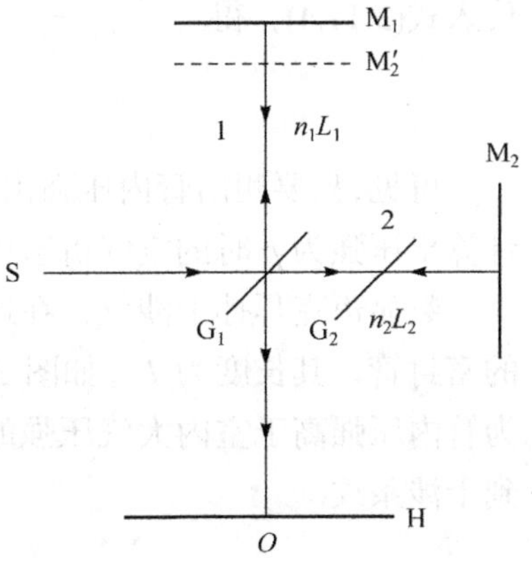

图 3.11.1　迈克耳孙干涉仪光路简图

设单色光在真空中的波长为 λ_0，当 $\delta = K\lambda_0\ (K = 0,1,2,\cdots)$时，会产生相长干涉，相应地，在接收屏中心，总光强为极大. 由式(3.11.1)可知，两束相干光的光程差不单与几何路程有关，而且与路程上介质的折射率有关.

当 L_1 支路上介质折射率改变 Δn_1 时，由光程差的相应变化引起的干涉条纹变化数为 $\Delta K = m$，由式(3.11.1)可知

$$\Delta n_1 = \frac{m\lambda_0}{2L_1} \tag{3.11.2}$$

由式(3.11.2)可知：如测出接收屏上某一处干涉条纹的变化数 m，就能测出光路中折射率的微小变化.

例如，在温度处于 15℃时，$p_b = 1.01325\times10^5\,\text{Pa}$，空气对在真空中波长为 633nm 的光的折射率 $n = 1.00027652$，它与真空折射率之差为 $\Delta n = 2.7652\times10^{-4}$.

用一般方法不易测出这个折射率差，而用干涉法能很方便地测量，且准确度高.

通常在温度处于 15～30℃范围时，空气折射率可用下式求得

$$(n-1)_{t,p}=\frac{2.8793p}{1+0.003671t}\times10^{-9} \tag{3.11.3}$$

式中，温度 t 的单位为℃，压强 p 的单位为 Pa. 因此，在恒定温度下，$(n-1)_{t,p}$ 可以看成压强 p 的线性函数.

当管内压强 p 由大气压强 p_b 变到 0 时，折射率由 n 变到 1，若屏上某一点(通常为观察屏的中心)条纹变化数为 m，则由式(3.11.3)可知

$$n-1=\frac{m\lambda_0}{2L} \tag{3.11.4}$$

由式(3.11.4)可知，从压强 p 变为真空时的条纹变化数 m 与压强 p 的关系也是一线性函数，因而应有

$$\frac{m}{p}=\frac{m_1}{p_1}=\frac{m_2}{p_2} \tag{3.11.5}$$

由此得

$$m=\frac{m_2-m_1}{p_2-p_1}p \tag{3.11.6}$$

代入式(3.11.4)，得

$$n-1=\frac{\lambda_0}{2L}\frac{m_2-m_1}{p_2-p_1}p \tag{3.11.7}$$

可见，只要测出管内压强由 p_1 变到 p_2 时的条纹变化数 m_2-m_1，即可由式(3.11.7)计算出压强为 p 时的空气折射率 n，管内压强不必从 0 开始.

数显迈克耳孙干涉仪：在迈克耳孙干涉仪的一支光路中加入一个与大气相连的密封管，其长度为 L，如图 3.11.2 所示，数字仪表用来测管内气压，它的读数为管内压强高于室内大气压强的差值. 在 O 处用毛玻璃作接收屏，在它上面可看到干涉条纹.

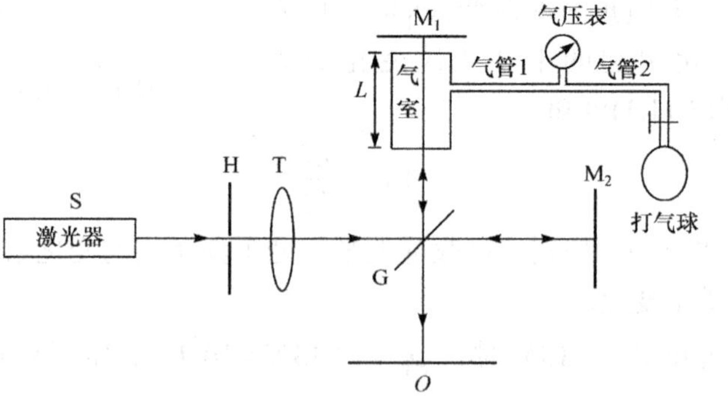

图 3.11.2　测定空气折射率的光路简图

调好光路后，先将密封管充气，使管内压强与大气压的差大于 0.09 MPa，读出数字仪表数值 p_1，取对应的 $m_1=0$，然后微调阀门慢慢放气，此时在接收屏上会看到条纹移动，当移动 60 个条纹时，记一次数字仪表数值 p_2. 然后再重复前面的步骤，求出移动 60 个条纹所对应的管内压强的变化值 p_2-p_1 的绝对平均值 p_p，并求出其标准偏差 S_p，代入式(3.11.7)，得出空气折射率为

$$n=1+\frac{\lambda_0}{2L}\frac{60}{p_p}p_b \tag{3.11.8}$$

式中，p_b 为实验时的大气压强.

【实验内容与步骤】

(1) 转动粗动手轮，将移动镜移动到标尺 100cm 处；调节迈克耳孙干涉仪光路，在投影屏上观察到干涉条纹.

(2) 将气室组件放置到导轨上(移动镜的前方)，调节迈克耳孙干涉仪的光路，在投影屏上观察到干涉条纹即可；注意：由于气室的通光窗玻璃可能产生多次反射光点，可用调动 M_1、M_2 镜背后的三颗滚花螺钉来判断，光点发生变化的即是.

(3) 将气管 1 的一端与气室组件相连，另一端与数字仪表的出气孔相连；将气管 2 与数字仪表的进气孔相连.

(4) 接通电源，按电源开关，电源指示灯亮，液晶屏显示“.000”.

(5) 关闭气球上的阀门，鼓气使气压值大于 0.09MPa，读出数字仪表的数值 p_2，打开阀门，慢慢放气，当移动 60 个条纹时，记下数字仪表的数值 p_1.

(6) 重复步骤(5)，一共取 6 组数据，求出移动 60 个条纹所对应的管内压强的变化值 p_2-p_1 的 6 次平均值 p_p，并求出其标准偏差 S_p.

【数据记录与处理】

室温 $t=$______ ℃；大气压 $p_b=$______ Pa；L=95cm；$\lambda_0=633.0\,\text{nm}$；$m$=60.

压强	1	2	3	4	5	6
p_1 /MPa						
p_2 /MPa						
(p_2-p_1) /MPa						
p_p /MPa						

$S_p=$______ MPa.

代入式(3.11.8)，计算空气折射率.

【注意事项】

激光属强光，会灼伤眼睛，注意不要让激光照射眼睛.

【思考题】

(1) 实验中充气后，在放气的同时可看到在屏上某一点处有条纹移过，这表明在该点处的光强是怎样变化的?

(2) 能否对其他气体物质进行测量?

3.12 阿贝折射仪

折射率是透明材料的重要光学常数. 测定透明材料折射率的方法很多，最小偏向角法和全反射法(又称折射极取法)是比较常用的两种方法. 最小偏向角法具有测量精度高、被测折射率等优点；但被测材料需制成棱镜，而且对棱镜的技术条件要求高，不便快速测量. 全反射法属于比较测量，虽然测量准确度较低(在约$\Delta n_D=3\times10^{-4}$)，且被测物折射率的大小受到限制($n_D$为 1.3～1.7)，对于固体材料也需要制成试件；但是全反射法具有操作方便迅速、环境条件要求低、不需要单色光源等优点.

阿贝折射仪就是利用全反射法制成的、专门用于测量透明或半透明液体和固体折射率及平均色散 n_F-n_C 的仪器，它还能测量糖溶液的含糖浓度. 它是石油化工、光学仪器、食品工业等领域有关工厂、研究单位和学校的常用设备之一.

【实验目的】

(1) 学习用掠入法测定液体折射率的原理和方法.

(2) 学会阿贝折射仪的调整和使用方法.

(3) 通过测量几种液体的折射率，研究折射率与溶液浓度及温度的关系.

【实验仪器】

阿贝折射仪、酒、糖溶液、酒精、清洁棉、滴管.

【实验原理】

1. 阿贝折射仪结构及光学系统

图 3.12.1 是国产 WEA 型阿贝折射仪的光学系统，它由望远系统和读数系统

组成. 望远系统包括反射镜 1、进光棱镜 2、折射棱镜 3、阿米西棱镜 4 和望远镜 5～7. 待测液体放置在进光棱镜和折射镜之间，形成液层. 阿贝折射仪采用白照明，来自光源的光经反射镜 1 反射后进入光棱镜. 进光棱镜的 E 面为磨砂面，起漫反射作用，以产生各种方向的入射光线进入折射棱镜. 阿米西棱镜起抵消待测物体和折射棱镜产生的色散的作用，使望远镜视场中呈现消色的明暗分界线. 阿米西棱镜可以绕望远镜系统的光轴旋转. 它的结构及消色原理请参看有关资料. 读数系统由小反射镜 14、毛玻璃 13、刻度盘 12、转向棱镜 11 和读数镜组成.

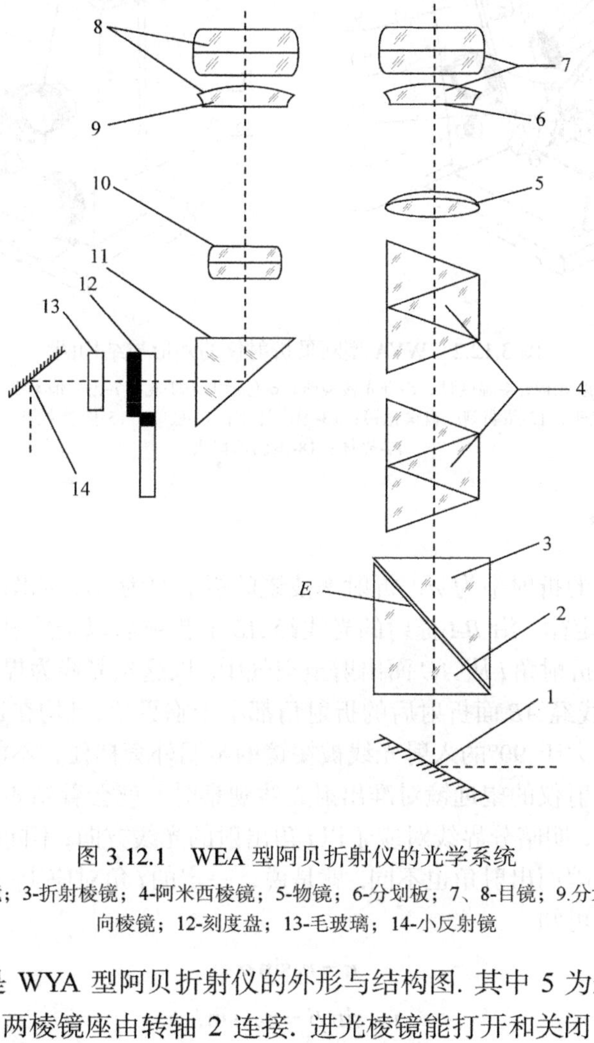

图 3.12.1 WEA 型阿贝折射仪的光学系统

1-反射镜；2-进光棱镜；3-折射棱镜；4-阿米西棱镜；5-物镜；6-分划板；7、8-目镜；9.分划板；10-物镜；11-转向棱镜；12-刻度盘；13-毛玻璃；14-小反射镜

图 3.12.2 是 WYA 型阿贝折射仪的外形与结构图. 其中 5 为进光棱镜座，11 为折射棱镜座，两棱镜座由转轴 2 连接. 进光棱镜能打开和关闭，当两棱镜座密合并用手轮 10 锁紧时，两棱镜面之间保持一均匀的间隙，被测液体充满此间隙. 3 为遮光板，18 为四只恒温器接头，4 为温度计. 13 为温度计座，可用乳胶管与恒

温器连接使用. 1 为反射镜，8 为目镜，9 为盖板，15 为折射率刻度调节手轮，6 为色散调节手轮，7 为色散值刻度圈，12 为照明刻度盘聚光镜. 底座 14 为仪器的支承座，壳体 17 固定在其上. 除棱镜和目镜以外，全部光学组件及主要结构封闭于壳体内部. 棱镜组固定于壳体上，由进光棱镜、折射棱镜以及棱镜座等结构组成，两只棱镜分别用特种黏合剂固定在棱镜座内.

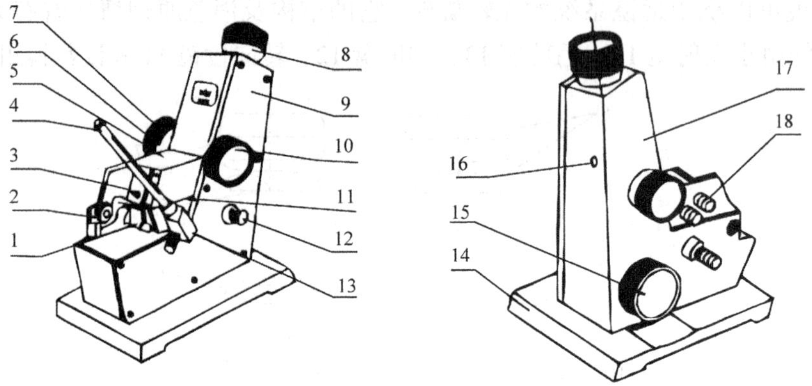

图 3.12.2　WYA 型阿贝折射仪的外形与结构图

1-反射镜；2-转轴；3-遮光板；4-温度计；5-进光棱镜座；6-色散调节手轮；7-色散值刻度圈；8-目镜；9-盖板；10-手轮；11-折射棱镜座；12-照明刻度盘聚光镜；13-温度计座；14-底座；15-折射率刻度调节手轮；16-小孔；17-壳体；18-恒温器接头

2. 测量原理

设待测物体的折射率为 n，折射率棱镜的折射率为 n_1，如图 3.12.3 所示. 若 $n_1>n$，根据折射定律，沿 BA 掠射的光线经 AB 面折射后以全反射临界角 α 进入折射棱镜，然后以折射角 i 从 AC 面出射至空气中. 以这条光线为界，所有入射角小于 90°的入射光线经 AB 面折射后的折射角都小于临界角，且均在这条光线的下方. 所有"入射角"大于 90°的入射光线被棱镜的金属外套挡住，不能进入折射棱镜. 因此，用阿贝折射仪的望远镜对准出射光线观察时，就会看到如图 3.12.4 所示的明暗分明的视场. 明暗分界线对应于以 i 角出射的光线方向，不同折射率的物体有不同的临界角，因而出射角也不同. 就是说，一定的 i 角对应于一定的折射率值.

由折射定律可知

$$n = n_1 \sin\alpha \tag{3.12.1}$$

$$n_1 \cdot \sin\beta = n_2 \cdot \sin i \tag{3.12.2}$$

由式(3.12.2)可得

$$n_1 \cdot \sin\beta = \sin i$$

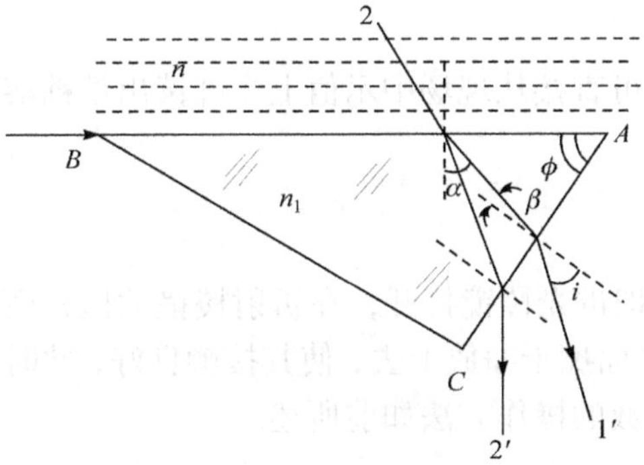

图 3.12.3 全反射原理图

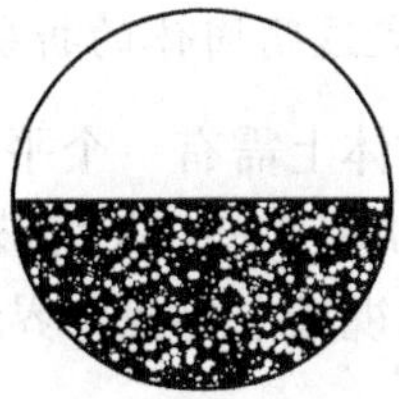

图 3.12.4 望远镜的明暗视场

$$n_1\cos\beta=\sqrt{n_1^2-\sin^2 i} \tag{3.12.3}$$

由式(3.12.1)及角度关系 $\alpha=\phi-\beta$ 可得

$$n=n_1\sin(\phi-\beta)=n_1(\sin\phi\cos\beta-\cos\phi\sin\beta)=\sin\phi\sqrt{n_1^2-\sin^2 i}-\cos\phi\sin i \tag{3.12.4}$$

式中，ϕ为折射棱镜入射面与出射面之间的夹角. 若ϕ和 n_1已知，则测出 i 角就可以由式(3.12.4)计算 n 值. 阿贝折射仪的刻度盘上直接刻有与 i 角对应的 n 值，因此不必计算，只要用标准块校准刻度盘的读数后，可直接从刻度盘上读出 n 值. 由于阿米西棱镜是按照让 D 谱线直通(偏向角为零)的条件设计的，故用阿贝折射仪测得的折射率就是待测物体对 D 谱线(589.3nm)的折射率 n_D.

应该指出，当对应于明暗分界线的光线出现在折射镜 AC 面法线右侧时，式(3.12.4)中 $\cos\phi$ 前的减号应改为加号.

【实验内容与步骤】

1. 测定透明、半透明液体

将被测液体用干净滴管加在折射棱镜表面，并将进光棱镜盖上，用手轮 10 锁紧，要求液层均匀，充满视场，无气泡. 打开遮光板，合上反射镜，调节目镜视度，使十字线成像清晰，此时旋转手轮 15 并在目镜视场中找到明暗分界线位置，再旋转手轮 6，使分界线不带任何彩色，微调手轮 15，使分界线位于十字线的中心，再适当转动聚光镜，此时目镜视场下方显示的示值即为被测液体的折射率.

2. 测定葡萄酒的折射率及糖浓度

把进光棱镜打开，在折射棱镜的抛光面上滴入被测液体使其接触良好，瞄准和读数的操作方法如前所述. 在目镜视场中寻找分界线，读出折射率及糖浓度，研究酒浓度与折射率的关系.

3. 测量蔗糖溶液内糖浓度

操作与测量液体折射率时相同，此时可直接从现场中示值上半部读出蔗糖溶液的糖浓度.

*4. 测定透明固体的折射率

被测物体上需有一个平整的抛光面. 把进光棱镜打开，在折射棱镜的抛光面上加 1～2 滴溴代萘，并将被测物体的抛光面擦干净放上去，使其接触良好，此时便可在目镜视场中寻找分界线，瞄准和读数的操作方法如前所述.

【数据处理】

表格自拟，要求计算被测物体的折射率与糖浓度及测量结果的不确定度.

【注意事项】

(1) 阿贝棱镜质地较软，再利用滴管加液时，不能让滴管碰到棱镜面上，以免划伤；并合棱镜时，应防止待测液层中存在气泡.

(2) 每次测量后，棱镜表面必须用蒸馏水冲洗干净，用棉花擦镜纸轻轻把水分吸干，擦净.

(3) 实验前，应首先用蒸馏水或已知标准折射率的油来校正阿贝折射仪的读数.

(4) 测固体折射率时，接触液α-溴代萘的用量要适当，不能涂得太多，过多则待测玻璃或固体容易滑下而损坏.

(5) 实验完毕，必须将仪器擦洗干净，整理放妥.

【思考题】

(1) 透射法(掠入射法)测定液体折射率的理论依据是什么？半影视场是怎么形成的？

(2) 透射法中为什么要用照明棱镜？入射光的强弱对测量有什么影响？为什么？

(3) 如果待测液体的折射率 n 大于折射棱镜的折射率 N，能不能用掠入射法来测定 n？

(4) 阿贝折射仪使用什么光源？所测得的折射率是对哪条谱线的折射率？

(5) 在测量蒸馏水的折射率与温度实验曲线时，若水分蒸发完了，则会出现什么现象？

3.13　密立根油滴实验

美国物理学家密立根历时七年之久，通过测量微小油滴所带的电荷，不仅证明了电荷的不连续性，即所有的电荷都是基本电荷 e 的整数倍，而且测得了基本电荷的准确值. 电荷 e 是一个基本物理量，它的测定还为从实验上测定电子质量、普朗克常量等其他物理量提供了可能性，密立根因此获得了 1923 年的诺贝尔物理学奖. 密立根油滴实验用经典力学的方法，揭示了微观粒子的量子本性. 它的构思巧妙，设备简单，结果准确，因而是一个著名而有启发性的物理实验.

【实验目的】

(1) 验证电荷的不连续性.
(2) 测定电子的电荷值 e.

【实验仪器】

主要仪器有油滴仪、电源、喷雾器、秒表等. 油滴仪的外观如图 3.13.1 所示.

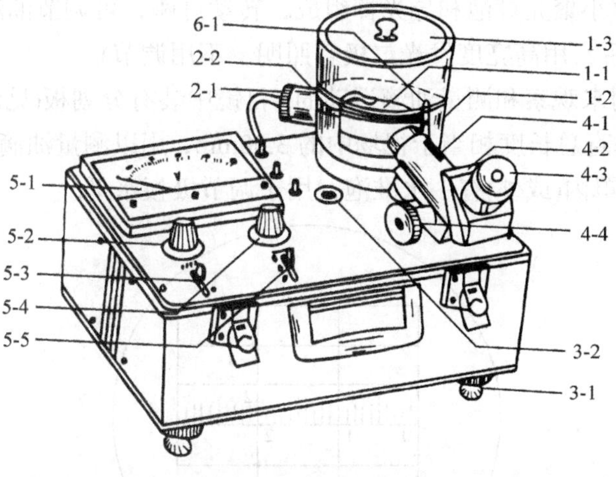

图 3.13.1　油滴仪外观图

1-1-油滴盒；1-2-有机玻璃防风罩；1-3-有机玻璃油雾室；2-1-油滴照明灯室；2-2-导光棒；3-1-调平螺旋(三只)；3-2-水准泡；4-1-测量显微镜；4-2-目镜头；4-3-接目镜；4-4-调焦手轮；5-1-电压表；5-2-平衡电压调节旋钮；5-3-平衡电压反向开关；5-4-升降电压调节旋钮；5-5-升降电压反向开关；6-1-特制紫外灯

1. 油滴仪

油滴仪包括油滴盒、防风罩、照明装置、显微镜、水准仪等. 油滴盒是由两块经过精磨的平行极板组成的，间距为 5.00mm，上极板的中央有一个直径为 0.4mm 的小孔，以供油滴落入，油滴盒放在防风罩中，以防止周围空气流动对油滴的影响，如图 3.13.2 所示. 防风罩上面是油雾室，用喷雾器可将油滴从喷雾口喷入，并经油雾孔落入油滴盒，油雾孔由油雾孔开关控制，它打开后油滴才能落入油滴盒.

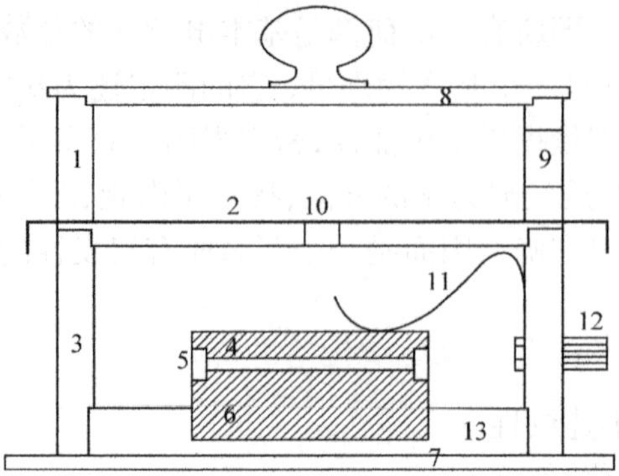

图 3.13.2 油滴盒结构图

1-油雾室；2-油雾孔开关；3-防风罩；4-上电极板；5-胶木圆环；6-下电极板；7-底板；8-上盖板；9-喷雾口；10-油雾孔；11-上电极板压簧；12-上电极板电源插孔；13-油滴盒基座

照明装置由小聚光灯泡和导光棒组成，转动灯座，可调节油滴盒的亮度，使油滴明亮(改装后，用高亮度发光二极管照明，不用调节).

显微镜是用来观察和测量油滴运动的. 目镜中装有分划板(见图 3.13.3)，上下共分 6 格，其垂直总长度相当于视场中的 3.00mm，用以测量油滴运动的距离 l 和速度 v. 在防风罩内(或外)有一水准泡，用于调节极板水平.

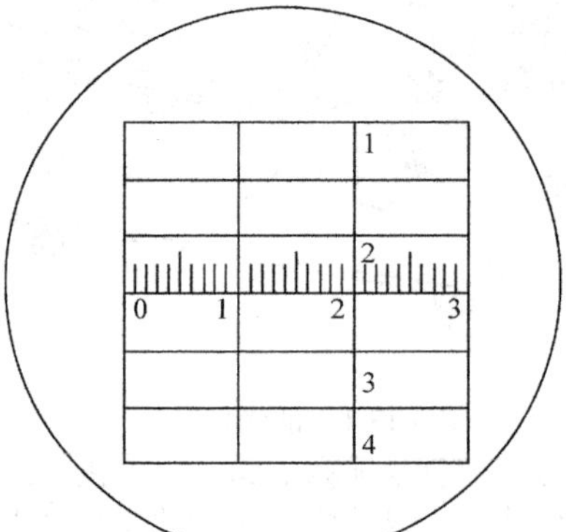

图 3.13.3 显微镜中的分划板

2. 电源

(1) 2.2V 交流电压，给照明灯泡供电(改装后用 5V 直流电压经限流电阻给高亮度发光二极管供电).

(2) 500V 直流平衡电压，可以连续调节， 数值可以从电压表上读出，并用“平衡电压”换向开关换向，可以改变上下极板的极性. 换向开关拨在“+”位置时，能达到平衡的油滴带正电，反之带负电；换向开关拨在“0”位置时，上下极板不加电压，同时被短路.

(3) 300V 直流升降电压，可以连续调节，并可通过“升降电压”拨动开关叠加在平衡电压上. “升降电压”和“平衡电压”的两个拨动开关拨向同侧时，加在平行极板上的电压为两个电压之和；拨向异侧时，极板上的电压为两个电压之差. 由于升降电压只起移动油滴上下位置的作用，不需测量，故电压表上无指示.

【实验原理】

用油滴法测量电子的电荷有两种方法，即平衡测量法和动态测量法，分述如下.

1. 平衡测量法

用喷雾器将油滴喷入两块相距为 d 的水平放置的平行极板之间. 油滴在喷射时由于摩擦而带电. 设油滴的质量为 m，带电量为 q，两极板之间的电压为 V，则油滴在平行极板之间同时受两个力的作用，一个是重力 mg，另一个是静电力 $qE = qV/d$. 如果调节两极板之间的电压 V，可使两个力相互抵消而达到平衡，如图 3.13.4 所示. 这时

$$mg = qV/d \tag{3.13.1}$$

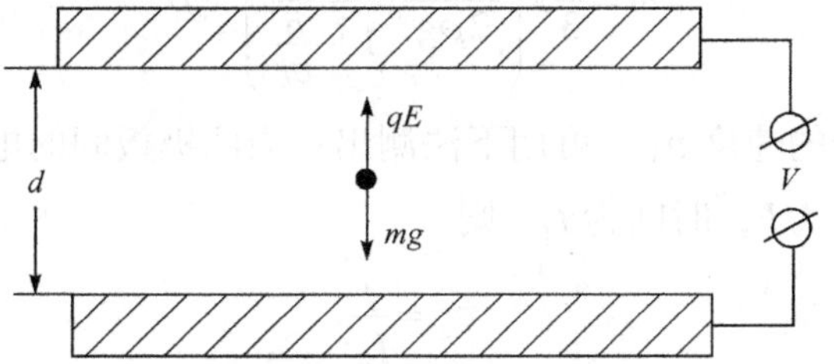

图 3.13.4　油滴在两平行极板之间静止

为了测出油滴所带的电量 q，除了需测定 V 和 d 外，还需测量油滴的质量 m. 因 m 很小，需要用如下特殊的方法测定.

平行极板未加电压时，油滴受重力作用而下降，但是由于空气的黏滞阻力与油滴的速度成正比，油滴下落一小段距离达到某一速度 v_g 后，阻力与重力平衡(空气浮力忽略不计)，油滴将匀速下降. 由斯托克斯定律可知

$$mg = 6\pi r\eta v_g \tag{3.13.2}$$

式中，η 是空气的黏滞系数，r 是油滴的半径(由于表面张力，油滴总是呈小球状).

设油滴的密度为 ρ，油滴的质量 m 又可以用式(3.13.3)表示

$$m = \frac{4}{3}\pi r^3 \rho \tag{3.13.3}$$

由式(3.13.2)和式(3.13.3)可得到油滴的半径

$$r=\sqrt{\frac{9\eta v_g}{2\rho g}} \tag{3.13.4}$$

斯托克斯定律是以连续介质为前提的，对于半径小到 10^{-6}m 的微小油滴，已不能将空气看作连续介质，空气的黏滞系数应作如下修正

$$\eta'=\frac{\eta}{1+\frac{b}{pr}} \tag{3.13.5}$$

式中，b 为一修正常数，$b=6.17\times10^{-6}\text{m}\cdot\text{cmHg}$；$p$ 为大气压强，单位为 cmHg. 用 η' 代替式(3.13.4)中的 η，得

$$r=\sqrt{\frac{9\eta v_g}{2\rho g}\cdot\frac{1}{1+\frac{b}{pr}}} \tag{3.13.6}$$

式(3.13.6)根号中还包含油滴的半径 r，但因为它处于修正项中，不需要十分精确，故它仍可以用式(3.13.4)计算. 将式(3.13.6)代入式(3.13.3)，得

$$m=\frac{4}{3}\pi\left(\frac{9\eta v_g}{2\rho g}\cdot\frac{1}{1+\frac{b}{pr}}\right)^{\frac{3}{2}}\cdot\rho \tag{3.13.7}$$

对于匀速下降的速度 v_g，可用下法测出：当两极板间的电压 $V=0$ 时，设油滴匀速下降的距离为 l，时间为 t_g，则

$$v_g=\frac{l}{t_g} \tag{3.13.8}$$

将式(3.13.8)代入式(3.13.7)，式(3.13.7)代入式(3.13.1)，得

$$q=\frac{18\pi}{\sqrt{2\rho g}}\left[\frac{\eta l}{t_g\left(1+\frac{b}{pr}\right)}\right]^{\frac{3}{2}}\cdot\frac{d}{V} \tag{3.13.9}$$

式(3.13.9)就是用平衡法测定油滴所带电荷的计算公式.

2. 动态测量法

在平衡测量法中，式(3.13.9)是在 $qE=mg$ 条件下推导出的. 在动态测量法中，两极板上加一适当的电压 V_E，如果 $qE>mg$，而且这两个力方向相反，油滴就会加速上升，油滴向上运动同样受到与速度成正比的空气阻力的作用. 当油滴的速度增大到某一数值 v_E 后，作用在油滴上的电场力、重力和阻力达到平衡，此油滴

就会以 v_E 匀速上升，这时

$$q\frac{V_E}{d}=mg+6\pi r\eta v_E \tag{3.13.10}$$

当去掉两极板所加的电压 V_E 后，油滴在重力的作用下加速下降，当空气阻力和重力平衡时，有

$$mg=6\pi r\eta v_g \tag{3.13.11}$$

将式(3.13.11)代入式(3.13.10)，得

$$q=mg\frac{d}{V_E}\left(1+\frac{v_E}{v_g}\right) \tag{3.13.12}$$

实验时，如果油滴匀速下降和匀速上升的距离相等，设都为 l，匀速上升的时间为 t_E，匀速下降的时间为 t_g，则

$$v_E=\frac{l}{t_E},\quad v_g=\frac{l}{t_g} \tag{3.13.13}$$

将式(3.13.7)和式(3.13.13)代入式(3.13.12)，得

$$q=\frac{18\pi}{\sqrt{2\rho g}}\left[\frac{\eta l}{t_g\left(1+\dfrac{b}{pr}\right)}\right]^{\frac{3}{2}}\cdot\frac{d}{V_E}\left(1+\frac{t_g}{t_E}\right) \tag{3.13.14}$$

式(3.13.14)就是用动态法测定油滴所带电荷的计算公式.

【实验内容与步骤】

1. 调节仪器

(1) 将油滴仪照明灯接 2.2V 交流电源(改装后不用再接)，平行极板接 500V 直流电源.

(2) 调节调平螺丝，使水准仪气泡处在中心位置，以保证电场力方向与重力方向平行，否则，油滴几经上下就会离开显微镜视场，无法继续测量.

(3) 调节照明电路，若视场太暗或视场上下亮度不均匀，可转动油滴照明的灯座(或方向结)使小灯珠前面的聚光珠正对导光棒(改装后无需调节).

(4) 转动显微镜的目镜，使分划板刻线清晰；转动目镜头，将分划板放正.

(5) 在喷雾器中注入油数滴，将油从喷雾口喷入，调节测量显微镜的调焦手轮，随即可以从显微镜中看到大量清晰的油滴.

2. 测量练习

(1) 练习控制油滴："平衡电压"开关和"升降电压"开关均拨到中间"0"位置，旋转平衡电压旋钮将平衡电压调至 200～300V. 将油滴喷入，在视场中看到油滴后，将"平衡电压"开关拨向"+"(或"−")位置，把事先调好的电压加到平行极板上，多数油滴立即以各种不同的速度向上或向下运动而消失. 当视场中剩下几个因加电压而运动缓慢的油滴时，从中选择一个，仔细调节平衡电压的大小，使它不动. 接着利用升降电压使它上升，然后去掉极板电压再让它下降. 如此反复升降，直到能熟练控制油滴的运动. 若发现油滴逐渐变得模糊，需微调显微镜跟踪油滴，使油滴保持清晰.

(2) 练习选择油滴：选择一个大小合适、带电量适中的油滴，是做好本实验的关键. 太大的油滴虽然比较亮，但是一般带电荷比较多，下降速度也比较快，时间不容易测准确. 太小的油滴受布朗运动或气流的影响太大，时间也不容易测准确. 通常可以选择平衡电压在 200V 以上，匀速下降 2mm 所用时间为 15～30s 的油滴，其大小和带电量都比较合适.

(3) 练习测量：利用平衡电压及升降电压把选中的油滴调到接近上极板，去掉电压，待油滴下降速度稳定并通过某一刻线时开始计时，记录下降 4 格所用的时间，反复几次，熟练掌握测量时间的方法.

3. 正式测量

(1) 平衡法：由式(3.13.9)可知，用平衡法实验时要测量三个量，即平衡电压 V、油滴匀速下降一段距离 l 所用的时间 t_g 和大气压强 p.

测量平衡电压必须经过仔细的调节，并将油滴置于分划板上某条横线附近，以便正确判断出这个油滴是否平衡了.

测量时间 t_g 时，为保证油滴匀速下降，应先让它下降 1 格，再开始计时. 选定测量的一段距离 l，应该在平行极板的中央部分，即视场中分划板的中央部分. 若太靠近上极板，小孔附近有气流，电场也不均匀，会影响测量结果. 太靠近下极板，测量完时间后，油滴容易丢失，影响重复测量，一般取 l=2.00mm 比较合适.

因为 t_g 有较大涨落，对同一个油滴应进行 5～10 次测量，然后取它们的平均值. 另外，要选择不同的油滴(不少于 5 个)进行反复测量. 大气压强 p 从气压计上直接读出，单位为 cmHg.

(2) 动态法：由式(3.13.14)可知，在动态测量法中，也需要测量三个量，除大气压强 p 外，还有油滴通过相同距离所用时间 t_g 和 t_E.

选择一个平衡电压约 200V，匀速下降 2mm 所用时间为 15～30s 的油滴. 先去掉极板电压测出时间 t_g，然后在极板上加 400V 左右的电压，使油滴反转运动，

再测量时间 t_E. t_g 和 t_E 交替进行，连续测量 5～10 次，并分别求出它们的平均值.

【数据记录与处理】

(1) 根据式(3.13.9)

$$q=\frac{18\pi}{\sqrt{2\rho g}}\left[\frac{\eta l}{t_g\left(1+\frac{b}{pr}\right)}\right]^{\frac{3}{2}}\cdot\frac{d}{V}$$

式中

$$r=\sqrt{\frac{9\eta l}{2\rho g t_g}}$$

将 r 代入上式，并设 k_1、k_2 分别为

$$k_1=\frac{18\pi}{\sqrt{2\rho g}}(\eta l)^{\frac{3}{2}}\cdot d \tag{3.13.15}$$

$$k_2=b\cdot\sqrt{\frac{2\rho g}{9\eta l}} \tag{3.13.16}$$

则式(3.13.9)可以写成

$$q=\frac{k_1}{\left[t_g\left(1+\frac{k_2}{p}\sqrt{t_g}\right)\right]^{\frac{3}{2}}\cdot V} \tag{3.13.17}$$

同理，式(3.13.14)也可以改写成

$$q=\frac{k_1}{\left[t_g\left(1+\frac{k_2}{p}\sqrt{t_g}\right)\right]^{\frac{3}{2}}\cdot V_E}\cdot\left(1+\frac{t_g}{t_E}\right) \tag{3.13.18}$$

其中，ρ=981kg/m^3，g=9.80m/s^2，η=1.83×10^{-5}kg/(m · s)，l=2.00×10^{-3}m(分划板中央四格的距离). 将以上数据代入式(3.13.15)和式(3.13.16)，得

$$k_1=1.43\times10^{-14}\text{kg}\cdot\text{m}^2/\text{s}^{1/2}$$

$$k_2=1.49\text{cmHg/s}^{1/2}$$

将 k_1 和 k_2 分别代入式(3.13.17)和式(3.13.18)，得

$$q=\frac{1.43\times10^{-14}}{\left[t_g\left(1+\frac{1.49}{p}\sqrt{t_g}\right)\right]^{3/2}\cdot V} \quad (\text{平衡法})$$

$$q=\frac{1.43\times10^{-14}}{\left[t_g\left(1+\frac{1.49}{p}\sqrt{t_g}\right)\right]^{3/2}\cdot V_E}\cdot\left(1+\frac{t_g}{t_E}\right)\quad(动态法)$$

把实验测得的 V、t 和 p 代入上式，就可以计算出油滴所带的电量 q.

由于 ρ 和 η 都是温度的函数，g 也随时间、地点的不同而变化，因此上式是近似的，好处是运算大大简化了.

(2) 实验中发现，对于不同的油滴，计算出的电量是一些不连续变化的值，存在 $q_i=n_ie$ 的关系，n_i 是整数. 对于同一个油滴，用紫外线照射改变它所带的电量，能够使油滴再次达到平衡的电压，必须是某些特定的值 V_n，即 $q=mgd/V_n=ne$，n 也为整数. 这就表明，电量存在着最小的电荷单位，即电子电荷值 e，或称基本电荷.

求基本电荷 e 值的方法有逐差法和作图法两种. 前者是对测得的各个油滴电量求最大公约数，这个最大公约数就是电子电荷 e 值. 后者是以纵坐标表示电量，横坐标表示电子个数 n，在图中找出一条通过原点的直线，使各个油滴所带的电量 q 与正整数 n 的交点都位于这条直线上(因测量有误差，交点应分布在该直线的两侧，并且很靠近直线). 这条直线的斜率即为基本电荷 e 值. 由于初学者实验技术不熟练，测量误差比较大，测量油滴的个数也不够多，用上述方法求电子电荷 e 值比较困难. 因此，可以采用“反过来验证”的办法处理数据：计算出每个油滴电量 q_i 后，用 e 的公认值去除，得到每个油滴带基本电荷个数的近似值 n_i，将 n_i 四舍五入取整，再用这个整数去除 q_i，所得结果为我们测出的电子电量 e_i.

求出 e_i 的平均值，并与公认值($e=1.602\times10^{-19}$C)比较，求出百分差 E.

(3) 数据表格自拟. 以下是静态法测电荷的参考表格.

实验条件：ρ=_____kg/m³, η=_____kg/(m · s), b=_____m · cmHg, l=_____mm, p=_______cmHg

待测量 / i	$V_{平}$/V	t_1/s	t_2/s	t_3/s	t_4/s	$\bar{t}$ /s	$q/(\times10^{-19}\text{C})$	n	$e_i/(\times10^{-19}\text{C})$
1									
2									
3									
4									

实验结果：$\bar{e}$ =_________$\times10^{-19}$C，δ =_________$\times10^{-19}$C.

注：n 为油滴所带元电荷数(个)；t_1～t_4 为油滴的运动时间(s)，测四次；$V_{平}$为平衡电压(V)；$\bar{t}$ 为 t_1～t_4 的平均值(s)；e_i 为由第 i 次测试计算得到的元电荷的电量($\times10^{-19}$ C)；$\bar{e}$ 为由 8 次测试计算出的元电荷电量的平均值($\times10^{-19}$C).

【思考题】

(1) 两极板不水平对测量有什么影响？

(2) 为什么要测量油滴匀速运动的速度？在实验中怎样才能保证油滴做匀速运动？

(3) 实验中应该选择什么样的油滴？如何选择？

(4) 喷油时“平衡电压”拨动开关应该处在什么位置？为什么？

(5)“升降电压”拨动开关起什么作用？测量平衡电压时，它应该处于什么位置？

(6) 两极板加电压后，油滴有的向上运动，有的向下运动，要使某一油滴静止，需调节什么电压？欲改变该静止油滴在视场中的位置，需调节什么电压？

(7) 油滴下落极快，说明了什么？若平衡电压太小又说明了什么？

(8) 为了减小计时误差，油滴下落是否越慢越好？为什么？

(9) 对一个油滴测量过程中发现平衡电压有显著变化，说明了什么？如果平衡电压在不大的范围内逐渐变小，又说明了什么？

(10) 实验中发现油滴逐渐变模糊，是什么原因？为什么会发生？又如何处理？

3.14　用电势差计测热电偶电动势

热电偶(thermocouple)是温度测量仪表中常用的测温元件. 它直接测量温度，并把温度信号转换成热电动势信号，通过电气仪表转换成被测介质的温度，具有结构简单、制造方便、测量范围广、精度高、惯性小和输出信号便于远传等许多优点.

【实验目的】

(1) 利用电势差计测定温差电动势，研究热电偶的温差电动势与温度的关系.

(2) 掌握热电偶定标的基本方法.

(3) 学习用直线拟合方法处理实验数据.

【实验仪器】

铜-康铜热电偶、杜瓦瓶、温度计(两支)、UJ33a 电势差计、槽式加热器.

【实验原理】

如果用A、B两种不同的金属构成一闭合电路，并使两接触点处于不同温度，如图 3.14.1 所示，则电路中将产生温差电动势，并且有温差电流流过，这种现象称为温差电效应，产生这个温差电动势的金属回路称为温差电偶或热电偶.

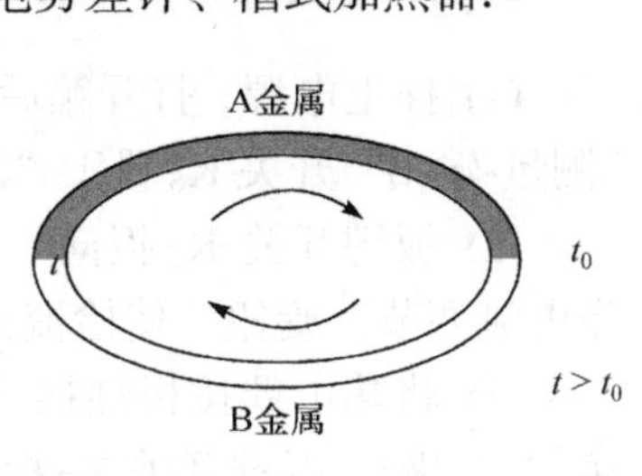

图 3.14.1　热电偶的结构示意图

两种不同的金属互相接触时，在它们的接触面上产生一个接触电势差(佩尔捷电动势)；同一种金属两端处于不同的温度下也会产生一个电势差(汤姆孙电动势). 总的温差电动势ε与温度 t 之间的关系近似写成$\varepsilon = f(t-t_0)$，将其展开为无穷级数

$$\varepsilon = a + b(t-t_0) + c(t-t_0)^2 + \cdots \tag{3.14.1}$$

式中，t_0是恒温端(亦称冷端)的温度，t 是另一端(即工作端)的温度. 若选取 $t = t_0$时，$\varepsilon=0$，可得$a=0$，式(3.14.1)应写成

$$\varepsilon = b(t-t_0) + c(t-t_0)^2 + \cdots \tag{3.14.2}$$

式中，b、c 等是与组成该热电偶的材料等因素有关的系数. 对于一支做好的热电偶，当其冷端温度 t_0 固定时，温差电动势ε仅是工作端温度 t 的函数，可用实验方法确定出二者的函数关系(或定出 b、c 等系数). 热电偶的温差电动势主要取决于所选用的材料和两个接触点的温度，但材料中所含杂质和加工工艺过程也会对它产生一定的影响. 因而，由同样的两种材料组成的热电偶，它们的温差电动势与温度的关系可能并不完全相同. 所以，对于每一支焊好的热电偶温度计，都应先进行分度定标，即测定出温差电动势与温度的确定关系，然后才能用它来测量温度.

【实验内容】

1. 测定温差电动势，绘制定标曲线

热电偶分度定标：将热电偶的冷端放置在冰水混合物中，工作端的温度就是$t_0 = 0$℃(如将冷端置入室温下的某种液体内，则可用水银温度计测出其温度 t_0)；将热电偶的工作端置入油中或其他温度较高又可调节的环境中，用温度计测出一系列高低不同的温度点 t_i，同时用电势差计分别测出相应的温差电动势ε_i；绘制出ε-t 曲线，即完成热电偶的分度. 如果热电偶的工作端温度需分度到几百度以上，常将其工作端置入各种正在熔化或正在凝固的某种纯金属液体中，则工作端温度 t 就是该金属的熔点或凝固点，可视为已知温度.

2. UJ33a 型直流电势差计(图 3.14.2)

(1) 插上电源，打开箱后侧电源开关，把倍率开关 K_1 从“断”旋到所需倍率，“测量-输出”开关 K_3 置于“测量”位置，调节“调零”旋钮，使检流计指针指零.

(2) 扳键开关 K_2 扳向“标准”(注意：扳键要向前推到底不松手)，调节“工作电流调节”旋钮，使检流计指零.

(3) 将热电偶按极性接入“未知”端钮(注意：热电偶红线接“−”极，黑线接“+”极)，扳键开关 K_2 扳向“未知”，调节三个测量盘(×10、×1、×0.1)，使检流计指零，被测电压(势)为测量盘读数与倍率乘积.

(4) 使用完毕后，倍率开关 K_1 置于"断"位置，并切断电源.

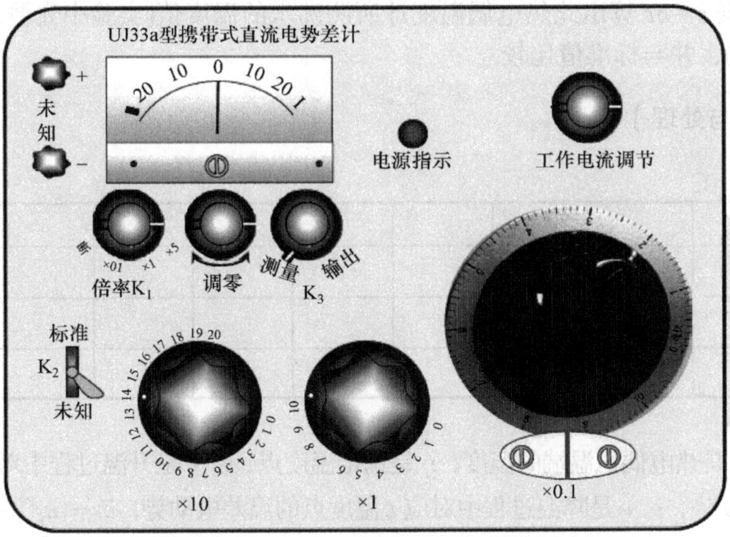

图 3.14.2　UJ33a 型直流电势差计

【实验步骤】

(1) 按图 3.14.3 连接电路，检查无误后通电预热.

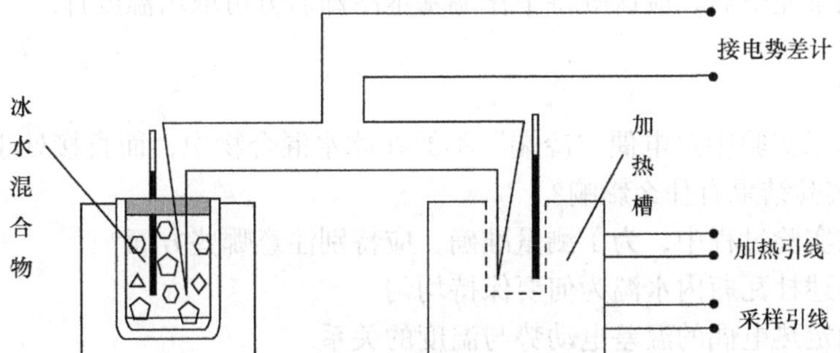

图 3.14.3　热电偶的标度实验线路图

(2) 将电势差计预热待用.

(3) 待工作端的温度稳定后，从电势差计上读取相应的温差电动势(注意：在测量时先让工作端按选定温度点依次升高温度，然后再依次降低温度，并在选定温度点测量其温差电动势).

(4) 在坐标纸上作出 ε-τ ($\tau = t - t_0$) 图线. 用最小二乘法(直线拟合)求出热电

动势 ε 与温差 τ 的关系 $\varepsilon=b\tau$ ，并以此关系为依据，对热电偶温度计进行标定.

(5) 根据 $\varepsilon=b\tau$ 算出此热电偶温度计所测沸水的温度值(实验中先测出沸水的温差电动势)，并与标准值比较.

【数据记录与处理】

t_0=______ ℃

t_i/℃								
$\varepsilon_i\uparrow$ /mV								
$\varepsilon_i\downarrow$ /mV								
$\overline{\varepsilon_i}$ /mV								

表中，t_0 是热电偶恒温端的温度，t_i 是选定温度点，$\varepsilon_i\uparrow$ 是升温过程中对应 t_i 温度点的温差电动势，$\varepsilon_i\downarrow$ 是降温过程中对应 t_i 温度点的温差电动势，$\overline{\varepsilon_i}=(\varepsilon_i\uparrow+\varepsilon_i\downarrow)/2$.

【注意事项】

(1) 为使杜瓦瓶内水温均匀，应不断进行搅拌.

(2) 电势差计应勤校准、快测量.

(3) 操作中应小心，避免打翻杜瓦瓶或被高温装置部分烧伤.

(4) 测量完毕后，应该等待工作端基本冷却后方可取出温度计.

【思考题】

(1) 如果实验中热电偶“冷端”不放在冰水混合物中，而直接处于室温或空气中，对实验结果有什么影响?

(2) 在实验过程中，为了测量准确，应特别注意哪些方面?

(3) 简述杜瓦瓶内水温为何要保持均匀.

(4) 确定热电偶的温差电动势与温度的关系.

3.15 旋光仪的使用

1811 年，阿拉果发现，线偏振光通过某些透明物质时，其振动面将旋转一定的角度，这种现象称为旋光现象，能产生旋光现象的物质称为旋光物质. 面向光源，如果旋光物质使偏振光的振动面沿逆时针方向旋转，称为左旋物质. 反之，若使偏振光的振动面沿顺时针方向旋转，称为右旋物质. 旋光仪是测定旋光物质旋光度的仪器，通过对旋光度的测定可确定物质的浓度、纯度、比重、含量等，可供一般的成分分析之用，广泛应用于石油、化工、制药、香料、制糖及食品、酿造等工业.

这是一个基本的光学实验，难度系数不大，实验操作比较简单，但对明暗视场的寻找有一定的难度，需要对明暗视场有一定的了解.

【实验目的】

(1) 了解旋光仪的原理、构造及使用.

(2) 观察旋光物质的旋光现象.

(3) 学会用旋光仪测糖溶液的旋光率和浓度.

【实验仪器】

本实验采用旋光仪对不同浓度的糖溶液进行旋光度的测试. 旋光仪的构造示意图如图 3.15.1 所示.

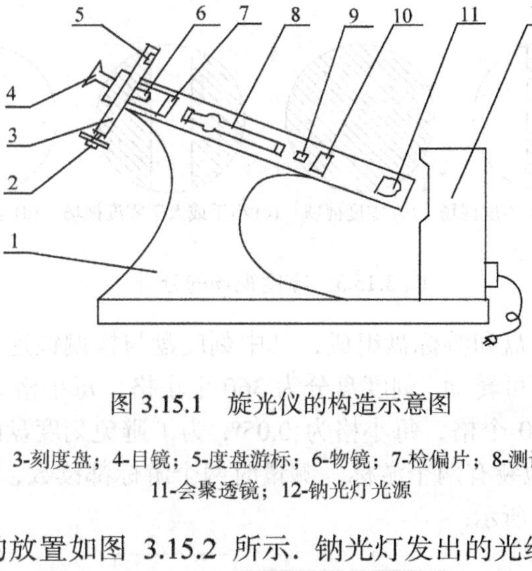

图 3.15.1　旋光仪的构造示意图

1-底座；2-度盘调节手轮；3-刻度盘；4-目镜；5-度盘游标；6-物镜；7-检偏片；8-测试管；9-半波片；10-起偏片；11-会聚透镜；12-钠光灯光源

钠灯与试管的放置如图 3.15.2 所示. 钠光灯发出的光经起偏片后成为平面偏振光，在半波片(劳伦特石英片)处产生三分视场. 检偏片与刻度盘连在一起，转动度盘调节手轮即转动检偏片，可以看到三分视场各部分的亮度变化情况，如图 3.15.3 所示. 其中(a)、(c)为大于或小于零度视场，(b)为零度视场，(d)为全亮视场. 找到零度视场，从刻度盘游标处装有放大镜的视窗读数.

将装有一定浓度的某种溶液的试管放入旋光仪后，由于溶液具有旋光性，使平面偏振光旋转了一个角度，零度视场便发生了变化，转动度盘调节手轮，再次出现亮度一致的零度视场，这时检偏片转过的角度就是溶液的旋光度，从视窗中的读数可求出其数值. 观察到的振动面顺时针旋转时称为右旋物质，反之称为左旋物质.

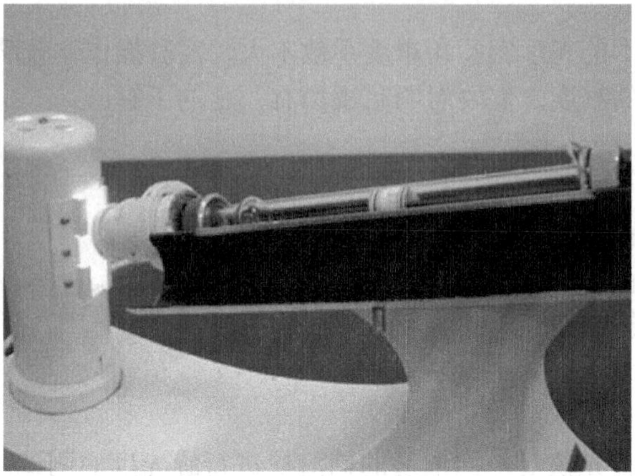

图 3.15.2　钠灯与试管的放置图

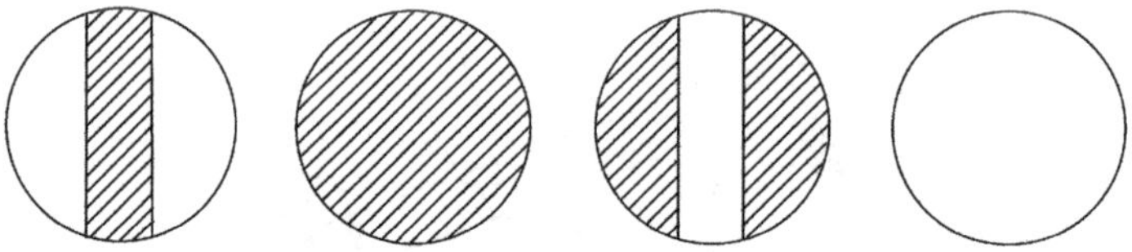

(a) 大于或小于零度视场　(b) 零度视场　(c) 小于或大于零度视场　(d) 全亮视场

图 3.15.3　零度视场的分辨

读数装置由刻度盘和游标盘组成，其中刻度盘与检偏镜连为一体，并在刻度盘调节手轮的驱动下可转动. 刻度盘分为 360 个小格，每小格为 1°，小于 1°由游标读数，游标上有 20 个格，每小格为 0.05°. 为了避免刻度盘的偏心差，在游标盘上相隔 180°对称地装有两个游标，测量时两个游标都读数，取其平均值. 具体读数方法如图 3.15.4 所示.

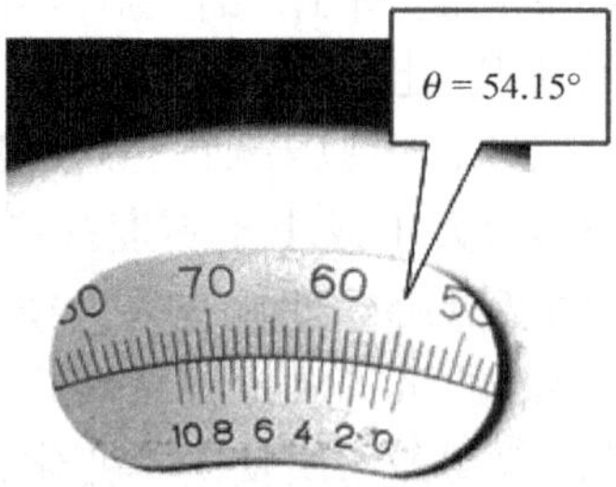

图 3.15.4　旋光仪读数示意图

【实验原理】

单色偏振光通过液态旋光物质时，振动面的旋转角度 $\Delta\Phi$ 与旋光物质的性质、液体厚度 L、浓度 c 有关，其关系为

$$\Delta\Phi = \alpha c L \tag{3.15.1}$$

式中，$\Delta\Phi$ 为波长为λ的偏振光透过样品后测得的旋转角度，称为旋光度，单位为度(°)；α为比例系数，称为物质的旋光率. 若溶液浓度 c 的单位为 kg/m^3，溶液厚度 L 的单位为 m，则α的单位为$(°)\cdot m^3/(kg\cdot m)$，数值上等于偏振光通过浓度为 $1kg/m^3$、厚度为 1m 的溶液后，振动面旋转的角度. 工业上给出的α单位一般为$(°)\cdot cm^3/(g\cdot dm)$.

旋光率α标志着溶质的特性，它与波长和温度都有关，并且当溶剂改变时，它也随之发生复杂的变化. 物质的α值，通常指的是在 20℃时，入射光为钠光($\lambda=5.893\times10^{-7}$m)的条件下测试得到的.

【实验步骤】

(1) 接通电源，开启开关，将钠光灯预热 5min，待其发光正常后方可开始测试.

(2) 转动手轮，在中间明或暗的三分视场时，调节目镜使中间明纹或暗纹边缘清晰. 再转动手轮，观察视场亮度变化情况，从中辨别半明半暗位置即零度视场.

(3) 仪器中放入空试管或充满蒸馏水的试管后，调节手轮找到零度视场，从左右两读数视窗分别读数，求二者平均值为一个测量值. 转动手轮离开零度视场后再转回来读数，共测两次取平均值. 则仪器的真正零点在其平均值 $\bar{\Phi}_0$ 处.

(4) 将装有已知浓度糖溶液的试管放入旋光仪，注意让气泡留在试管中间的凸起部分. 转动手轮找到零度视场位置，记下左、右视窗中的读数 Φ_L 和 Φ_R，各测 2 次求其平均值 $\bar{\Phi}$，则糖溶液的偏光旋转角度为 $\Delta\bar{\Phi} = \bar{\Phi} - \bar{\Phi}_0$. 见表 3.15.1.

(5) 将装有未知浓度的糖溶液的试管放入旋光仪，重复步骤(4)，测出其偏光旋转角度.

(6) 测试完毕，关闭开关，切断电源.

【数据记录与处理】

表 3.15.1 测量糖溶液旋光度数据表

读数 / 浓度/(kg/m^3)		实测 Φ /(°)				$\bar{\Phi}$ /(°)	管长/m	$\Delta\bar{\Phi}$ /(°)
		左	右	左	右			
空管								
c_1								
c_2								
c_3								
$c_{未}$								

【实验要求】

(1) 对三个及以上已知浓度的糖溶液进行测量，求出糖溶液的旋光率.

(2) 测出未知浓度糖溶液的偏光旋转角度，用上面求出的糖溶液的旋光率代入公式求其浓度.

以$\Delta\Phi / L$为纵坐标、c为横坐标作图，求糖溶液的旋光率和未知溶液的浓度.

【注意事项】

(1) 测量前首先调节对光环，使视场清晰.

(2) 溶液应装满试管，不能有气泡，如有气泡，必须将气泡调整至试管凸起处，以免影响读数.

(3) 注入溶液后，试管和试管两端透光窗均应擦净才可装上旋光仪.

(4) 所谓“界线出现”是指只要眼睛刚能分辨出现，不要调节至清楚了才读数.

(5) 计算结果时，长度L单位取分米.

(6) 同暗视场在某一固定处，稍不留意就会被调过，故调节度盘旋钮时要耐心，细致地观察视场变化.

(7) 为便于清洁，实验结束后请将试管放入盛满清水的盆内.

【常见问题解答】

(1) 如何调节旋光仪使视场清晰？

旋转度盘调节螺旋，从目镜观察为同亮视场再旋转对光环使所在视场的分界线或圆视场周界清晰.

(2) 如何准确判断视场分界线出现的位置？

在分界线消失的位置，特别是对高灵敏度的同暗视场，读盘稍有转动，分界线立即出现，这时应缓慢转动度盘，调节螺旋，注意视场亮度变化，直到刚能分辨出亮度明暗不均.

【思考题】

(1) 半影板检偏装置的基本原理是什么？

(2) 溶液浓度的大小与哪些量有关系？

(3) 读数时为什么要读出左右两游标读数再取平均值？

(4) 放溶液管时为什么要保证观察孔中没有气泡？

3.16　全息照相

全息照相从根本上讲，可归结为八个字“干涉记录，衍射再现”．伽博(D.

Gabor)1948 年创立了它. 20 世纪 60 年代初,激光器的问世解决了相干光源的问题,全息技术飞跃发展,成为一个崭新的科学技术领域. 由于全息照相记录方式独特,使用更为广泛,在如无损检测、信息存储及处理、遥感、生物医学和国防科研中获得广泛的应用.

【实验目的】

(1) 掌握全息照相基本原理.

(2) 学习拍摄漫反射物体的三维全息图.

(3) 掌握全息照相的再现性质和观察方法,掌握全息照相的主要特点.

【实验仪器】

全息实验装置一套(防震台、反射镜、分束镜、扩束镜、一些光学支架及磁性座等)、He-Ne 激光器、定时快门、全息感光胶片(干板)、暗室冲洗器材等.

【实验原理】

1. 全息照相记录

照相记录就是使感光材料对来自拍摄目标(物体)的光进行感光记录.

我们知道,光是电磁波,单色平面光波用电场 E 表示为

$$E = E_0 \cos 2\pi\left(\frac{t}{T} - \frac{x}{\lambda}\right) \tag{3.16.1}$$

式中,E_0 为振幅,$2\pi\left(\frac{t}{T} - \frac{x}{\lambda}\right)$ 为相位,是光波中两个主要特征或信息,任何光波也同样包含着这两个信息. 物体的明暗、形状及远近就是靠物光中的振幅 E_0 和相位 $2\pi\left(\frac{t}{T} - \frac{x}{\lambda}\right)$ 来区别的.

普通照相通常是凸透镜成像,在底片平面上将物光的光强分布(光波的振幅)记录下来,丢失了反映视差的重要信息——相位. 因此,普通照相所记录的只是物体的二维平面像,没有立体感.

全息照相则完全不同,它在平面上记录了物光的全部信息——振幅和相位. 根据波动光学理论,当再现这样一张相片时,原物光的一切效应(物体的明暗、形状、远近等)都将反映出来,与物体存在时完全一样. 所以,全息照相的物像是一个逼真的三维立体像.

2. 全息照相的基本过程

通常全息照相有两个过程：第一，利用光波干涉把物光的全部信息记录在感光板上. 由于两束相干光波的振幅、相位差以及两束光间的夹角等决定了感光板上干涉条纹的反差、形状以及疏密程度，因此，干涉条纹中包含了物光波的振幅信息和相位信息. 典型的全息记录装置如图 3.16.1 所示：激光器发出的光，一部分照明物体，经物体散射而至感光板，这部分光叫物光(O 光)；另一部分激光照明感光板，叫做参考光(R 光). 在感光板上，物光和参考光叠加产生干涉，形成条纹，经适当的曝光与冲洗，就得到一张有干涉条纹的“全息照片”——全息图. 显然，由于板上所记录的是物光和参考光的干涉图样，它与原始物体没有任何相像. 所以要观察物体像，还需一个再现过程. 第二，利用光波的衍射对全息图进行物光波的再现，如图 3.16.2 所示. 用一束与记录时参考光相同的光波照明全息图，并通过它的复杂条纹，就像通过一块复杂光栅一样要发生衍射. 由理论分析可知，衍射光波包含三种成分. 以衍射角度来说，它们是 0 级和±1 级衍射光；以再现光波来说，它们是零级光波、物光波以及共轭物光波. 迎着物光波方向，在衍射光的+1 级方向，可以看到物体的再现立体像，这是虚像，它与原始物体有一样的特征. 另外还有由−1 级会聚衍射光波形成的一个实像，称为共轭像，观察时用屏可以找到. 在三维结构中，这个像是赝像.

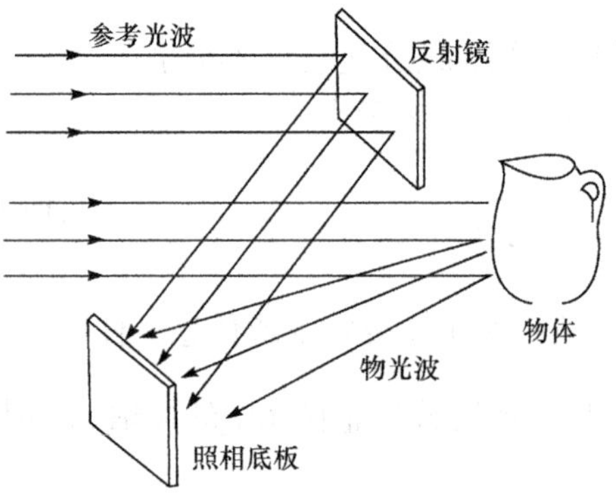

图 3.16.1　全息记录

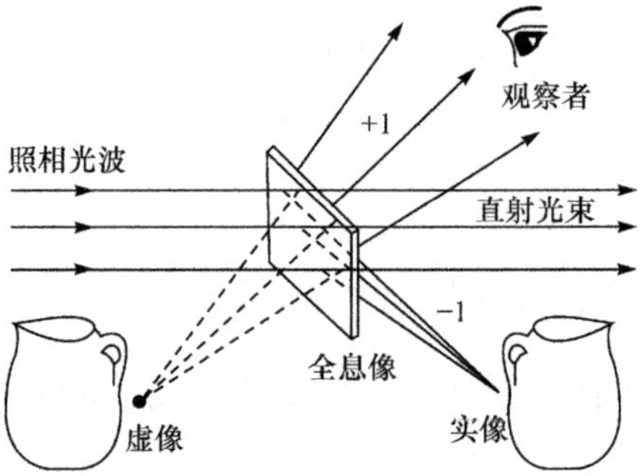

图 3.16.2　全息再现

3. 拍摄系统的技术要求

全息拍摄是在全息干板上记录物光(O 光)与参考光(R 光)在其上的干涉条纹，为了照出合乎要求的全息图，对拍摄系统有一定的要求.

(1) 全息拍摄的光学系统具有很高的机械稳定性. 在全息干板上的干涉条纹可达 10^3 条/mm 数量级，而曝光期间干涉条纹相对于板的位移若大于 1/2 条纹间距，拍摄完全失败. 所以拍摄用的所有光学元件必须牢固地用磁钢吸在具有防震性能的平台上，曝光时，不要走动，不要大声说话，不要碰着防震台.

(2) 采用良好的相干光源. 全息拍摄是干涉记录，光源的相干性直接影响着物光和参考光的干涉效果，所以全息拍摄必须采用良好的相干光源. 目前，一般使用 He-Ne 激光器作光源.

(3) 高分辨率的感光板. 分辨率是指每毫米能记录的条纹数. 在全息拍摄中，干涉条纹很细密，每毫米的干涉条纹数大于 1000；而普通照相底片每毫米只能记录几十至几百条. 所以，必须用高分辨率的全息感光板(干板)作为记录介质.

(4) 合理的光路. 在达到上述条件的情况下，布置合理的光路也是获得优质全息图的关键. 因此，在排光路时应注意：①受光源的相干长度限制，光路中应尽量减小物光与参考光的光程差，将光程差控制在光源的相干长度(几厘米)之内，最好是等光程拍摄. ②物光和参考光投射到干板上的夹角θ要适当，一般取 30°～45°为宜. 这是因为干板上条纹的间距可表示为$d=\lambda/2\sin\dfrac{\theta}{2}$，如果$\theta$小，$d$就大，对干板的分辨率$\dfrac{1}{d}$要求不高. 但是，当用这样拍成的全息图再现时，由于衍射角φ与条纹间距d的关系为$d\cdot\sin\varphi=k\lambda$，$d$大则衍射角$\varphi$小，各级衍射光分得不开，观察时很不方便. 所以，在注意干板分辨率的同时，又要兼顾±1 级衍射角大一些，夹角θ要适当. ③物光、参考光在干板上的光强比要合适，一般是 1∶1～1∶10，根据物体表面反射情况和拍摄内容确定. 用光强测定仪测或直接用眼睛估测干板架上白屏的照度即可. ④为减少干扰，光路中尽量减少光学元件.

4. 全息图的主要特点

(1) 体视特性. 使全息图再现物光时，所看到的物体是一幅完全逼真的三维立体像. 当我们从不同的角度观察时，就好像面对原物体一样，可以看到物体的正面和被遮的侧面. 图 3.16.3 就是从不同角度观察同一张全息图时物体像的视差特性.

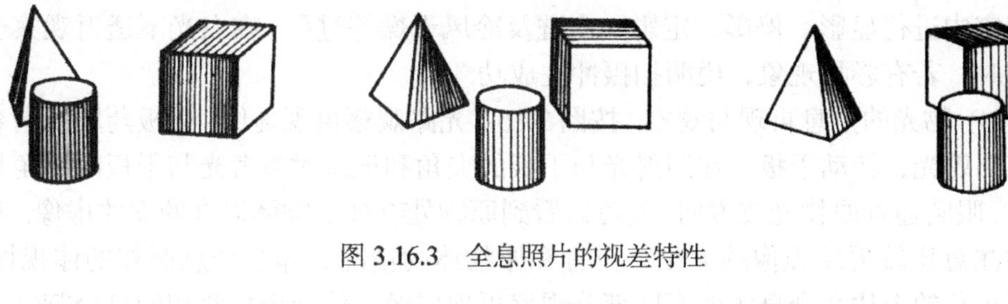

图 3.16.3　全息照片的视差特性

(2) 可分割性. 全息照相曝光时，干板上的任一小区域都记录了整个被拍物体的物光信息，因此，即使它被弄碎(或掩盖、沾污)了一部分，仍可用残片再现出完整的物像.

(3) 多重记录性. 全息照相曝光一次后，只要稍微改变干板的方位(如转一小角度)，就可在同一干板上进行两次、三次曝光(在分辨率和总曝光量许可的情况下)，再现时，就可从不同角度观察各自的拍摄内容，相互不影响.

(4) 物像亮度、大小可调性. 由于再现物光是再现光的一部分，所以再现光强，物像就亮；用不同波长的激光再现，或者沿再现光方向改变全息图的位置，就可看到不同大小的物像.

【实验内容与步骤】

漫反射物体全息照片的拍摄及再现步骤.

(1) 熟悉实验环境，了解防震台的结构，了解光源及所用光路元件的性能、调节方法，了解干板的装夹方法，冲洗设备的位置.

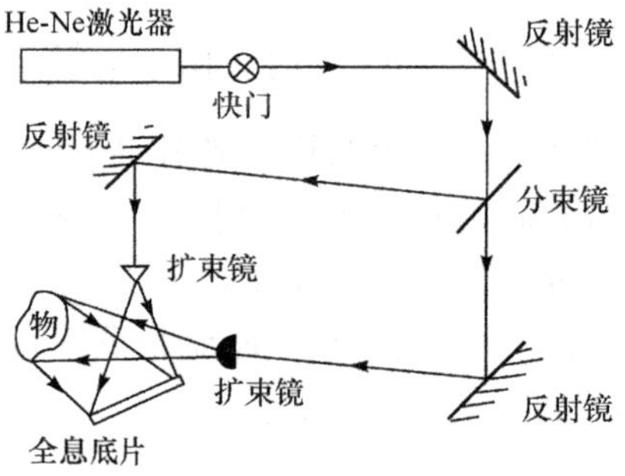

图 3.16.4　拍摄光路

(2) 调整光路. 按图 3.16.4 布置拍摄光路，作如下调整：调节各元件等高，使参考光均匀照亮干板夹上的白屏；调节入射光均匀照明被摄物体，使物体反射光最强部分照射在白屏上；调节屏的方位及光路方向，使物光、参考光的夹角约为40°；调节物光、参考光的光程大致相等；最后，通过轮换挡住物光、参考光，目测白屏上两光的强度，调整扩束镜的远近，使白屏上两光的光强比为1∶4左右.

(3) 曝光拍摄. 根据物光、参考光的总强度，确定曝光时间(通常由实验室给出参考时间)，关闭所有光源，将干板的药面朝向物体，取下夹上的白屏，换上干板，稳定片刻，启动定时器，进行定时曝光. 这时，应避免人为的影响，保持肃静. 曝光后，取下干板，按照暗室操作规定，在暗室中进行显影、停影、定影、水洗及冷风干燥等过程. 在白光下透射观察全息图时，若有彩虹现象，说明拍摄冲洗成功.

(4) 物光的全息再现与观察. 按图 3.16.2 光路观察再现虚像. 干板药膜面向着扩束照射光，转动干板，在照射光与干板的夹角和记录时参考光与干板的夹角相同时，眼睛迎着原物光波方向，就可以看到原物处有被拍物体逼真的立体虚像. 观察时注意比较再现虚像的大小、位置和原物体的情况，体会全息照相的体视性. 用有小孔的卡片在全息图的不同部分观察再现虚像，体会全息照相的可分割性，记录观察结果. 观察再现实像只要拿掉扩束镜，用白屏在−1 级衍射方向可观看到再现实像.

如有条件，实验室可提供其他类型的全息观察内容.

【数据记录与分析】

记录实际拍摄光路，记录曝光、显影、定影的时间，分析拍摄是否成功及其原因.

【注意事项】

(1) 遵守光学实验的操作规定，曝光过程中避免人为的震动，保持肃静.

(2) 遵守暗房操作规程.

(3) 注意安全，不要直视激光束，不要随便触摸激光器和电源.

【思考题】

(1) 什么是全息照相？它与普通照相有何不同？

(2) 绘出全息拍摄光路，思考调节方法.

(3) 如何实现物光的全息再现？画出光路并解释.

3.17　单缝衍射的研究

光的衍射现象也是光的波动性的重要特征之一，衍射现象指光(或其他波动)在传播过程中遇到障碍物时，会偏离直线传播规律进入几何阴影区，并且在几何阴影区附近出现光强度不均匀分布的现象. 研究光的衍射，不仅有助于加深对光的本性的理解，同时也有助于进一步学习近代光学实验技术，如光谱分析、光信息处理等.

【实验目的】

(1) 观察单缝夫琅禾费衍射现象.

(2) 学习利用光电元件测量相对光强的实验方法，观察单缝衍射中相对光强分布规律，并测出单缝宽度 a.

【实验仪器】

He-Ne 激光器(QmP-26 型)及光源、可调单缝、硅光电池移动装置、数字万用表、示波器(SB-14 型慢扫描示波器)、光具座、各种支架.

【实验原理】

衍射现象分两大类：夫琅禾费衍射(远场衍射)和菲涅耳衍射(近场衍射)，本实验仪研究单缝的夫琅禾费衍射.

1. 产生夫琅禾费衍射的实验装置

夫琅禾费衍射要求光源和接收屏都距离衍射屏(如单缝)无限远，即入射光和衍射光都是平行光. 在实际中，距离无限远是办不到的，下面介绍实验室中接收夫琅禾费衍射常采用的两种装置.

1) “焦面接收”装置

把光源 S 放在凸透镜 L_2 的前焦面上，把接收屏放在凸透镜 L_2 的后焦面上(如图 3.17.1 所示)，则由几何光学可知，S、P 与狭缝 D 的距离相当于无限远.

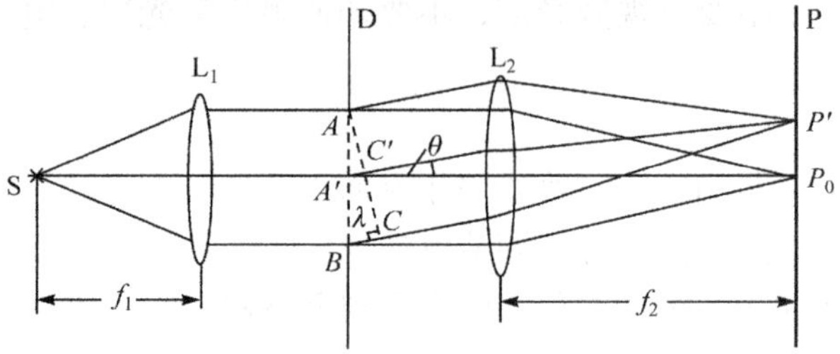

图 3.17.1　“焦面接收”装置

2) “远场接收”装置

在满足一定条件时，也可以不用上述两透镜而获得夫琅禾费衍射图样. 条件如下：

(1) 衍射屏透光部分线度很小而且离光源很远，即满足

$$\frac{2\pi}{\lambda}\cdot\frac{a^2}{8R}\leqslant 1 \tag{3.17.1}$$

其中，R 为光源到衍射屏(单缝)D 的距离，a 为缝隙 D 透光部分的线度(如缝宽).

(2) 接收屏离衍射屏足够远，即满足

$$\frac{2\pi}{\lambda}\cdot\frac{a^2}{8Z}\leqslant 1 \tag{3.17.2}$$

其中，Z 为 D 与接收屏 P 的距离.

以上所说的两个条件叫做夫琅禾费衍射的“远场条件”.

2. 夫琅禾费单缝衍射图样的规律

理论计算得出单缝夫琅禾费衍射图样的光强分布规律为

$$I_\theta = I_0\cdot\frac{\sin^2 u}{u^2} \tag{3.17.3}$$

其中

$$u = \frac{2\pi a \sin\theta}{\lambda} \tag{3.17.4}$$

式中，a 为单缝宽度，θ 为衍射角(如图 3.17.2 中衍射光与 OP_θ 的夹角)，λ 为单色光波长.

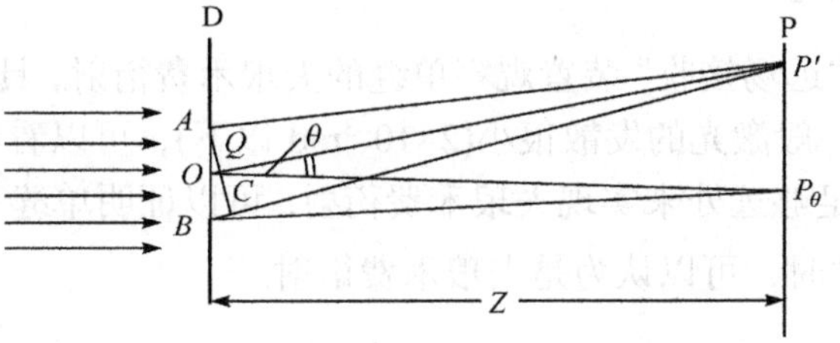

图 3.17.2　夫琅禾费单缝衍射

当 $\theta = 0$ 时，光强具有极大值：$I_\theta = I_0$，称为中央主极大(中央亮条纹). 当

$$\sin\theta = k\lambda / a \quad (k = \pm1, \pm2, \pm3, \cdots) \tag{3.17.5}$$

$u = k\pi$ 时，$I_\theta = 0$，出现暗条纹，与此对应的位置为暗条纹的中心.

实际上，θ 很小，因此式(3.17.5)可写成

$$\theta = k\lambda / a \quad (k = \pm1, \pm2, \pm3, \cdots) \tag{3.17.6}$$

除中央主极大以外，两相邻暗纹之间有一个次极大，这些次极大位置分别在

$$\theta = \pm1.43\lambda / a, \pm2.46\lambda / a \tag{3.17.7}$$

其相对光强分别为

$$I_\theta / I_0 = 0.047, 0.017 \tag{3.17.8}$$

若以图 3.17.3 所示远场接收光路显示衍射图，衍射角 $\theta = 1$ 时，接收屏 P 上坐标与衍射角近似有下列关系

$$\sin\theta_k \approx \theta_k \approx x / Z \tag{3.17.9}$$

比较式(3.17.6)和式(3.17.9)可得

$$k\lambda / a = x_k / Z \tag{3.17.10}$$

由以上讨论可知：

(1) 中央亮条纹的宽度由 $k = \pm1$ 的两个暗条纹的衍射角所确定，即中央亮条纹的角宽度为

$$\Delta\theta = 2\lambda / a \tag{3.17.11}$$

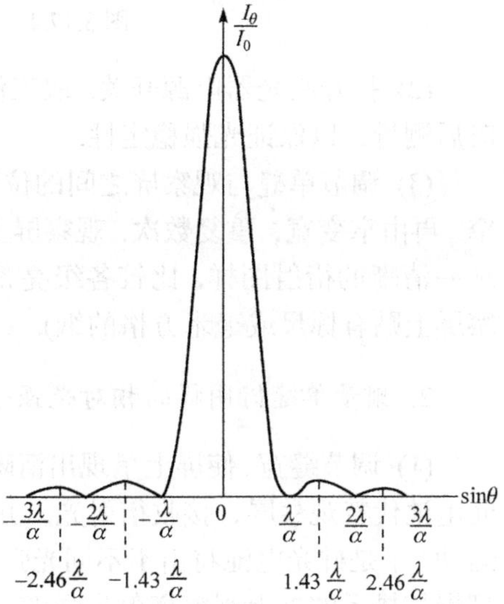

图 3.17.3　单缝衍射的相对光强分布

(2) 其余亮条纹(次极大)的角宽度(两个相邻暗条纹之间的角距离)为 λ / a.故中央亮条纹的角宽度为其余各亮纹角宽度的两倍. 衍射斑角宽与缝宽成反比,即 a 小,$\Delta\theta$大,衍射条纹展宽;缝宽增加,各级条纹向中央收缩;当缝宽 a 足够大($a \gg \lambda$)时，衍射现象不明显，可忽略不计，此时将光看成沿直线传播.

【实验内容与步骤】

本实验采用“远场接收”装置观察单缝的夫琅禾费衍射，具体地说，用 He-Ne 激光器作光源，一般激光的发散很小(2×10^{-3}rad 以下)，可以看成平行光，将接收屏放在单缝后面足够远处来实现夫琅禾费衍射. 可以证明单缝与接收屏距离满足 $Z \gg a^2 / (8\lambda)$ 条件时，可以认为是夫琅禾费衍射.

1. 观察单缝衍射现象

(1) 按图 3.17.4 在导轨上安放好各装置. 注意保持共轴、等高等要求.

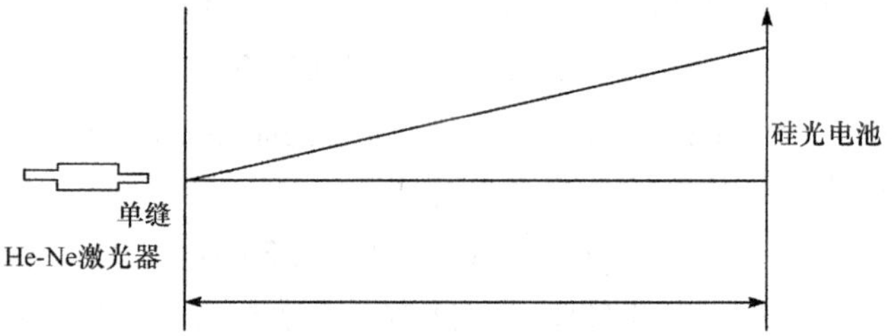

图 3.17.4　单缝衍射装置示意图

(2) 打开激光器电源开关. 取工作电流 5mA 左右，一般应在激光器点燃半小时后测量，以保证光强稳定性.

(3) 调节单缝与观察屏之间的位置,观察衍射图样. 调整单缝宽度使它由宽变窄. 再由窄变宽，重复数次. 观察屏上呈现光场的变化情况. 调整缝宽，使屏上呈现一清晰的衍射图样. 比较各级亮条纹的宽度以及它们的亮度分布情况(可在观察屏上贴有标尺或毫米方格的纸).

2. 测量单缝衍图样的相对光强分布.

(1) 调节缝宽,使屏上呈现出清晰的衍射图样. 用安装在测微螺旋装置上的硅光电池代替观察屏，接收衍射光，并使硅光电池沿衍射图的展开方向做匀速直线运动. 于是硅光电池将由于不同光强照射而产生不同的光电流,将它输入到 SB-14 型慢扫描示波器上观察衍射光强度. 当硅光电池在屏的位置上连续运动时，就在示波器荧光屏上出现图 3.17.3 的图样. (由于光电池受光面积大，可在它前面加一宽度也可调的微分狭缝作光阑，以满足逐点测量的要求.)保持单缝与光电池的距离不变，改变缝宽，观察衍射图样发生的变化.

(2) 固定缝宽，将硅光电池输出接到数字万用表上，测量不同位置上的光强. 先测中央主极大 I_0 所对应的读数，再依次测量从 $k=2$ 级暗纹到 $k=-2$ 级暗纹之间各点的光强对应的读数. 共取 20 个点，在变化率大处可密集取点，不必均匀.

(3) 将所测得数据归一化，即将所测量数据对其中的最大值(即中央主极大)取相对比值(即相对光强)，在坐标线上作 I/I_0-x 曲线，即得单缝衍射的相对光强分布曲线，并与理论结果进行比较.

(4) 从分布曲线可测得对于 $k=-2, -1, 1, 2$ 的各衍射暗纹间距 x_k，单缝到光电池的距离 Z，将 x_k 和 Z 代入公式，计算相应的单缝宽度 a，并求其平均值.

【思考题】

(1) 为什么在测量虚光源像的间距时，应消除像和叉丝之间的视差？测量干涉条纹间距 Δx 时，要不要消视差？为什么？

(2) 在实验时，双棱镜和光源之间为什么要放一狭缝？为什么狭缝很窄时才可以得到清晰的干涉条纹？

(3) 若将本实验中所用钠光灯改为水银灯，将产生怎样的干涉条纹？条纹间距将如何变化？条纹间距与波长有何关系？

3.18　双棱镜干涉测波长

利用菲涅耳双棱镜可以获得两束相干光的干涉. 双棱镜实验和双平面反射镜实验及劳埃德镜实验一起，在确立光的波动学说的历史过程中起了重要作用.

【实验目的】

(1) 观察双棱镜产生的双光束干涉现象，进一步理解产生干涉的条件.

(2) 学会用棱镜测定光波波长.

【实验仪器】

双棱镜、可调狭缝、辅助透镜(两片)、测微目镜、光具座、白屏、单色光源.

【实验原理】

频率相同、相位不随时间而变化的两列光波沿几乎相同的方向传播，那么在两列光波相交的区域内，光的强度或明暗有一稳定的分布，这种现象称为光的干涉. 而利用光的干涉现象进行光波波长的测量，首先要获得两束相干光，使之重叠而形成干涉. 干涉条纹的空间分布既与条纹和相干光源的相对位置有关，又与光波波长有关，从它们之间的关系式就能测出光波波长.

能发出相干光束的光源称为相干光源，菲涅耳是利用双棱镜获得相干光束，如图 3.18.1 所示为菲涅耳双棱镜. 当狭缝 S 发出的光经双棱镜折射后，形成两束犹如从虚光源 S_1 和 S_2 发出的频率相同、振动方向相同，并且在相遇点有恒定相位差的相干光束，它们在空间传播时有一部分彼此重叠而形成干涉场. 如果将一屏幕 P 置于干涉场中的任何地方，则在屏幕 P 上的相互交叠区域 P_1P_2 内会出现明暗相间的干涉条纹，如图 3.18.2 所示.

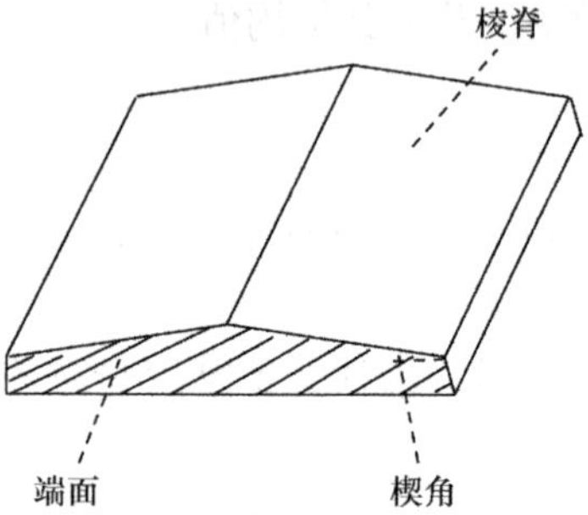

图 3.18.1　菲涅耳双棱镜

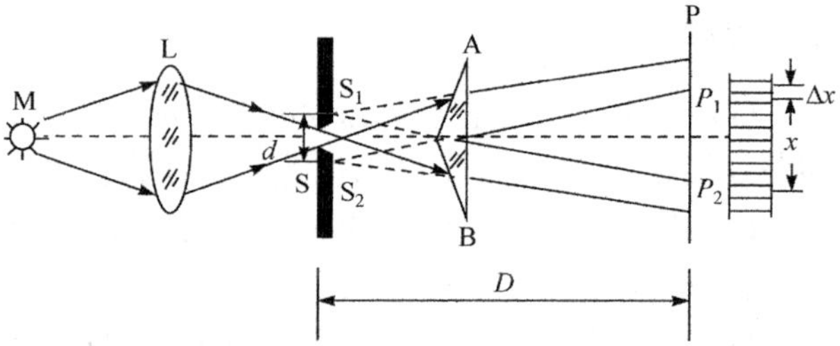

图 3.18.2　双棱镜干涉

设 d 代表两虚光源 S_1 和 S_2 间的距离，D 为虚光源所在的平面与观察屏之间的距离，且 $d \ll D$，干涉条纹宽度为 Δx，如图 3.18.3 所示，则两光线光程差为 $d\sin\theta$.

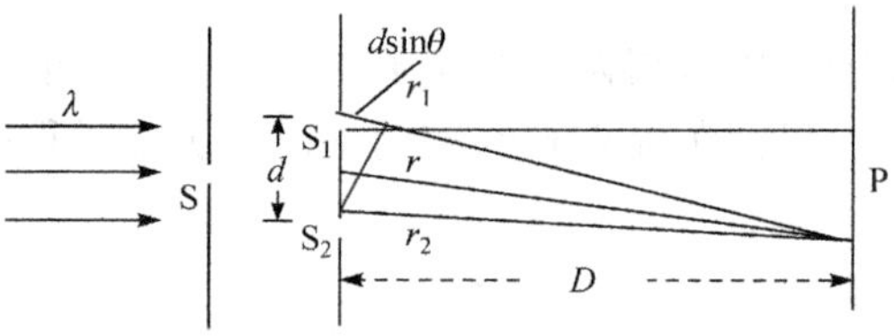

图 3.18.3　双光束干涉原理图

因为两光线几乎平行，θ 角较小，所以两光线光程差 $d\sin\theta \approx d\tan\theta = d\dfrac{x}{D}$，光程差为 $k\lambda$ $(k = 0, \pm1, \pm2, \cdots)$ 时干涉相长，而光程差为 $\dfrac{\lambda}{2}(2k+1)$ $(k = 0, \pm1, \pm2, \cdots)$ 时干涉相消. 故亮纹所在的位置坐标 $x = \dfrac{D}{d}k\lambda$，暗纹所在的位置坐标 $x = \dfrac{D}{2d}(2k+1)$. 因此，相邻亮纹或相邻暗纹间距相等，均为 $\Delta x = \dfrac{D}{d}\lambda$，所以实验

所用光波波长λ可由下式来确定

$$\lambda = \Delta x \frac{d}{D} \tag{3.18.1}$$

由于干涉条纹宽度Δx很小，必须使用测微目镜进行测量. 两虚光源间的距离d，可用已知焦距为f'的会聚透镜L′置于双棱镜与测微目镜之间，由透镜的两次成像法求得，如图 3.18.4 所示. 只要使测微目镜到狭缝的距离$D<4f'$，前后移动透镜，就可以在两个不同位置上从测微目镜中看到两虚光源 S_1 和 S_2 经透镜所成的实像S_1'和S_2'，其中一组为放大的实像，另一组为缩小的实像，如果分别测得两放大像间距d_1和两缩小像间距d_2，则有

$$d = \sqrt{d_1 d_2} \tag{3.18.2}$$

由式(3.18.2)可求得两虚光源之间的距离.

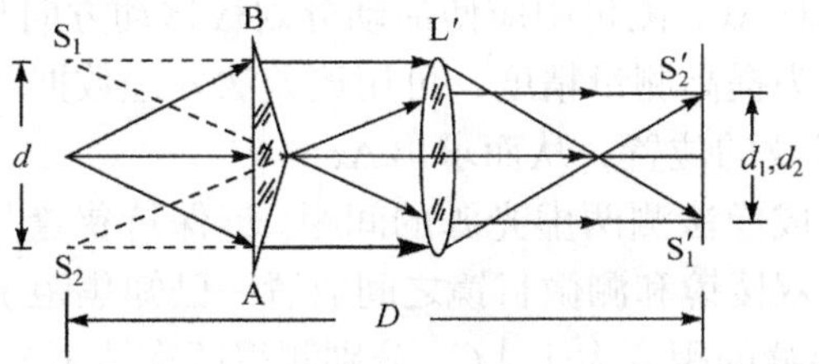

图 3.18.4　两次成像法测两虚光源间距离的光路图

【实验内容与步骤】

1. 调节共轴

将单色光源 M、会聚透镜 L、狭缝 S、双棱镜 AB 与测微目镜 P，按以下步骤依图 3.18.2 次序放置在光具座上.

(1) 先调光源和狭缝的位置，将单色光源 M、狭缝 S 放置在光具座上，点亮光源 M，通过透镜照亮狭缝 S，使钠光灯正对狭缝并均匀照亮整个狭缝，狭缝应尽量靠近钠光灯，等高，狭缝垂直于光具座的导轨.

(2) 加入透镜和白屏，使狭缝中心与透镜 L 的主光轴共轴，并平行于导轨.

(3) 加入双棱镜，使其棱脊中点大致在透镜光轴上，此时在屏上可看到两个平行的狭缝像，进一步调节使棱脊与狭缝平行并通过透镜光轴. 若白屏上出现两个强度相同(表明棱脊通过了透镜光轴)且等高并列的狭缝像(表明棱脊平行于狭缝)，即达到要求.

(4) 用测微目镜 P 代替白屏并使它与透镜 L 共轴.

2. 调节出清晰的干涉条件

(1) 减小狭缝的宽度，一般情况下，可从测微目镜中观察到不太清晰的干涉条纹.

(2) 绕主光轴缓慢地向右或向左旋转双棱镜 AB，将会出现清晰的干涉条纹. 这时棱镜的棱脊与狭缝的取向严格平行.

(3) 看到清晰的干涉条纹后，将双棱镜或测微目镜前后移动，使干涉条纹的宽度适当，同时在不影响条纹清晰度的情况下，适当地增加缝宽，以保持干涉条纹有足够的亮度. 但双棱镜和狭缝的距离不宜过小，因为减小它们的距离，S_1、S_2间距也会减小，对测量 d 不利.

3. 测量

(1) 用测微目镜测 Δx. 测量中应使活动分划板移动方向与干涉条件垂直，并注意避免引入空程. 为提高测量精度，可用逐差法处理数据. 相继测出第 1 至 6 以及第 21 至 26 各条纹的位置，从而求出 Δx.

(2) 用透镜两次成像法测两虚光源的间距 d. 保持狭缝与双棱镜原来的位置不变，按图 3.18.4 在双棱镜和测微目镜之间放置一已知焦距 f' 的会聚透镜 L′，移动测微目镜使它到狭缝的距离大于 $4f'$，分别测得两次清晰成像时实像的间距 d_1、d_2. 各测 6 次，取其平均值，再利用 $d=\sqrt{d_1d_2}$ 计算 d 值.

(3) 确定测微目镜的叉丝平面位置. 以白屏代替测微目镜，移动屏，使屏上呈清晰的双缝像，记录屏 P 的位置，重复 6 次取平均值. (注意：在整个测量过程中，测微目镜的位置应固定，不能改变，这样测微目镜叉丝平面的位置才能有确定值.)

(4) 查看狭缝平面位置 S 与狭缝支杆 S′ 的距离 w，在测量 D 时注意将 w 考虑进去.

4. 数据处理

(1) 用所得的 $\overline{\Delta x}$、D、$\overline{d}$ 值，由公式 $\lambda=\Delta x\dfrac{d}{D}$ 求出光源的光波波长 λ，并且与钠黄光的已知波长值 $\lambda=589.3\text{nm}$ 比较.

(2) 用最小二乘法拟合来计算波长测量值的标准不确定度.

【注意事项】

(1) 使用测微目镜时，首先要确定测微目镜读数装置的分格精度；要注意防止回程误差；旋转读数轮时动作要平稳、缓慢；测量装置要保持稳定.

(2) 在测量光源狭缝至观察屏的距离 D 时，因为狭缝平面和测微目镜的分划板平面均不与光具座滑块的读数准线共面，必须引入相应的修正量(例如，GP-78型光具座狭缝平面位置的修正量为 42.5mm，MCU-15 型测微目镜分划板平面的修正量为 27.0mm)，否则将引入较大的系统误差.

(3) 测量 d_1、d_2 时，由于透镜像差的影响，实像 S_1' 和 S_2' 的位置确定不准，将给 d_1、d_2 的测量引入较大误差，可在透镜 L′ 上加一直径约 1cm 的圆孔光阑(用墨纸)，增加 d_1、d_2 测量的精确度(可对比一下加或不加光阑的测量结果).

【思考题】

(1) 双棱镜是怎样实现双光束干涉的？干涉条纹是怎样分布的？干涉条纹的宽度、数目由哪些因素决定？

(2) 为什么在测量虚光源像的间距时，应消除像和叉丝之间的视差？测量干涉条纹间距 Δx 时，要不要消视差？为什么？

(3) 在实验时，双棱镜和光源之间为什么要放一狭缝？为什么狭缝很窄时才可以得到清晰的干涉条纹？

(4) 若将本实验中所用钠光灯改为水银灯，将产生怎样的干涉条纹？条纹间距将如何变化？条纹间距与波长有何关系？

(5) 试证明公式：$d = \sqrt{d_1 d_2}$.

3.19 棱镜摄谱仪

众所周知，物质是由原子、分子构成的. 原子、分子的电子形态与组织形式等微观结构决定了物质的宏观性质. 原子中的电子存在很多能级，当入射电磁波的能量与两能级之间的能量差相等时，会发生电子能级的跃迁. 原子内电子的能级是量子化的，当入射光的频率为一段连续变化的区间时，由于电子的能级跃迁仅对某几个特定频率的电磁波产生吸收，最终的光谱形态表现为线状光谱. 而由于分子的电子能级上还有原子核的振动与转动能级，能级之间往往还存在交叠，因而其光谱形态表现为带状光谱. 此外，光谱形态还有固体或气体产生的连续光谱. 由于不同物质表现出的光谱特征不同，人们往往利用物质的特征光谱来对物质进行定性、定量分析. 因而，光谱学在化学检验应用以及科学研究中有着重要的意义.

【实验目的】

(1) 了解棱镜摄谱仪的构造.

(2) 理解棱镜摄谱仪的分光原理与分辨能力.

(3) 掌握棱镜摄谱仪的使用方法与未知波长的计算方法.

【实验仪器】

棱镜摄谱仪、汞灯、He-Ne 激光器、He-Ne 辉光器、读数显微镜、暗室等.

【实验原理】

1. 棱镜摄谱仪的构造

棱镜摄谱仪由准直管、棱镜部分以及光谱接收部分构成. 如图 3.19.1 所示，准直管由狭缝 S_1 和透镜 L_1 组成，S_1 被放置在 L_1 的物方焦平面上. 入射光经狭缝 S_1、透镜 L_1 后变成平行光. 为了增强入射光的强度，时常在光源 S 与狭缝 S_1 之间再放置一个透镜 L，使得光源发出的光在狭缝 S_1 处聚焦. 棱镜部分由一个或多个棱镜组成，其作用是作为分光器，将不同频率的光区在空间中分离开来. 光谱接收部分由透镜 L_2 与照相底板组成. 它们将棱镜分离后的单色平行光聚焦在底板的不同位置. 值得注意的是，频率不同的光经透镜 L_2 聚焦后的焦点位置并非在同一垂直于透镜轴的平面上. 因而，需要对底板平面进行调节，方可捕集到所有频率的谱线. 小型玻璃棱镜摄谱仪的构造如图 3.19.2 所示.

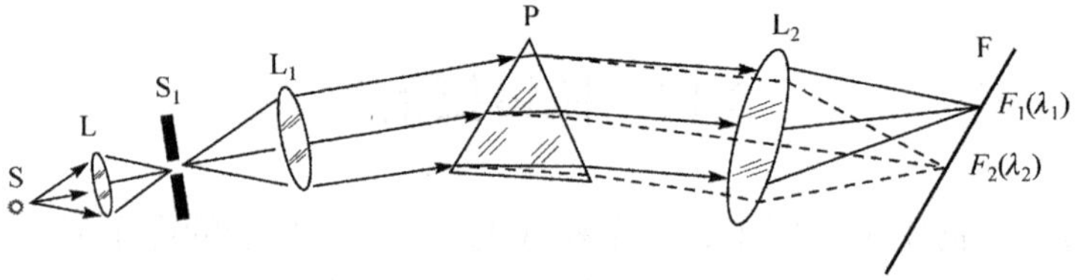

图 3.19.1 一般棱镜摄谱仪的构造

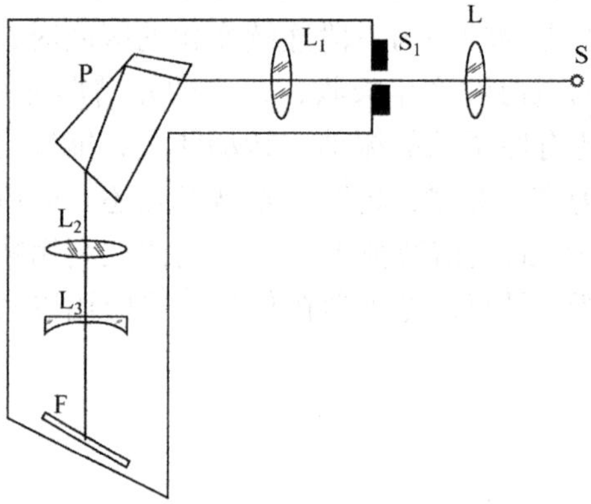

图 3.19.2 小型玻璃棱镜摄谱仪的构造

S-光源；L-会聚透镜；S_1-狭缝；L_1-准直管物镜；P-恒偏向棱镜；L_2, L_3-照相物镜；F-照相底板

2. 棱镜摄谱仪的性能

1) 色散能力

棱镜摄谱仪的色散能力代表的是仪器将复色光分解成单色光的程度. 某一波长的单色光若以最小偏向角的状态透过棱镜，则可获得较佳的光谱. 复色光是由许多不同波长的单色光构成的，而不同单色光的最小偏向角不同，因此，我们可以利用角色散来表征棱镜摄谱仪的色散能力，角色散 D 的计算公式为

$$D=\frac{\mathrm{d}\delta_{\mathrm{m}}}{\mathrm{d}\lambda}\cdot\frac{2\sin\dfrac{A}{2}}{\sqrt{1-n^2\sin^2\dfrac{A}{2}}}\cdot\frac{\mathrm{d}n}{\mathrm{d}\lambda} \tag{3.19.1}$$

为了方便应用,我们也经常用线色散 D_1 来表示相差单位波长的两谱线在光谱面上分开的距离

$$D_1=\frac{\mathrm{d}l}{\mathrm{d}\lambda} \tag{3.19.2}$$

根据线色散与角色散之间的关系，如图 3.19.3 所示，我们可以推导出线色散 D_1 与角色散 D 的计算关系

$$D_1=D\frac{f_2}{\cos\varepsilon} \tag{3.19.3}$$

式中,f_2 代表凸透镜 L_2 的焦距,ε 代表底板与垂直光轴平面的夹角. 色散能力越大，谱线在底板上分离的距离越大.

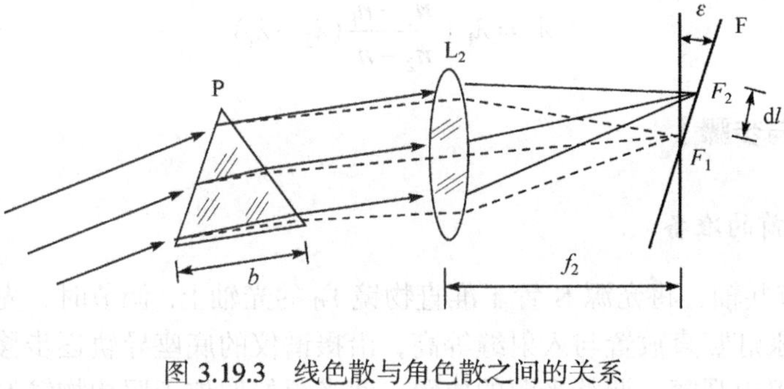

图 3.19.3　线色散与角色散之间的关系

2) 分辨本领

棱镜摄谱仪的分辨本领是指针对某一固定波长的测试时，仪器刚能分辨出的两条谱线之间的波长差. 分辨能力 R 的计算公式为

$$R=\frac{\lambda}{\mathrm{d}\lambda} \tag{3.19.4}$$

式中，$d\lambda$代表刚能分辨出的两条谱线之间的波长差，它的值越小，分辨能力越强. 若要提高仪器的分辨本领，需采用具有高色散率的材质制作棱镜，尽可能增加光在棱镜中经过的光程，即增大底边 b 的值. 一般棱镜的分辨本领 R 约为 10^4 的数量级.

3) 未知谱线波长的计算

使用铁光谱作为已知谱，中间为氦光谱作为未知谱，因为铁光谱谱线丰富，而且几乎每一条谱线的波长都被准确地测定. 实验时，依次拍摄氦光谱与铁光谱，拍摄后的底片需经过放大以便识谱和读谱. 一般台式投影仪上有读数装置，可以直接测量各相邻谱线间的距离，或采用读数显微镜来测量相邻谱线的距离.

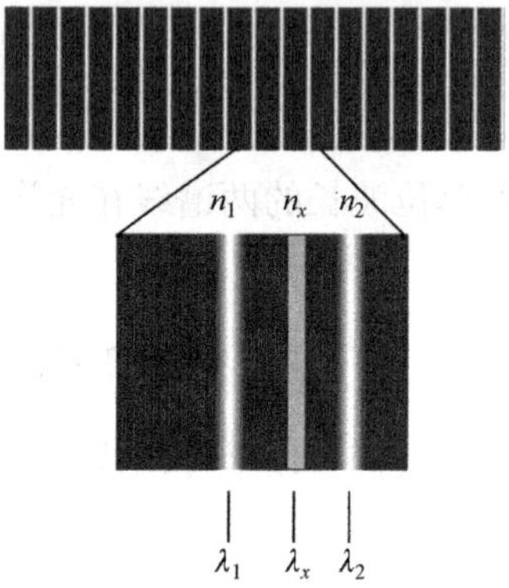

图 3.19.4　未知谱线波长的测定

当测定未知谱线波长时，需要测定该谱线及其相邻两侧已知波长谱线在底片上的距离信息，如图 3.19.4 所示.

然后，依据波长与位置的线性关系进行计算. 该线性关系基于在一个较小的波长范围内棱镜对复色光均匀色散这一假设，即

$$\frac{\lambda_2-\lambda_1}{n_2-n_1}=\frac{\lambda_x-\lambda_1}{n_x-n_1} \tag{3.19.5}$$

式中，λ_1与λ_2是已知谱线的波长，λ_x是介于λ_1与λ_2之间的待测谱线波长，它们在底板上的位置分别为n_1、n_2和n_x. 依据该线性关系，待测谱线波长λ_x可根据式(3.19.6)计算

$$\lambda_x=\lambda_1+\frac{n_x-n_1}{n_2-n_1}(\lambda_2-\lambda_1) \tag{3.19.6}$$

【实验内容与步骤】

1. 摄谱前的准备

(1) 调节共轴，将光源 S 置于准直物镜 L_1的光轴上. 调节时，先点亮汞灯进行预热，将汞灯竖直放置与入射缝等高，沿摄谱仪的底座导轨逐步移远，从暗盒中央向摄谱仪内观察，调整光源的位置，使光源的像位于照相物镜 L_2的中央.

(2) 在光源与狭缝 S_1之间加入聚光照明透镜 L，调节透镜 L 的位置，使光源成像在入射缝上. 若更换光源，只能调整光源的位置，而透镜 L 的位置不应变动，以保证光源始终处在准直物镜 L_1的光轴上.

(3) 将毛玻璃放在暗匣放底板的位置处，移动暗匣，使毛玻璃上出现光谱，取下暗匣，在暗室中装入底板. 用哈特曼光阑控制各光谱.

(4) 用 He-Ne 激光器作为光源，将 He-Ne 激光管竖起放置，调节其位置，观察 He-Ne 激光管侧面发出的辉光放电光谱.

(5) 用扩束透镜增加 He-Ne 激光的发散性，使激光经平面镜 M 反射后沿 L_1 的光轴进入狭缝，如图 3.19.5 所示.

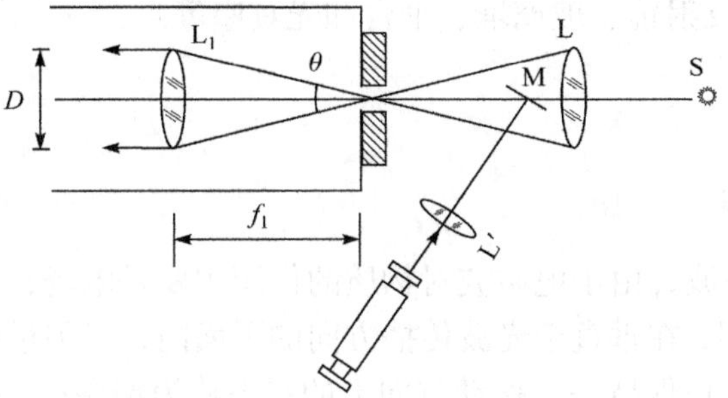

图 3.19.5　棱镜摄谱仪光路图

2. 摄谱

(1) 用已在暗箱中装好底板的底板盒换下毛玻璃，曝光时打开小遮板，曝光后关闭小遮板.

(2) 对光谱片进行分析：在靠近待测波长 λ_x 的两侧，选两条波长 λ_1 和 λ_2 为已知的谱线，用读数显微镜测出三条谱线在底板上对应位置的数值和. 依据线性关系，计算待测谱线波长 λ_x.

(3) 再选两条距 λ_x 稍远的谱线，应用相同的方法求解未知谱线的波长并比较其差异.

【思考题】

(1) 为什么摄谱仪的底板面必须与照相系统的光轴倾斜，才能使所有谱线同时清晰?

(2) 为什么在摄谱中要先拍摄氦光谱而不能先拍摄铁光谱?

(3) 怎样测定摄谱仪的线色散?

3.20　偏振光实验

【实验目的】

(1) 通过观察光的偏振现象，加深对光波传播规律的认识.

(2) 掌握产生和检验偏振光的原理和方法.

【实验仪器】

半导体激光器、碘钨灯、硅光电池、UT51 数字万用表、偏振片(2 片)、1/2 波片、1/4 波片、反射镜、玻璃堆、平台和光具座等.

【实验原理】

1. 光的偏振性

光是一种电磁波，由于电磁波对物质的作用主要是电场，故在光学中把电场强度 E 称为光矢量. 在垂直于光波传播方向的平面内，光矢量可能有不同的振动方向，通常把光矢量保持一定振动方向上的状态称为偏振态. 如果光在传播过程中，光矢量保持在固定平面上振动，这种振动状态称为平面振动态，此平面就称为振动面(见图 3.20.1).

此时光矢量在垂直于传播方向平面上的投影为一条直线，故又称为线偏振态. 若光矢量绕着传播方向旋转，其端点描绘的轨道为一个圆，这种偏振态称为圆偏振态. 如光矢量端点旋转的轨迹为一椭圆，就称为椭圆偏振态(见图 3.20.2).

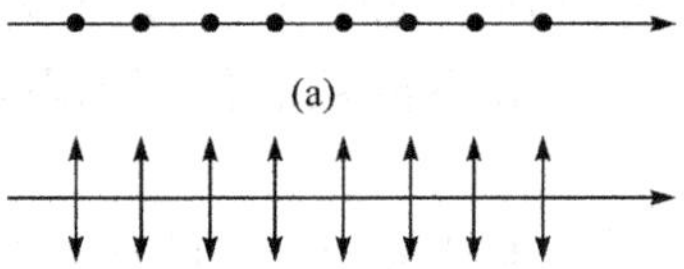

图 3.20.1　(a) 电矢量垂直于纸面的平面偏振光；(b) 电矢量平行于纸面的平面偏振光

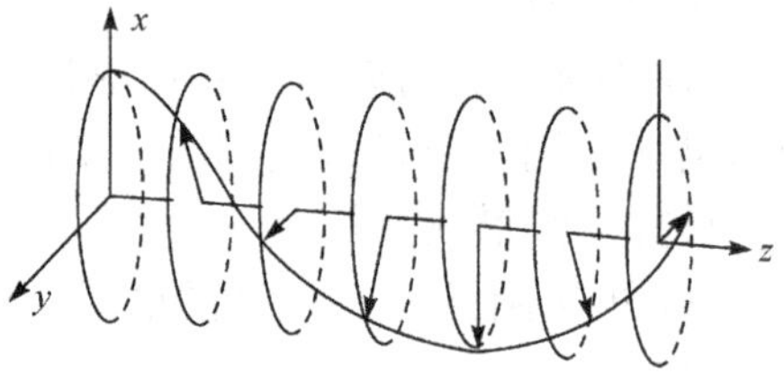

图 3.20.2　椭圆偏振态

普通光源发出的光一般是自然光，自然光不能直接显示出偏振现象，但自然光可以看成两个振幅相同、振动相互垂直的非相干平面偏振光的叠加. 在自然光与平面偏振光之间有一种部分偏振光，可以看作一个平面偏振光与一个自然光混合而成的，其中的平面偏振光的振动方向就是这个部分偏振光的振幅最大方向.

2. 偏振片

虽然普通光源发出自然光，但在自然界中存在着各种偏振光，目前广泛使用的获得偏振光的器件是人造偏振片，它利用二向色性获得偏振光，如图 3.20.3 所示. (有些各向同性介质，在某种作用下会呈现各向异性，能强烈吸收入射光矢量在某方向上的分量，而通过其垂直分量，从而使入射的自然光变为偏振光，介质的这种性质称为二向色性.)

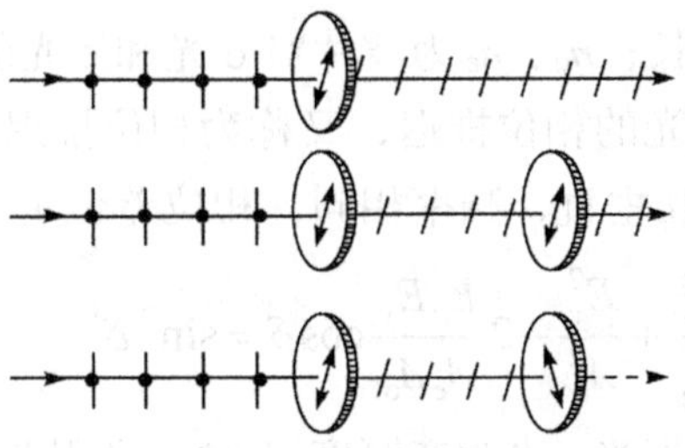

图 3.20.3　偏振片

偏振器件既可以用来使自然光变为平面偏振光——起偏，也可以用来鉴别线偏振光、自然光和部分偏振光——检偏. 用作起偏的偏振器件叫做起偏器，用作检偏的偏振器件叫做检偏器. 实际上，起偏器和检偏器是通用的.

3. 马吕斯定律

设两偏振片的透振方向之间的夹角为 α，透过起偏器的线偏振光振幅为 A_0，则透过检偏器的线偏振光的振幅为

$$A = A_0 \cos\alpha$$

强度为

$$I = A_0^2 \cos^2\alpha = I_0 \cos^2\alpha \tag{3.20.1}$$

式中，I_0 为进入检偏器前(偏振片无吸收时)线偏振光的强度.

式(3.20.1)是 1809 年马吕斯在实验中发现的，所以称马吕斯定律. 显然，以光线传播方向为轴，转动检偏器时，透射光强度 I 将发生周期变化. 若入射光是部分偏振光或椭圆偏振光，则极小值不为 0. 若光强完全不变化，则入射光是自然光或圆偏振光. 这样，根据透射光强度变化的情况，可将线偏振光与自然光和部分偏振光区别开来.

4. 椭圆偏振光、圆偏振光的产生，1/2 波片和 1/4 波片的作用

单轴晶体制成厚度为 d、表面平行于光轴的片，称为波片. 波片有正晶体或负晶体之分.

如图 3.20.4 所示，一束振幅为 A 的线偏振光垂直入射在波片表面上，且振动方向与光轴夹角为 α，在晶体内分解成 o 光和 e 光，振动可分别表示为 $E_x=A_o\cos(\omega t)$，$E_y=A_e\cos(\omega t+\delta)$.经过波片后，两光产生光程差

$$\Delta=d(n_o-n_e) \tag{3.20.2}$$

两光产生相位差

$$\delta=2\pi(n_o-n_e)d/\lambda_0 \tag{3.20.3}$$

式中，λ_0为光在真空中的波长；n_o、n_e为波片对 o 光和 e 光的折射率.

波片因为能使 o 光或 e 光的相位推迟，又称为相位推迟器.

o 光和 e 光振动方向相互垂直，频率相同，相位差恒定

$$\frac{E_x^2}{A_o^2}+\frac{E_y^2}{A_e^2}-2\frac{E_xE_y}{A_eA_o}\cos\delta=\sin^2\delta \tag{3.20.4}$$

这是椭圆方程，代表椭圆偏振光. 当改变厚度 d 时，光程差Δ亦改变.

(1) 当$\Delta=k\lambda(k=0,1,2,\cdots)$时，由式(3.20.4)可得

$$E_y=\frac{A_e}{A_o}E_x \tag{3.20.5}$$

这是直线方程，故出射光为平面偏振光，与原入射光振动方向相同，满足此条件的波片叫全波片. 光通过全波片不发生振动状态的变化.

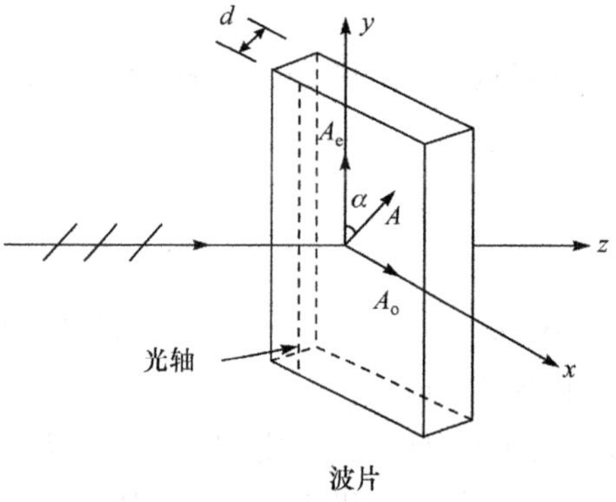

图 3.20.4　偏振光通过波片的情形

(2) 当$\Delta=(2k+1)\lambda/2(k=0,1,2,\cdots)$时，由式(3.20.4)可得

$$E_y=-\frac{A_e}{A_o}E_x \tag{3.20.6}$$

出射光也是平面偏振光，但与原入射光夹角为α，满足此条件的波片叫 1/2 波片或半波片，平面偏振光通过半波片后，振动面转过α角，若$\alpha=45°$，则出射光的振动面与入射光的振动面垂直.

(3) 当$\Delta=(2k+1)\lambda/4(k=0,1,2,\cdots)$时，由式(3.20.4)可得

$$\frac{E_x^2}{A_o^2}+\frac{E_y^2}{A_e^2}=1 \tag{3.20.7}$$

出射光为椭圆偏振光，椭圆的两轴分别与晶体的主截面平行及垂直，满足此条件的波片叫 1/4 波片. 1/4 波片是做偏振光实验的重要的常用元件.

若 $A_e=A_o$，则$x^2+y^2=A^2$，出射光为圆偏振光. 由于 o 光和 e 光的振幅是 α 的函数，所以通过 1/4 波片后的合成偏振状态也将随角度 α 变化而不同.

当 $\alpha=0°$时，出射光为振动方向平行于 1/4 波片光轴的平面偏振光；

当 $\alpha=\pi/2$ 时，出射光为振动方向垂直于光轴的平面偏振光；

当 $\alpha=\pi/4$ 时，出射光为圆偏振光；

当 α 为其他值时，出射光为椭圆偏振光.

【实验内容与步骤】

1. 验证马吕斯定律

实验装置如图 3.20.5 所示，光束经过起偏器产生线偏振光，再透过检偏器射到硅光电池上，转动检偏器(360°)观察光强的变化，找到最大电流值(对于硅光电池，其短路电流与光源的光强呈很好的线性关系)，确定该位置为相对 0°. 实验时，测量精度为 5°，测量范围为−90°～+90°. 作 I-$\cos 2\alpha$ 的关系曲线，验证马吕斯定律.

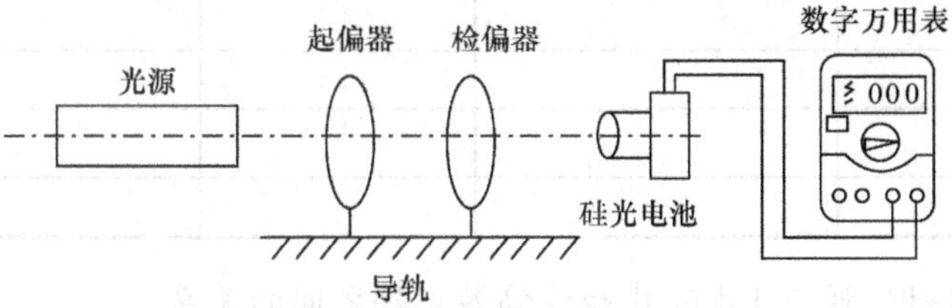

图 3.20.5　验证马吕斯定律的装置图

2. 线偏振光通过 1/2 波片时的现象和 1/2 波片的作用

在光具座上按图 3.20.6 放置各元件，其中 P 为起偏器，在未放入 1/2 波片时，使 A 与 P 正交，光屏上呈现消光现象. 插入 1/2 波片后，转动 1/2 波片观察光屏. 调节波片至呈现消光现象，此时为初始角度. 再将 1/2 波片从初始位置转 10°，破坏消光，然后转动 A 至消光位置. 记下 A 所转过的角度. 依此类推，每将 1/2 波片转动 10°，记下达到消光时 A 转过的角度. 数据记录表格如下：

1/2 波片转过角度	初始	10°	20°	…	80°	90°
检偏器 A 转过角度						

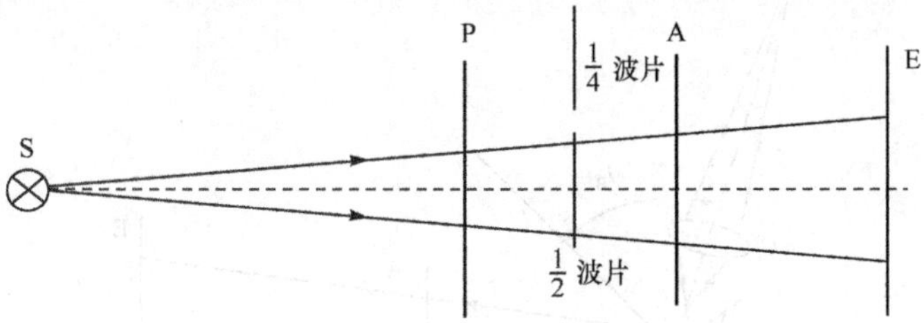

图 3.20.6　观察玻片作用的装置

若检偏片 A 固定，将 1/2 波片转过 360°，能观察到几次消光？若 1/2 波片固定，将 A 转过 360°，能观察到几次消光？由此分析线偏振光通过 1/2 波片后，光的偏振状态是怎样的.

3. 用 1/4 波片产生圆偏振光和椭圆偏振光

按图 3.20.6 装置，使 P 与 A 正交消光，用 1/4 波片代替 1/2 波片，转动 1/4 波片使光屏上呈现消光. 再将 1/4 波片转动 15°，然后转动 A 一周(即 360°)，观察光屏上光强的变化情况. 1/4 波片依次转过 15°，30°，…，90°，则每次对应转动检偏器 A 一周，记录观察到的现象(如消光、光强不变等). 现象记录如下：

1/4 波片转过角度	A 的位置(转一周)	观察到现象	判断由 A 出射光的偏振性质
15°			
30°			
…			
90°			

4. 测量出射光强与 1/4 波片和检偏器光轴之间的关系

(1) 保持起偏器光轴与 1/4 波片之间的夹角不变，调节检偏器，观察光屏上光强的变化. 测量精度为 5°，测量范围为消光状态—消光状态.

(2) 选做：调节起偏器角度变化 40°，1/4 波片状态不变，重复以上测量.

5. 观察光的偏振现象

1) 反射引起的偏振

图 3.20.7 中 S 为照明灯，C 为聚光镜，M 为黑色反光镜，A 为检偏器，E 为投影屏，i_B 为入射角. 转动检偏器 A 可观察到屏上光强在最大和最小之间的变化，这表明反射光是部分偏振光. (选做：仔细调节入射角 i，找到最小光强为零，此时 $i = i_B$ 为布儒斯特角，反射光是全偏振光.)

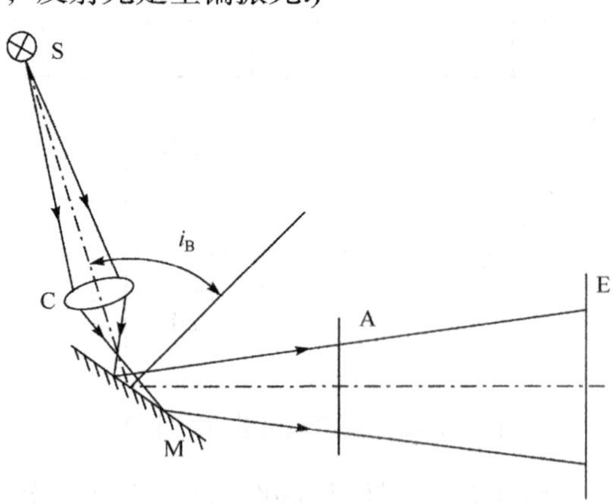

图 3.20.7　反射起偏装置

2) 折射引起的偏振

如图 3.20.8 所示，用反射起偏一样的光源，发射的自然光以布儒斯特角入射到玻璃堆上(由 8 块玻璃叠成)，其透射光经过检偏器且转动，观察光屏上光强的变化，它也是偏振光.

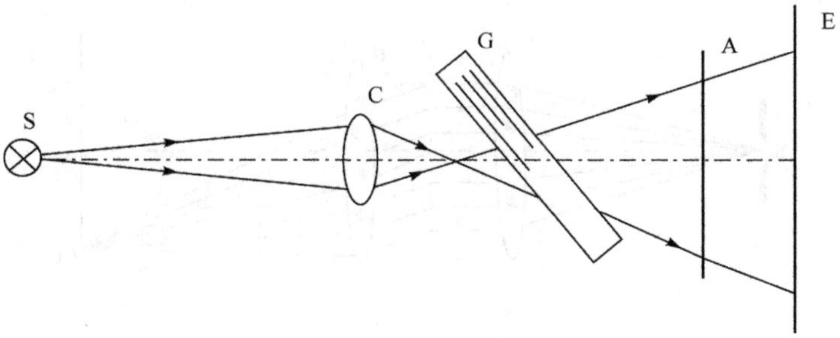

图 3.20.8　反射起偏装置

【思考题】

(1) 两偏振片用支架安置于光具座上，正交后消光，一片不动，另一片的两个表面转换 180°，会有什么现象？如有出射光，是什么原因？

(2) 两片正交偏振片中间再插入一偏振片会有什么现象？怎样解释？

(3) 波片的厚度与光源的波长有什么关系？

3.21　透射光栅测光波波长

光栅(又称为衍射光栅)是一种分光用的光学元件. 过去制作光栅都是在精密的刻线机上用金刚石在玻璃表面刻出许多平行等距刻痕做成原刻光栅，实验室中通常使用的光栅是由原刻光栅复制而成的. 后来，随着激光技术的发展，又制作出全息光栅. 光栅的应用范围很广，不仅用于光谱学(如光栅光谱仪)，还广泛用于计量(如直线光栅尺)、光通信(如光栅传感器)、信息处理(如 VCD、DVD)等方面.

【实验目的】

(1) 加深对光栅分光原理的理解.

(2) 用透射光栅测定光栅常数、光波波长.

(3) 熟悉分光计的使用方法.

【实验仪器】

分光计、平面透射光栅、汞灯.

【实验原理】

光栅和棱镜一样，是重要的分光元件，已广泛应用在单色仪、摄谱仪等光学仪器中. 实际上，平面透射光栅是一组数目极多的等宽、等间距的平行狭缝，如图 3.21.1 所示.

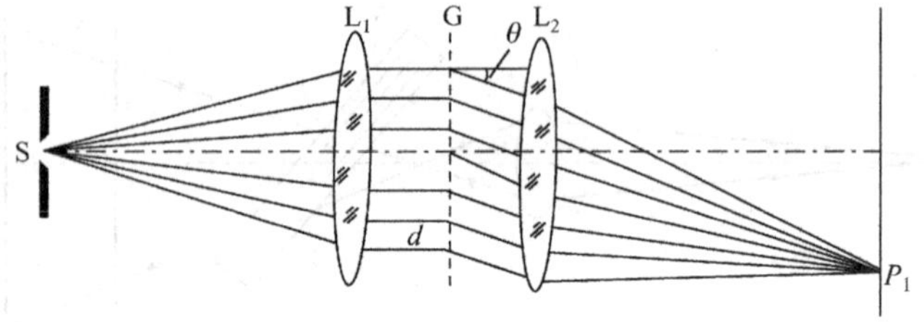

图 3.21.1　平面透射光栅

狭缝光源 S 位于透镜 L_1 的物方焦平面上，G 为光栅，光栅上相邻狭缝间距为 d，狭缝缝宽为 a，缝间不透光部分宽为 b，$d=a+b$ 称为光栅常数. 本实验所用的全息光栅则是用全息技术使一列极密、等距的干涉条纹在涂有乳胶的玻璃片上感光，经处理后，感光的部分成为不透明的条纹，而未感光的部分成为透光的狭缝. 每相邻狭缝间的距离 d 就是光栅常数 d，如图 3.21.2 所示.

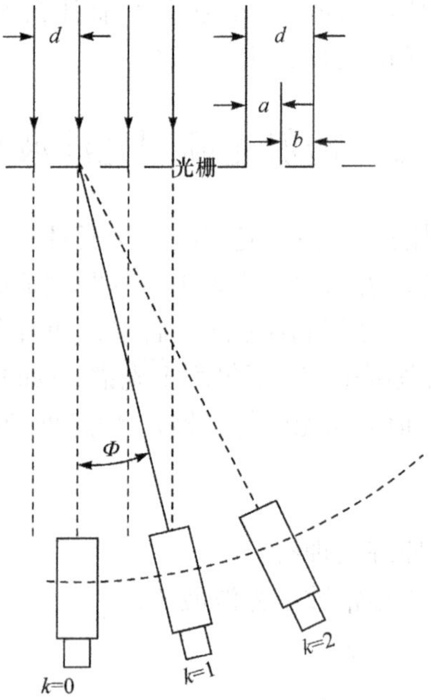

图 3.21.2　全息光栅

自 L_1 射出的平行光垂直照射在光栅 G 上. 透镜 L_2 将与光栅法线成 θ 角的衍射光会聚于其像方焦面上的点 P，产生衍射亮条纹的条件为

$$d\sin\theta = k\lambda \tag{3.21.1}$$

式(3.21.1)称为光栅方程，式中，θ是衍射角，λ是光波波长，k 是条纹级数(k=0,±1,±2,···). 衍射亮条纹实际上是光源狭缝的衍射像，是一条细锐的亮线. 当 k=0 时，在 $\theta=0$ 的方向上，各种波长的亮线重叠在一起，形成明亮的零级像. 对于 k 的其他数值，不同波长的亮线出现在不同的方向上形成光谱，对称地分布在零级条纹的两侧. 因此，若光栅常数 d 已知，测出某谱线的衍射角θ和光谱级 k，则可由式(3.21.1)求出该谱线的波长λ；反之，如果波长λ是已知的，则可求出光栅常数 d.

【实验内容与步骤】

1. 分光计的调节

见“2.17 分光计”.

2. 光栅位置的调节

(1) 根据前述原理的要求，光栅平面应调节到垂直于入射光.

(2) 根据衍射角测量的要求，光栅衍射面应调节到与观测面度盘平面一致. 当分光计的调节完成后，方可进行这部分调节. 首先，使望远镜对准平行光管，从望远镜中观察被照亮的平行光管狭缝的像，使其和叉丝的竖直线重合，固定望远镜，然后参照图 3.21.3 放置光栅，点亮目镜叉丝照明灯(移开或关闭狭缝照明灯)，左右转动载物平台，看到反射的绿“十字”，调节平台螺钉 b2 或 b3，使绿“十字”和目镜中的调整叉丝重合，这时光栅面已垂直于入射光.

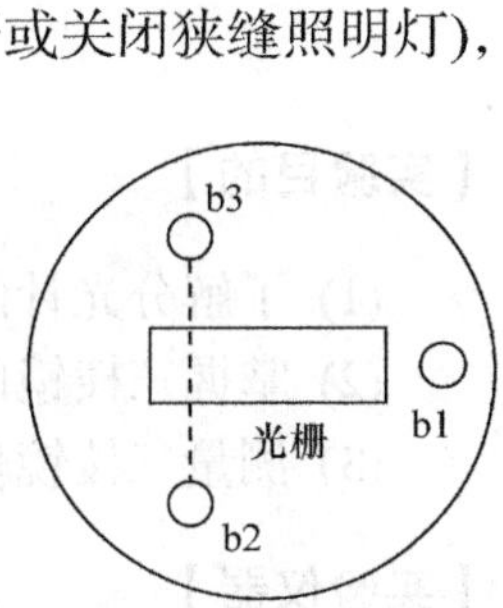

图 3.21.3　光栅的放置

用汞灯照亮平行光管的狭缝，转动望远镜，观察光谱，如果左右两侧的光谱线相对于目镜中叉丝的水平线高低不等，说明光栅的衍射面和观察面不一致，这时可调节平台上的螺钉 b1 使它们一致.

3. 测光栅常数 d

根据式(3.21.1)，只要测出第 k 级光谱线中波长已知的谱线的衍射角θ，就可求出 d 值.

已知波长可以用汞灯光谱中的绿线(λ=5460.7Å)，也可用钠灯光谱中的两黄线(λ_1=5895.9Å, λ_2=5890Å)之一. 光谱线级次 k 自己确定. 转动望远镜到光栅的一侧，

使叉丝的竖直线对准已知波长的第 k 级谱线的中心，记录两游标值. 将望远镜转向光栅的另一侧，同上测量，同一游标的两次读数之差是衍射角 θ 的两倍. 重复测量 3 次，计算 d 的平均值.

4. 测量未知波长

由于光栅常数 d 已测出，因此，只要测出未知波长的第 k 级谱线的衍射角 θ，就可求出其波长值 λ. 可以选取汞灯光谱中的几条强谱线作为波长未知的测量目标，衍射角的测量同上.

【数据记录与处理】

自拟表格记录数据.

【思考题】

(1) 分光计是一种光学仪器，它的四个主要组成部分及其功能是什么？

(2) 什么叫分光计的偏心差？采用双游标读数为什么能消除偏心差？

(3) 应用公式 $d\sin\varphi = \pm k\lambda$ 测量时应保证什么条件?实验时是如何保证这些条件得到满足的?

(4) 如果用钠灯作光源，观察钠黄光的谱线时，为什么每一级都可以看到两条谱线？

3.22　最小偏向角法测三棱镜玻璃折射率

【实验目的】

(1) 了解分光计的结构，掌握调节分光计的方法.

(2) 掌握三棱镜的顶角的两种测量方法.

(3) 测量三棱镜玻璃的折射率.

【实验仪器】

分光计、三棱镜、双面镜.

【实验原理】

棱镜玻璃折射率的测定：棱镜玻璃的折射率可用测定最小偏向角的方法来测量.

最小偏向角的含义：首先，理解偏向角，偏向角为入射光线与出射光线的夹角，意思就是出射光线与原入射光线偏离的角度；其次，随着入射光线角度的变化，偏小角的大小会发生变化，当变化到某个临界值的时候，偏向角再也不会变小，此时的偏向角即为最小偏向角. 如图 3.22.1 所示，光线以入射角 i_1 投射到棱镜的 AB 面上，经棱镜的两次折射后，以 i_2 角从 AC 面出射，出射光线和入射光线的夹角 δ 称为偏向角. δ 的大小随入射角 i_1 而改变. 可以证明，当 $i_1= i_2$ 时，偏向角为极小值 $\delta_{\min}$，称为棱镜的最小偏向角. 它与棱镜的顶角 α 和折射率 n 之间有如下关系

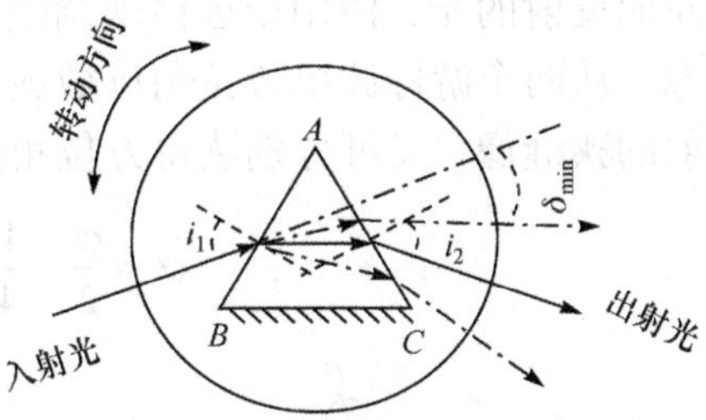

图 3.22.1 棱镜的最小偏向角的示意图

$$n=\frac{\sin\frac{\alpha+\delta_{\min}}{2}}{\sin\frac{\alpha}{2}} \tag{3.22.1}$$

因此，只要测得 α 和 $\delta_{\min}$ 就可用上式求得待测棱镜材料的折射率.

【实验内容与步骤】

1. 分光计的调节

见“2.17 分光计”.

2. 三棱镜顶角的测量

1) 自准法测量三棱镜的顶角

图 3.22.2 是自准法测量三棱镜顶角的示意图. 利用望远镜自身产生平行光，固定平台(或固定望远镜)，转动望远镜光轴(或转动小平台)，先使棱镜 AB 面反射的十字像落在分划板上“╪”准线上部的交点上(即望远镜光轴与三棱镜 AB 面垂直)，记下刻度盘对称游标的方位角 θ_1、θ_2 读数. 然后再转动望远镜(或小平台)使 AC 面反射的十字像与“╪”准线的上交点重合(即望远镜光轴与 AC 面垂直)，记下读数 θ_1' 和 θ_2' (注意：θ_1 与 θ_1' 为同一游标上读得的望远镜方位角，而 θ_2 与 θ_2' 则为另一游标上读得的方位角)，两次读数相减即得顶角 α 的补角. $\alpha=180°-\varphi$，可以证明

$$\varphi=\frac{1}{2}(\varphi_1+\varphi_2)=\frac{1}{2}[(\theta_1'-\theta_1)+(\theta_2'-\theta_2)] \tag{3.22.2}$$

2) 反射法测量三棱镜的顶角

图 3.22.3 为反射法测量三棱镜顶角的示意图. 将三棱镜放在载物台上，使平

行光管射出的光束投射到棱镜的两个折射面上，可将望远镜转至左边观察从棱镜左面反射的光，使用望远镜微调螺丝，使“╪”准线的中心垂直线对准反射狭缝像，从两个游标读出方位角读数φ_1和φ_2，再将望远镜转至右边观测从棱镜左面反射的狭缝像，又可分别读得方位角读数φ_1'和φ_2'. 由图 3.22.3 可知，三棱镜的顶角

$$\alpha=\frac{\varphi}{2}=\frac{1}{4}\left[(\varphi_1'-\varphi_1)+(\varphi_2'-\varphi_2)\right] \tag{3.22.3}$$

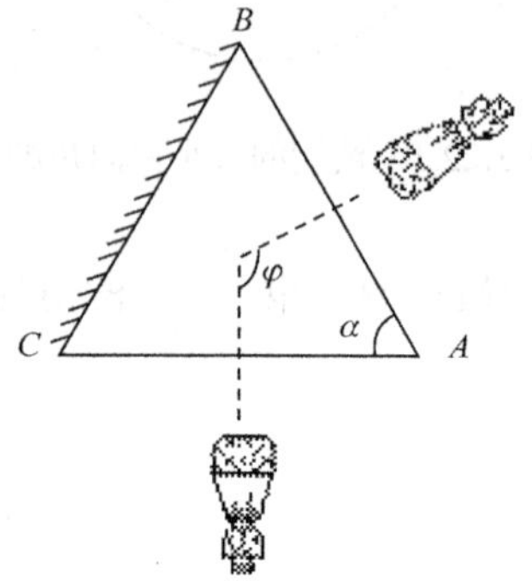

图 3.22.2　自准法测量三棱镜顶角

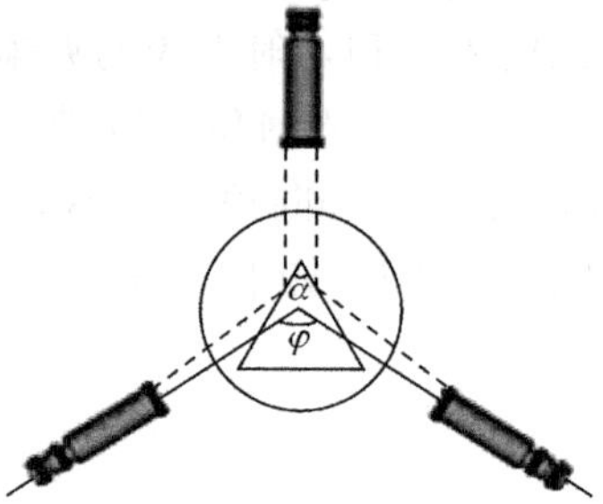

图 3.22.3　反射法测量三棱镜顶角

3. 测量最小偏向角

最小偏向角的寻找和确定是本实验的难点，但是要找到和确定最小偏向角，首先必须在显微镜中找到需要的谱线，而谱线的寻找是决定本实验成败的关键，下面介绍如何简单、快速、有效地寻找到谱线以便测量最小偏向角.

简单的步骤概括为：正确放置三棱镜；肉眼寻找平行光管镜头；用肉眼从寻找到的平行光管镜头中捕捉到待测量的谱线；望远镜观察谱线. 下面详细介绍如何操作：

(1) 按照图 3.22.4 中入射光线与三棱镜(注意底面)之间的合适角度将三棱镜摆放在载物平台上. 为什么要合适的角度？角度不合适会发生什么现象？

(2) 先用肉眼在三棱镜沿光线可能出射的方向直接在棱镜折射光线的出射面寻找到平行光管圆形镜头的像(先在大视野下找容易看到的大物体的像)，见图 3.22.5(a)，这里可能会出现其他像的干扰，如何判断并排除其他像，并确定是我们需要观察的像？如果找不到该像，稍微转动三棱镜或者上下、左右移动眼睛就可以看到该像. 只要在棱镜折射光线的出射面看到了平行光管圆形镜头的像，后面寻找光谱的操作将迎刃而解、水到渠成.

(3) 在看到平行光管圆形镜头像的位置上下、左右稍微移动眼睛，就可以在棱镜折射光线的出射面上找到平行光管圆形镜头像中的彩色折射光线(然后在大视野下找更细小的谱线的像)，见图 3.22.5(b)，一定可以找到，不要灰心.

(4) 转动望远镜到观察到彩色折射光线的位置，透过望远镜找到待测谱线，见图 3.22.5(c). 慢慢转动游标盘，使谱线朝偏向减小方向移动，同时转动望远镜跟踪谱线. 当棱镜无论向哪个方向转动，偏向角均增大时，谱线的临界位置就是棱镜对该谱线的最小偏向角的位置. 使望远镜叉丝对准该谱线中心，读出望远镜在此位置的坐标值. 撤去三棱镜，转动望远镜使之正对平行光管，找到平行光管中的狭缝，使望远镜叉丝对准狭缝中心. 定位后再读出望远镜的角坐标. 两次数值之差即为最小偏向角$\delta_{\min}$，代入式(3.22.1)即可计算 n.

图 3.22.4　三棱镜在载物平台上大致放置方位

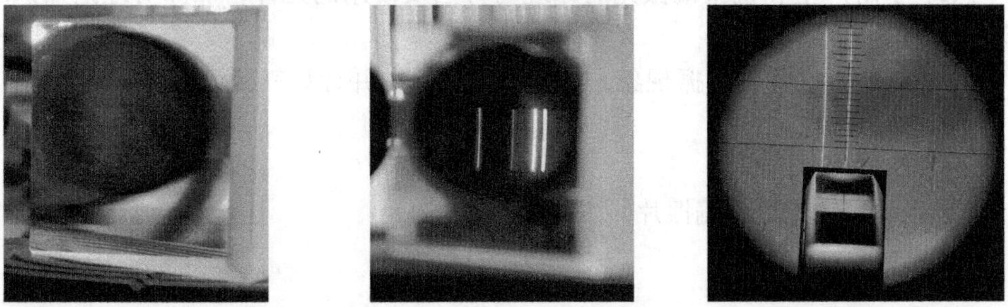

(a) 寻找平行光管圆形镜头的像　(b) 在圆形镜头像中寻找彩色折射光线　(c) 在望远镜中找到待测谱线

图 3.22.5　待测谱线寻找方法

4. 按照要求，自己设计表格，记录实验数据

【思考题】

(1) 望远镜、平行光管、载物台、刻度盘之间的相互关系是什么？简述调整要求.

(2) 为什么利用自准法可以将望远镜调至接收平行光和垂直于中心轴的正常工作状态？如何调整？

(3) 调整望远镜光轴与分光计中心相垂直时为什么要用各半调法？如何应用各半调法？

(4) 用反射法测量三棱镜顶角时，为什么必须将三棱镜顶角 A 置于载物台中心附近？试作图说明之.

(5) 作图说明，当望远镜未垂直于中心轴或双面镜的反射面法线未垂直于中心轴而进行调整时，每旋转双面镜 180°一次，准线与十字反射像可能的相对位置及其变化规律.

(6) 若分光计测量角度的精度为 1′，试导出测量顶角 A、最小偏向角 $\delta_{\min}$ 及折射率 n 的误差公式，并估算测定 n 的精度.

3.23　反射光的偏振现象观察与研究

1808 年，马吕斯发现了光的偏振现象后，人们通过对光的偏振现象的研究，以及光的干涉和衍射现象证明了光的波动性，不仅加深了人们对光偏振性的认识，也为光学计量、晶体性质和实验应力分析、光学信息处理等方面做出了贡献.

【实验目的】

(1) 进一步熟悉分光计的结构，掌握分光计的调节方法及使用.

(2) 了解产生和检验偏振光的原理与方法及使用的元件，加深对理论知识的理解.

(3) 观察反射光的偏振现象，测量布儒斯特角并计算三棱镜玻璃的折射率.

【实验仪器】

分光计、钠光灯、偏振片、三棱镜.

【实验原理】

光波是一种特定频率范围内的电磁波，电磁波中起光作用的主要是电场矢量，因此，电场矢量又称为光矢量. 由于光波是横波，所以光波中光矢量的振动方向与光的传播方向相互垂直. 常见的光源的发光机理是为数众多的原子或分子等的自发辐射，在垂直于其传播方向的平面内，光波沿各个方向振动的光矢量都有，平均来讲，光矢量的分布各向均匀，而且各个方向光振动的振幅也相同，这种光叫做自然光. 如果在垂直于其传播方向的平面内，光波的光矢量只沿一个固定的方向振动，这种光叫做完全偏振光，又称为线偏振光，如图 3.23.1 所示. 介于完全偏振光和自然光之间的情形，叫做部分偏振光.

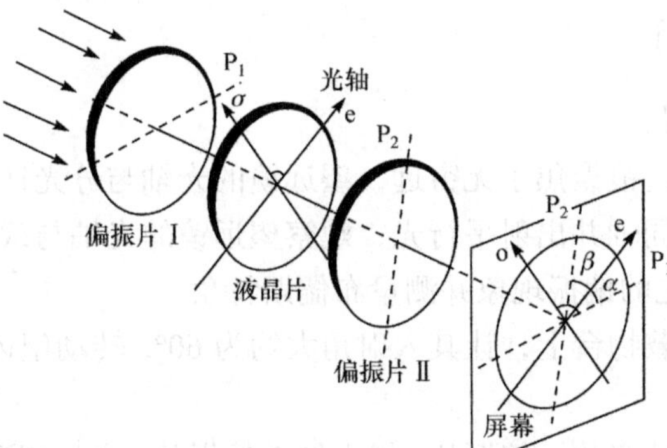

图 3.23.1　偏振光实验

在光学实验中，常用某些装置完全或者部分移去自然光中两相互垂直的分振动之一，就可获得完全或者部分偏振光. 从自然光获得偏振光的过程叫做起偏；获得偏振光的器件或装置叫做起偏器. 起偏器有多种，例如，利用光的反射和折射起偏的玻璃片，利用晶体的双折射特性起偏的尼科耳棱镜，以及利用晶体的二向色性的各类偏振片等.

当一束自然光在两种不同性介质的分界面上反射和折射时，不但光的传播方向要改变，而且其偏振状态也要发生变化. 一般情况下，反射光和折射光不再是自然光，而是部分偏振光. 在反射光中垂直于入射面的光振动多于平行振动，而在折射光中平行于入射面的光振动多于垂直振动，如图 3.23.2 所示. 而且反射光的偏振化程度与入射角有关. 当入射角等于某一特定值 i_0 时，反射光将变为光矢量垂直于入射面的完全偏振光，此时 $\tan i_0 = n_2 / n_1$ 且 $i_0 + \gamma = 90°$，i_0 叫做布儒斯特角，该式称为布儒斯特定律，如图 3.23.3 所示.

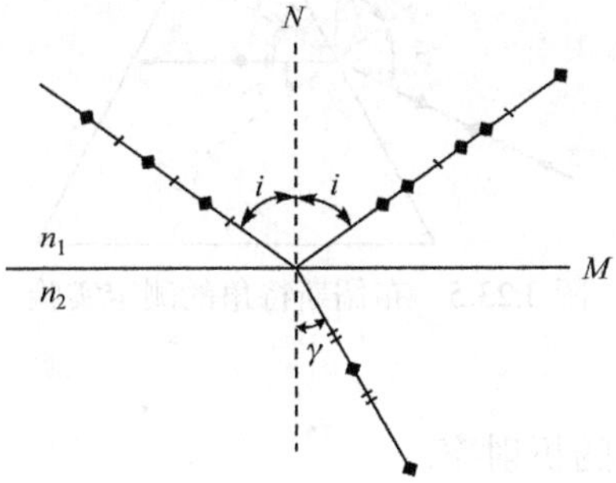

图 3.23.2　自然光反射和折射后产生部分偏振光

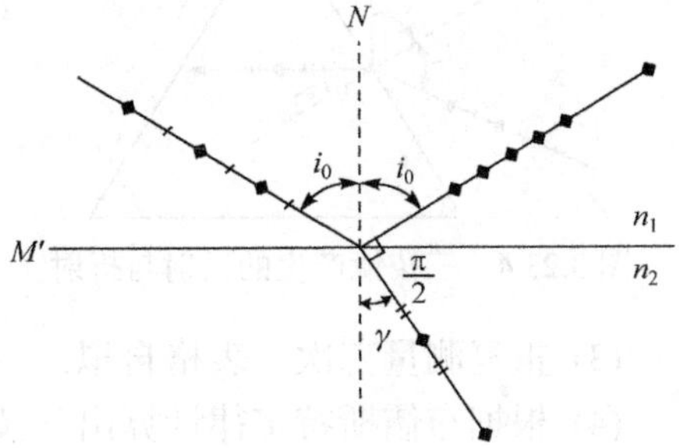

图 3.23.3　起偏振角

【实验内容与步骤】

(1) 调节分光计.

用自准法使望远镜聚焦于无穷远，望远镜的光轴与分光计的转轴中心垂直，平行光管与望远镜同轴并出射平行光，观察望远镜的光轴与载物台的台面平行.

(2) 观测反射光的偏振现象并测量布儒斯特角.

把三棱镜放在载物台上，让其入射角大约为 60°. 转动望远镜找到反射光线，如图 3.23.4 所示.

在望远镜的前端安放一偏振片，慢慢转动偏振片，通过望远镜观察反射光线，可以看到反射光线的强弱发生周期性变化，这就说明反射光是部分偏振光. 继续仔细观察，当发现光线强度最弱时，固定偏振片，这时就说明偏振片的偏振化方向与入射面平行. 继续慢慢转动载物台，即不断改变入射角，此时望远镜中的反射光的强度也不断变化. 当载物台转到某一位置时，望远镜中的反射光线将完全消失，这时的反射光为完全偏振光，如图 3.23.5 所示，先固定载物台，然后转动或者取下偏振片，在望远镜中重新看到反射光线，并让其与望远镜的叉丝重合. 通过分光计的读数窗口读出该位置的两游标读数 θ_1 和 θ_2，然后取下三棱镜，转动望远镜使它直接对准平行光管，并使入射光线与望远镜的叉丝重合，再次读出对称的两游标的读数 θ_1' 和 θ_2'.

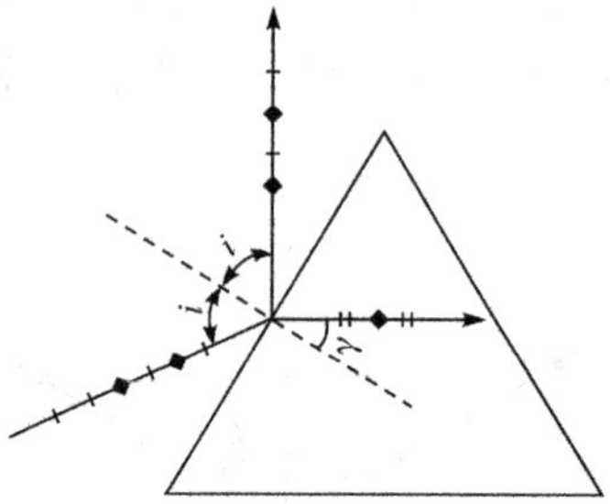

图 3.23.4　三棱镜产生的反射与折射

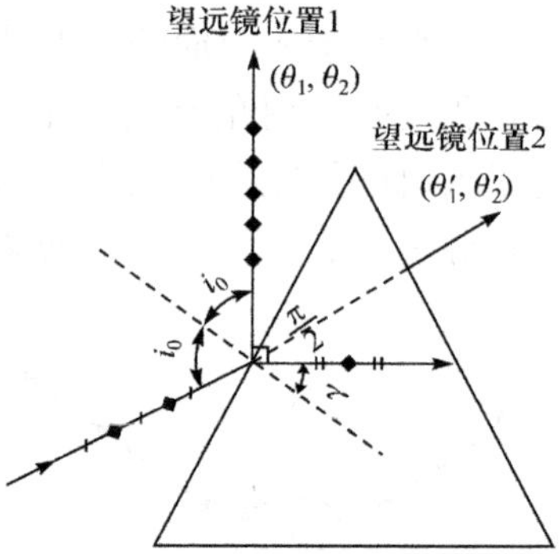

图 3.23.5　布儒斯特角的测定实验

(3) 重复测量三次，表格自拟.

(4) 根据布儒斯特定律计算出三棱镜玻璃的折射率.

【实验提示】

$$\theta=\frac{1}{2}\left(|\theta_1-\theta_1'|+|\theta_2-\theta_2'|\right)，布儒斯特角\ i_0=\frac{1}{2}(180^\circ-\theta).$$

该实验不仅可以准确测量布儒斯特角，而且可以清楚地观察到反射光和折射光的偏振现象，加深对偏振光的了解.

3.24　超声光栅测声速实验

1922 年，布里渊(L. Brillouin)曾预言，当高频声波在液体中传播时，如果有可见光通过该液体，可见光将产生衍射效应. 这一预言在 10 年后被验证，这一现象被称作声光效应. 1935 年，拉曼(Raman)和奈斯(Nath)对这一效应进行研究发现，在一定条件下，声光效应的衍射光强分布类似于普通的光栅，所以也称为液体中的超声光栅. 利用声光效应制成的声光器件广泛应用于激光技术、光信息处理和集成光通信技术等方面.

【实验目的】

(1) 了解超声光栅产生的原理及声波对光信号进行调制.

(2) 通过对液体(非电解质溶液)中声速的测定，加深对声学和光学物理概念的理解.

【实验仪器】

超声光栅声速仪、分光计、酒精、高压汞灯、测微目镜.

【实验原理】

超声波作为一种纵波在液体中传播时，超声波的声压使液体分子产生周期性的变化，促使液体的折射率也相应作周期性的变化，形成疏密波. 当平行单色光沿垂直于超声波传播方向通过这疏密相同的液体时，就会产生衍射，这一作用类似光栅，所以称为超声光栅.

超声波传播时遇到障碍物被反射，在一定条件下，前进波与反射波叠加而形成超声频率的纵向振动驻波. 驻波的振幅可以达到单一行波的两倍，这加剧了波源和反射面之间液体的疏密变化程度. 设 t 时刻纵驻波的任一波节两边的质点都涌向这个节点，使该节点附近成为质点密集区，而相邻的波节处为质点稀疏处；半个周期后，这个节点附近的质点向两边散开变为稀疏区，相邻波节处变为密集区. 稀疏作用使液体折射率减小，而压缩作用使液体折射率增大. 在距离等于波长 A 的两点，液体的密度相同，折射率也相等，如图 3.24.1 所示.

单色平行光λ沿着垂直于超声波传播方向通过上述液体时，折射率的周期变化使光波的波阵面产生了相应的相位差，经透镜聚焦出现衍射条纹. 这种现象与平

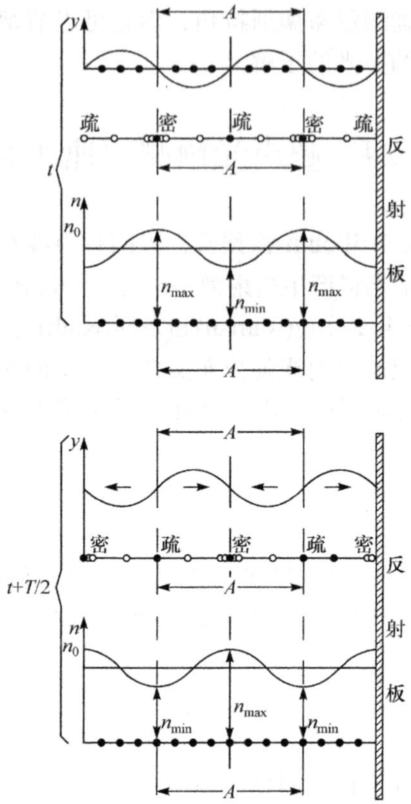

图 3.24.1　在 t 和 $t+T/2$ (T 为超声振动周期)两时刻振幅 y、液体疏密分布和折射率 n 的变化

行光通过透射光栅的情形相似. 因为超声波的波长很短，只要盛装液体的液体槽的宽度能够维持平面波(宽度为 l)，槽中的液体就相当于一个衍射光栅，图中行波的波长 λ_A 相当于光栅常数.

当满足声光拉曼-奈斯衍射条件 $2\pi\lambda l/\lambda_A^2=1$ 时，类似于平面光栅衍射，满足光栅方程

$$\lambda_A \sin\varphi_k = k\lambda \tag{3.24.1}$$

让波长为 λ 的光垂直通过装有锆钛酸铅陶瓷片(或称 PZT 晶片)的液体槽，在玻璃槽的另一侧，用自准直望远镜中的物镜(L_2)和测微目镜组成测微望远系统. 若振荡器使 PZT 晶片发生超声振动，形成稳定的驻波，从测微目镜即可观察到衍射光谱. 由图 3.24.2 中可知，当 φ_k 很小时，有

$$\lambda_A \sin\varphi_k = \frac{l_k}{f} \tag{3.24.2}$$

其中，l_k 为衍射光谱零级至 k 级的距离，f 为透镜 L_2 的焦距(JJY 分光计 f=170mm)，

故超声波波长

$$\lambda_A = \frac{k\lambda}{\sin\varphi_k} = \frac{k\lambda f}{l_k} = \frac{\lambda f}{\Delta l_k} \tag{3.24.3}$$

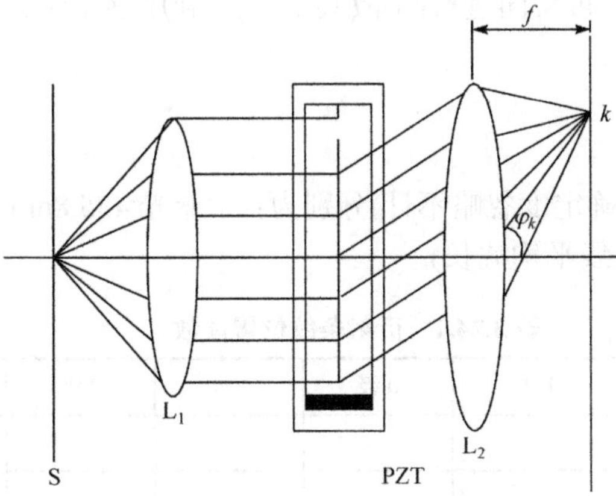

图 3.24.2　WSG-I 超声光栅仪衍射光路图

超声波在液体中的传播速度为

$$V = \lambda_A \gamma = \frac{\lambda f \gamma}{\Delta l_k} \tag{3.24.4}$$

式中，γ 是振荡器和锆钛酸铅陶瓷片的共振频率，Δl_k 为同一色光衍射条纹间距.

【实验步骤】

(1) 按要求调节分光计(采用低压汞灯作光源). 用自准法调节望远镜聚焦于无穷远；调节望远镜主轴垂直于载物台转轴；调节平行光管发出平行光且与分光计载物台转轴垂直.

(2) 将乙醇注入液体槽内，液面高度不要超过液体槽侧面的液体高度刻线.

(3) 将液体槽放置于分光计载物台上，使超声池两侧表面基本垂直于望远镜和平行光管的光轴.

(4) 两支高频连接线的一端各插入液体槽盖板上的接线柱，另一端接入超声光栅仪电源箱的高频输出端，然后将液体槽盖板盖在液体槽上.

(5) 开启超声信号源电源，从阿贝目镜观察衍射条纹，细微调节旋钮，使电振荡频率与锆钛酸铅陶瓷片固有频率共振，此时，衍射光谱的级次会显著增多且更为明亮.

(6) 左右转动超声池(可转动分光计载物台或游标盘)，使入射的平行光束垂直于超声波的传播方向，并观察视场内的衍射光谱左右级次亮度及对称性，直到从目镜中观察到稳定而清晰的左右各 3 条衍射条纹.

(7) 取下阿贝目镜，换上测微目镜，调焦目镜，使得能清晰观察到衍射条纹. 将测微目镜分划板标尺移至−2 级衍射条纹左侧，单向移动标尺，逐次测出−2、−1、0、1、2 级条纹位置，再反向进行测量(共 3 次)，利用逐差法，计算出相邻条纹间距Δl_k(表 3.24.1).

【数据记录与处理】

汞灯波长λ(其不确定度忽略不计)分别为：汞蓝光 435.8nm、汞绿光 546.1nm、汞黄光 578.0nm(双黄线平均波长).

表 3.24.1　衍射条纹位置读数　　(单位：mm)

	−2 级	−1 级	0 级	1 级	2 级	Δl_k	V/(m/s)
黄							
绿							
蓝							
$V=\bar{V}+u$			$V_{修}=$				

手册值：1168m/s(C_2H_5OH, 20℃)；实验温度：_____℃.

【注意事项】

(1) 超声池置于载物台上必须稳定，在实验过程中应避免震动，以使超声在液体槽内形成稳定的驻波. 导线分布电容的变化会对输出电频率有微小影响，因此不能触碰连接超声池和高频信号源的两条导线.

(2) 锆钛酸铅陶瓷片表面与对应面的玻璃槽壁表面必须平行，此时才会形成较好的表面驻波，因此实验时应将超声池的上盖盖平，而上盖与玻璃槽留有较小的空隙，实验时微微扭动一下上盖，有时也会使衍射效果有所改善.

(3) 一般共振频率在 11.3MHz 左右，WSG-I 超声光栅仪给出 10～12MHz 可调范围. 在稳定共振时，数字频率计显示的频率值应是稳定的，最多只有末尾 1～2 个单位数的变动.

(4) 一般测量可以使待测液体温度同室温，精密测量可在超声池内插入温度计测量；频率计长时间处于工作状态，会对其性能有一定影响，尤其在高频条件下有可能会使电路过热而损坏，实验时，特别注意不要使频率长时间调在 12MHz 以上，以免振荡线路过热.

(5) 实验中须注意液面下降太多致锆钛酸铅陶瓷片外露时，及时补充液体至正常液面处.

(6) 实验完毕应将超声池内被测液体倒出，将锆钛酸铅陶瓷片冲洗干净.

(7) 温度不同对测量结果有一定的影响，可对不同温度下的测量结果进行修正，修正系数及不同物质中的声波在 20℃纯净介质中的传播速度见表 3.24.2.

表 3.24.2 声波在不同物质中的传播速度(20℃纯净介质)

液体	t_0/℃	V_0/(m/s)	A/(m/(s · K))
苯胺	20	1656	−4.6
丙酮	20	1192	−5.5
苯	20	1326	−5.2
海水	17	1510～1550	—
普通水	25	1497	2.5
甘油	20	1923	−1.8
煤油	34	1295	—
甲醇	20	1123	−3.3
乙醇	20	1180	−3.6

表中，A 为温度系数，对于其他温度 t 的速度，可近似按公式 $V_t = V_0 + A(t - t_0)$ 计算.

【思考题】

(1) 能否用钠灯作光源？

(2) 实验中观察到蓝线会有晃动，是由什么原因产生的？

3.25 双光栅测量微弱振动位移量实验

精密测量在自动化控制的领域里一直扮演着重要的角色，其中光电测量因为有较好的精密性与准确性，加上轻巧、无噪声等优点，在测量的应用中常被采用. 作为一种把机械位移信号转化为光电信号的手段，光栅式位移测量技术在长度与角度的数字化测量、运动比较测量、数控机床、应力分析等领域得到了广泛的应用.

多普勒频移物理特性的应用也非常广泛，如医学上的超声诊断仪、测量海水各层深度的海流速度和方向、卫星导航定位系统、音乐中乐器的调音等.

双光栅微弱振动测量仪在力学实验项目中用作音叉振动分析、微振幅(位移)、测量和光拍研究等.

【实验目的】

(1) 了解利用光的多普勒频移形成光拍的原理并用于测量光拍拍频.

(2) 学会使用精确测量微弱振动位移的一种方法.

(3) 应用双光栅微弱振动测量仪测量音叉振动的微振幅.

【实验仪器】

FB2018A 型双光栅微弱振动测量仪.

【仪器介绍】

FB2018A 型光学特性综合应用实验装置，示波器.

激光器：λ=635nm，0～5mW；光栅常数：$d=\dfrac{1}{100}\text{mm}$.

信号发生器：120～950Hz，0.1Hz 微调，0～650mW 输出.

频率计：(1～999.9Hz)±0.1Hz；音叉谐振频率：500Hz 左右.

【实验原理】

1. 位移光栅的多普勒频移

多普勒效应是指光源、接收器、传播介质或中间反射器之间的相对运动所引起的接收器接收到的光波频率与光源频率发生的变化，由此产生的频率变化称为多普勒频移.

介质对光传播时有不同的相位延迟作用，对于两束相同的单色光，若初始时刻相位相同，经过相同的几何路径，但在不同折射率的介质中传播，出射时两光的相位则不相同，对于相位光栅，当激光平面波垂直入射时，由于相位光栅上不同的光密和光疏介质部分对光波的相位延迟作用，入射的平面波变成出射时的摺曲波阵面，见图 3.25.1. 激光平面波垂直入射到光栅，由于光栅上每缝自身的衍射作用和每缝之间的干涉，通过光栅后，光的强度出现周期性的变化. 在远场，我们可以用大家熟知的光栅衍射方程，即式(3.25.1)来表示主极大位置

$$d\sin\theta=\pm k\lambda \quad (k=0,1,2,\cdots) \tag{3.25.1}$$

式中，整数 k 为主极大级数，d 为光栅常数，θ为衍射角，λ 为光波波长.

如果光栅在 y 方向以速度 v 移动，则从光栅出射的光的波阵面也以速度 v 在 y 方向移动. 因此，在不同时刻，对应于同一级的衍射光射，它从光栅出射时，在 y 方向也有一个 vt 的位移量，见图 3.25.2. 这个位移量对应于出射光波相位的变化量为

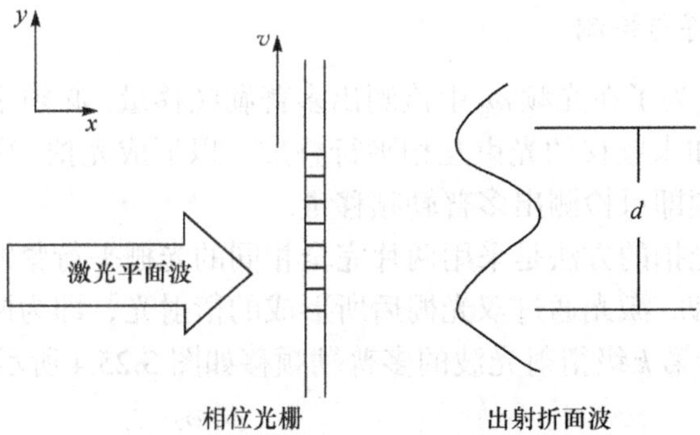

图 3.25.1 出射的摺曲波阵面

$$\Delta\phi(t)=\frac{2\pi}{\lambda}\Delta s=\frac{2\pi}{\lambda}vt\sin\theta \tag{3.25.2}$$

把式(3.25.1)代入式(3.25.2)得

$$\Delta\varphi(t)=\frac{2\pi}{\lambda}vt\frac{k\lambda}{d}=k2\pi\frac{v}{d}t=k\omega_d t \tag{3.25.3}$$

式中，$\omega_d=2\pi\frac{v}{d}$.

激光从一静止的光栅出射时，光波电矢量方程为

$$E=E_0\cos\omega_0 t \tag{3.25.4}$$

而激光从相应移动光栅出射时，光波电矢量方程则为

$$E=E_0\cos[\omega_0 t+\Delta\varphi(t)]=E_0\cos[(\omega_0+k\omega_d)t] \tag{3.25.5}$$

显然可见，移动的相位光栅 k 级衍射光波，相对于静止的相位光栅有一个多普勒频移，如图 3.25.3 所示.

$$\omega_a=\omega_0+k\omega_d \tag{3.25.6}$$

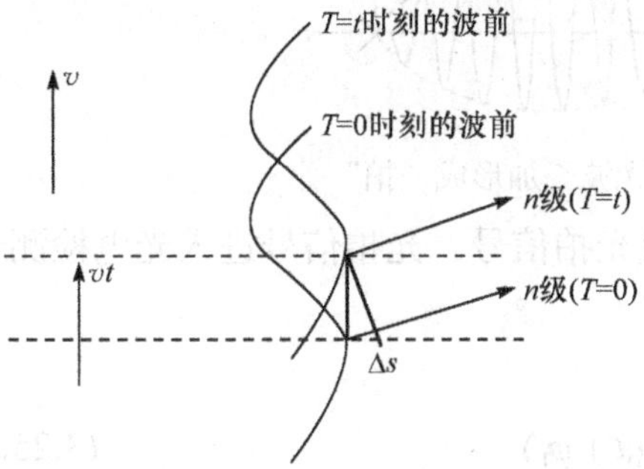

图 3.25.2 衍射光线在 y 方向上的位移量

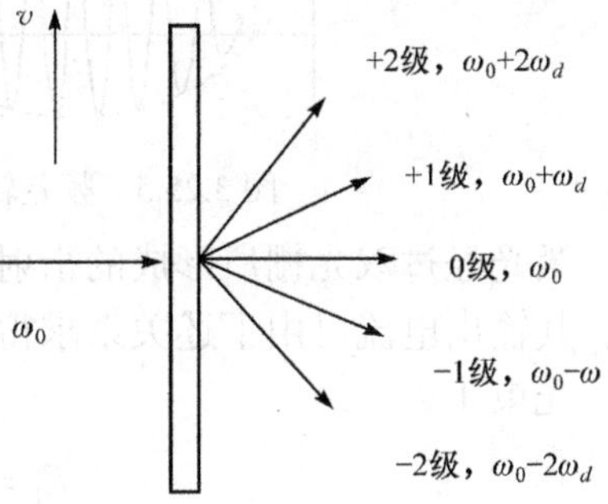

图 3.25.3 移动光栅的多普勒频移

2. 光拍的获得与检测

光频率很高，为了在光频 ω_0 中检测出多普勒频移量，必须采用“拍”的方法，即要把已频移的和未频移的光束互相平行叠加，以形成光拍. 由于拍频较低，容易测得，通过拍频即可检测出多普勒频移量.

本实验形成光拍的方法是采用两片完全相同的光栅平行紧贴，一片 B 静止，另一片 A 相对移动. 激光通过双光栅后所形成的衍射光，即为两种以上光束的平行叠加. 其形成的第 k 级衍射光波的多普勒频移如图 3.25.4 所示.

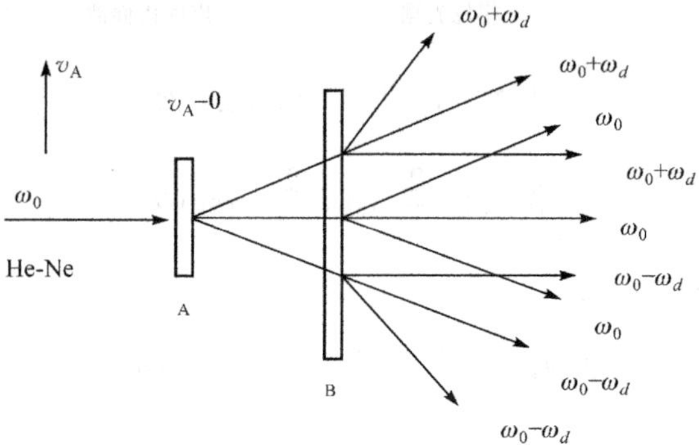

图 3.25.4　第 k 级衍射光波的多普勒频移

光栅 A 按速度 v_A 移动，起频移作用，而光栅 B 静止不动，只起衍射作用，故通过双光栅后射出的衍射光包含两种以上不同频率成分而又平行的光束.由于双光栅紧贴，激光束具有一定宽度，故该光束能平行叠加，这样直接而又简单地形成了光拍，如图 3.25.5 所示.

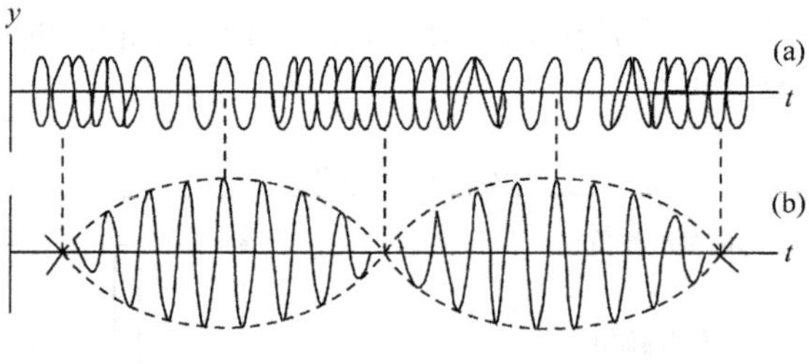

图 3.25.5　频差较小的两列光波叠加形成“拍”

激光经过双光栅所形成的衍射光叠加成光拍信号，光拍信号进入光电检测器后，其输出电流可由下述关系求得

光束 1

$$E_1 = E_{10}\cos(\omega_0 t + \varphi_1) \tag{3.25.7}$$

光束 2

$$E_2 = E_{20}\cos[(\omega_0 + \omega_d)t + \varphi_2)] \qquad (\text{取 } k=1) \tag{3.25.8}$$

光电流

$$\begin{aligned} I &= \xi(E_1 + E_2)^2 \\ &= \xi\left\{E_{10}^2\cos^2(\omega_0 t + \varphi_1) + E_{20}^2\cos^2\left[(\omega_0 + \omega_d)t + \varphi_2\right] + E_{10}E_{20}\cos\left[(\omega_0 + \omega_d - \omega_0)t\right.\right. \\ &\quad \left.\left. +(\varphi_2 - \varphi_1)\right] + E_{10}E_{20}\cos\left[(\omega_0 + \omega_d + \omega_0)t + (\varphi_2 + \varphi_1)\right]\right\} \end{aligned} \tag{3.25.9}$$

其中，ξ 为光电转换常数.

因光波频率ω_0甚高，在式(3.25.9)第一、二、四项中，光电检测器无法反应，式(3.25.9)第三项即为拍频信号，因为频率较低，光电检测器能作出相应的响应. 其光电流为

$$i_S = \xi\left\{E_{10}E_{20}\cos[(\omega_0 + \omega_d - \omega_0)t + (\varphi_2 - \varphi_1)]\right\} = \xi\left\{E_{10}E_{20}\cos[\omega_d t + (\varphi_2 - \varphi_1)]\right\} \tag{3.25.10}$$

拍频 $F_{拍}$ 即为

$$F_{拍} = \frac{\omega_d}{2\pi} = \frac{v_A}{d} = v_A n_\theta \tag{3.25.11}$$

其中，$n_\theta = \dfrac{1}{d}$ 为光栅密度，本实验 $n\theta = 1/d = 100条/\text{mm}$.

3. 微弱振动位移量的检测

从式(3.25.11)可知，$F_{拍}$ 与光频率 ω_0 无关，且当光栅密度 n_θ 为常数时，只正比于光栅移动速度 v_A ，如果把光栅粘在音叉上，则 v_A 是周期性变化的. 所以光拍信号频率 $F_{拍}$ 也是随时间而变化的，微弱振动的位移振幅为

$$A = \frac{1}{2}\int_0^{T/2} v(t)\mathrm{d}t = \frac{1}{2}\int_0^{T/2}\frac{F_{拍}(t)}{n_\theta}\mathrm{d}t = \frac{1}{2n_\theta}\int_0^{T/2}F_{拍}(t)\mathrm{d}t \tag{3.25.12}$$

式中，T为音叉振动周期，$\int_0^{T/2}F_{拍}(t)\mathrm{d}t$ 表示 $T/2$ 时间内的拍频波的个数. 所以，只要测得拍频波的波数，就可得到较弱振动的位移振幅.

波形数由完整波形数、波的首数、波的尾数三部分组成，根据示波器上的显示(图 3.25.6)计算. 波形的分数部分为不是一个完整波形的首数及尾数，需在波群的两端，可按反正弦函数折算为波形的分数部分，即波形数=整数波形数+波的首数和尾数中满 1/2 或 1/4 或 3/4 个波形分数部分+$\dfrac{\arcsin a}{360°}+\dfrac{\arcsin b}{360°}$，式中，$a$、$b$ 为波群的首、尾幅度和该处完整波形的振幅之比. 波群指 $T/2$ 内的波形，分数波形数若满 1/2 个波形为 0.5，满 1/4 个波形为 0.25，满 3/4 个波形为 0.75.

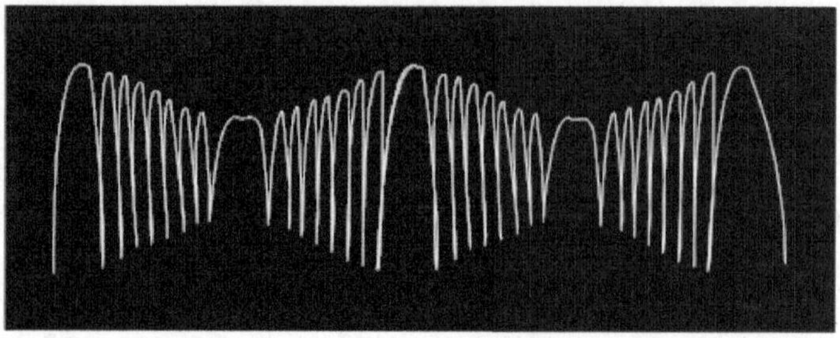

图 3.25.6　示波器显示拍频波形

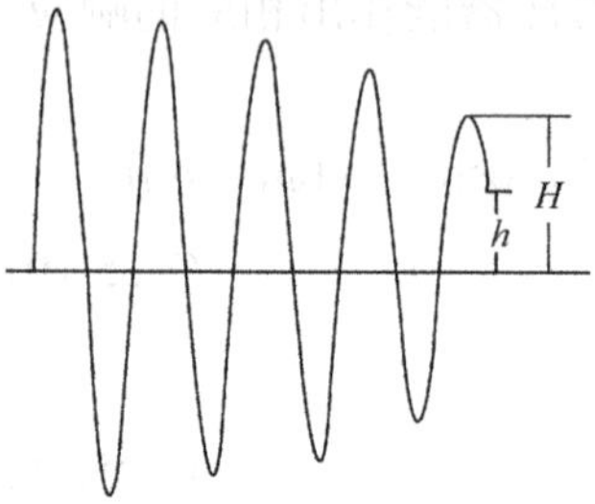

图 3.25.7　计算波形图

例题 1　如图 3.25.7 所示，在 $T/2$ 内，整数波形数为 4，尾数分数部分已满 1/4 波形，$b=h/H=0.6/1=0.6$. 所以波形数为

$$4+0.5-\frac{\arcsin(h/H)}{360^\circ}$$
$$=4.5-\frac{\arcsin 0.6}{360^\circ}$$
$$=4.5-\frac{36.87^\circ}{360^\circ}=4.5-0.1=4.4$$

对应的振动位移为

$$A=\frac{1}{2}\int_0^{T/2}v(t)\mathrm{d}t=\frac{1}{2}\int_0^{T/2}\frac{F_{拍}(t)}{n_\theta}\mathrm{d}t=\frac{1}{2n_\theta}\int_0^{T/2}F_{拍}(t)\mathrm{d}t=\frac{1\times10^{-3}}{2\times10^2}\times4.4=2.2\times10^{-5}(\mathrm{m})$$

【实验内容与步骤】

(1) 将示波器的 Y1、Y2、X 外触发器接至双光栅微弱振动测量仪的 Y1、Y2、X 的输出插座上，开启各自的电源.

(2) 几何光路调整.

左右和上下调节激光器固定架，使红色激光通过静光栅、动光栅，让某一级衍射光正好落入光电池前的小孔内. 调节光电池架手轮，锁紧光电池架. 调节驱动音叉“功率”旋钮到 4 点钟左右位置，一边调节激光器上下位置，一边观察示波器，应看到很漂亮的拍频波.

(3) 双光栅调整.

轻轻敲击音叉，调节示波器，配合调节激光器输出功率，应看到很漂亮的拍频波.

(4) 音叉谐振调节.

先将“功率”旋钮置于 4～5 点钟位置，调节“频率”粗调旋钮(500Hz 附近)，然后细心调节“频率”细调旋钮，使音叉谐振. 调节时用手轻轻地按音叉顶部，找出调节方向. 如音叉谐振太强烈，将“功率”旋钮向小钟点方向转动，使在示波器上看到的 $T/2$ 内光拍的波数为 15 个左右. 记录此时音叉振动频率、屏上完整波的个数、不足一个完整波形的首数及尾数值以及对应该处完整波形的振幅值(调节静光栅位移调节器找到较标准的拍频波就可).

(5) 测出外力驱动音叉时的谐振曲线.

固定“功率”旋钮位置，在音叉谐振点附近，小心调节“频率”旋钮，测出音叉的振动频率与对应的信号振幅大小，例如，频率间隔可以取 0.1Hz，选 8 个点，分别测出对应的波的个数，由式(3.25.12)计算出各自的振幅 A.

(6) 保持信号输出功率、频率不变，逐一将被测棒放在音叉的五个不同位置(图 3.25.8)，调节“频率”细调旋钮，研究谐振曲线的变化趋势.

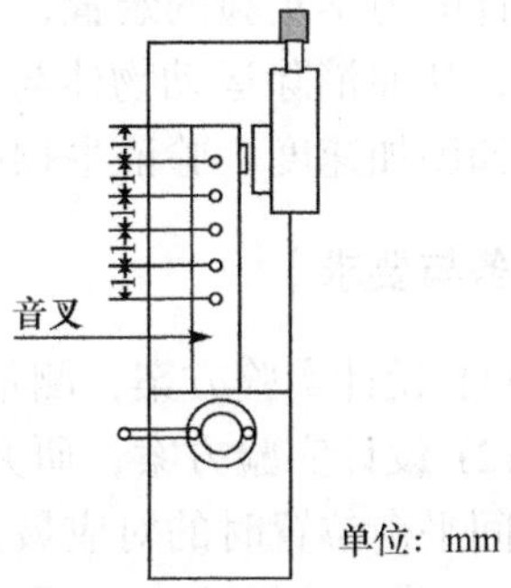

图 3.25.8　被测棒在音叉上的测量位置

(7) 保持信号频率不变，把输出功率调节旋钮逆时针旋到零，然后把输出功率调节在 5mA，15mA，…，研究输出功率谐振曲线的变化趋势.

注：被测棒质量为(0.033±0.002)g.

(8) 拔去音叉组件，插上多普勒效应演示组件，即成为“激光多普勒效应演示仪”. 用手转动旋钮，就可以在示波器上看到和在喇叭中听到双光栅的多普勒频移产生的拍频波，音调随旋转运动速度而变，甚至可以调出一些动物的叫声. (为了不影响其他同学实验，我们采用头戴式耳机演示.)

【数据处理】

(1) 求出音叉谐振时光拍信号的平均频率.

(2) 求出音叉在谐振点时作微弱振动的位移振幅.

(3) 在坐标纸上画出音叉的频率-振幅曲线.

(4) 作出音叉不同有效质量时的谐波曲线，定性讨论其变化趋势.

【思考题】

(1) 如何判断动光栅与静光栅的刻痕已平行?

(2) 作外力驱动音叉谐振曲线时，为什么要固定信号功率?

(3) 本实验测量方法有何优点? 测量微振动位移的灵敏度是多少?

第 4 章　综合设计性实验

4.1　弹簧振子的低阻尼振动研究

力学实验最困难的问题就是摩擦力对测量的影响. 气垫导轨就是为消除摩擦而设计的力学实验的装置，它使物体在气垫上运动，避免物体与导轨表面的直接接触，从而消除运动物体与导轨表面的摩擦. 利用气垫导轨可以进行许多力学实验，如测加速度、验证牛顿第二定律、研究简谐振动等.

【任务与要求】

(1) 设计实验方案，测量给定轻质弹簧的劲度系数，表格自拟.

(2) 设计实验方案，研究弹簧振子振动周期 T 与质量 m 的关系及弹簧振子经过中间平衡位置时的对应最大速度 V，表格自拟.

(3) 设计实验方案，研究弹簧振子振动周期 T 与初始振幅的关系及弹簧振子经过中间平衡位置时的对应最大速度 V，表格自拟.

【可供仪器】

气垫导轨、滑块/砝码、弹簧两根、光电计时系统、电子天平.

【预习问题】

(1) 查阅有关气垫导轨及光电门计时系统的资料，了解气垫导轨的水平调节以及操作注意事项，理解光电计时系统的工作原理.

(2) 存储式数字毫秒计具有哪些基本功能?

(3) 弹簧振子在低阻尼状态下的振动为什么可以看作简谐振动?

(4) 你打算怎样测定轻质弹簧的劲度系数? 理论依据是什么?

(5) 你打算怎样测定弹簧振子的振动周期? 拟采用什么方法处理数据?

(6) 如何建立弹簧振子的振动周期与质量以及振幅随时间变化的实验公式?

(7) 如何测量上述第(6)条两种情形中弹簧振子经过中间平衡位置时的最大速度?

(8) 实验中如何判定气垫导轨调水平了?

(9) 熟悉实验仪器的作用方法，实验操作时应该注意哪些方面?

【数据处理要求】

(1) 根据实验数据，用作图法绘出 V^2-A^2 图、T^2-m 图，求出弹簧振子的最大动能，并计算实验值和理论值的相对误差，分析误差来源.

(2) 根据实验结果，给出关于弹簧振子的振动周期与质量之间定性结论及振幅的改变对周期的影响.

【实验报告要求】

(1) 阐述实验的研究意义及实验依据的原理、测量方案和实验步骤.
(2) 数据处理过程清楚，正确表达测量结果.
(3) 归纳总结实验结论.

【思考题】

(1) 本实验的弹簧劲度系数 $k_1 \approx k_2$，若 k_1、k_2 相差较大，对本实验有何影响？
(2) 本实验中若气垫导轨没有被调节水平，对测量结果有何影响？
(3) 若考虑弹簧的质量，则弹簧振子的周期 $T = \sqrt{\dfrac{m_1 + m_0}{k}}$ (其中 m_0 为弹簧的有效质量，k 为系统的劲度系数). 试问：通过本实验能否测出弹簧的有效质量和系统的劲度系数？如何测量？

4.2　物质密度的测量设计(液体、固体)

【任务与要求】

(1) 设计两种不同的实验方案及实验步骤，测量白糖密度.
(2) 比较两种方法实验结果差异并分析产生误差的原因.
(3) 记录实验过程中遇到的问题及解决方法.
(4) 写出实验报告和自己的心得体会.

【可供仪器】

白糖、比重瓶、水、电子天平、游标卡尺、螺旋测微器、烧杯、温度计等.

【预习问题】

(1) 测定固体物质的密度的常用方法有哪些？
(2) 如何确定白糖的密度？需要给定哪些已知量？实验时有哪些应注意的事项？

【实验提示】

比重瓶是一个能精确测定玻璃或金属容器体积的设备，它通过简单的称重可测得液体的密度和容积所定义的体积. 应用比重瓶的已知容积可测定粉末、液体、微粒的密度.

4.3　电表改装与校正

许多电子仪表都是由小量限的电流表(俗称表头)加配电阻等元件组成的，经改装后的表头具有测量较大电流、电压和电阻等多种用途，多种测量功能集于一体就是万用表. 掌握电表改装的原理和方法，对了解电表的性能和使用有重要意义.

【任务与要求】

(1) 将 100μA 的表头改装成 10mA、5V 电流、电压两用电表并校准.

(2) 自拟实验方案，测定微安表(表头)量程和内阻.

(3) 自拟实验方案，校准改装电流表、电压表.

(4) 学会使用万用表检查电路故障.

【可供仪器】

微安表头、数字万用表、电阻箱、滑线变阻器、直流稳压电源、面包板、导线若干.

【预习问题】

(1) 微安表头参数有什么实际指导意义？如何比较精确地测量表头参数？

(2) 测量时电表接入误差会对测量产生什么影响？如何处理此误差？

(3) 校准折线图的实际指导意义是什么？

(4) 设计测量电路时，电源电压、限流电阻、数字电流表的量程等如何选择？

(5) 滑线变阻器用作限流和分压时，通电前必须分别把阻值调到什么位置？

(6) 实验时有哪些应注意的事项？

【实验报告要求】

(1) 阐明实验的研究意义、依据原理，设计测量方案(包括测量电路图和校正改装表的实验步骤).

(2) 利用坐标纸作ΔI-I_x校准曲线和ΔU-U_x校准折线图.

(3) 计算改装电流表、电压表的标称误差(等级精度).

4.4　非平衡电桥应用——测量热敏电阻的温度特性

电桥是利用比较法进行电磁测量的一种电路连接方式，它不仅可以测量很多电学量，如电阻、电容、电感、互感等，而且配合不同的传感器件，可以测量很多非电学量，如温度、压力、湿度、位移、加速度等. 因此，它在自动检测和自动控制领域的应用极广. 特别在近几年飞速发展起来的传感器技术中，电桥电路是很重要的组成部分.

直流电桥工作在平衡态可以准确测量未知电阻，但平衡的调节要求比较严格，而且需要耗费一定的时间. 在实际的生产技术中，往往有些电阻准确度要求不是很高，但需要连续快捷的测量，例如，铁路桥梁的应力检测、产品质量检查、变化温度的测量等，在这些情况下，非平衡电桥得到了广泛的应用，这时电桥中的某一个或几个桥臂往往是具有一定功能的传感元件，这些元件的电阻值可以由某一物理量的一系列变化而引起相应的改变，从而就可以得到这些物理量变化的信息，由于各类传感器技术及应用飞速发展，非平衡电桥的应用日益广泛.

【任务与要求】

(1) 了解非平衡电桥的工作原理和工作特性.

(2) 掌握应用非平衡电桥测量金属电阻温度系数的方法.

(3) 用非平衡电桥设计改装成数字温度计.

【可供仪器】

非平衡电桥、温度传感加热实验装置.

【预习问题】

(1) 热敏电阻的阻值随温度的变化关系是非线性的，如何利用非平衡电桥测量电阻变化率?

(2) 电桥四个臂的电阻取值对实验结果有什么影响?

【阅读材料】

1. 仪器工作原理

非平衡电桥的电路图如图 4.4.1 所示. 当调节四个电阻使 B、D 两点电势相等时，

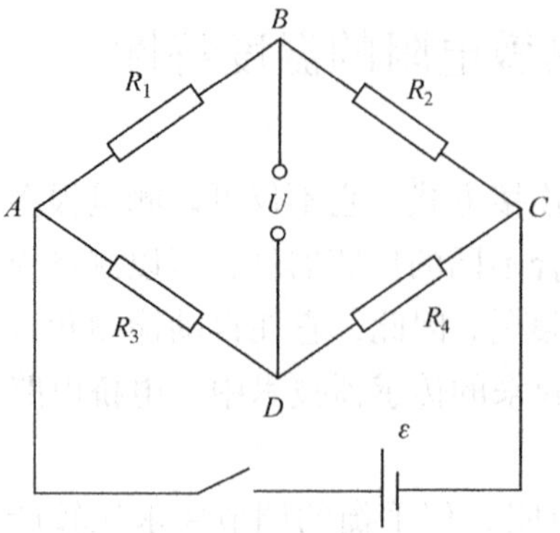

图 4.4.1　非平衡电桥的电路图

电桥处于平衡状态. 如果其中某一个或几个电阻作为传感元件，其阻值随待测的物理量(温度、压力)改变而改变，电桥就处于非平衡态. 非平衡态时 B、D 两点电势不相等，两点之间的电势差 U 的大小反映了电阻的变化情况；如果我们把 B、D 两点的电压信号或电流信号测量出来，就可以知道线路中的电阻变化情况，也就知道了待测物理量的变化.

通常电源对角线 AC 称为输入端，桥对角线 BD 称为输出端. 为简化处理，忽略电源的内阻. 当电桥输出端处于开路状态时，其电压为

$$U=U_{BD}=U_{BC}-U_{DC}=\frac{R_2}{R_1+R_2}\varepsilon-\frac{R_4}{R_3+R_4}\varepsilon=\frac{R_2R_3-R_1R_4}{(R_1+R_2)(R_3+R_4)}\varepsilon \tag{4.4.1}$$

当电桥输出端接至高内阻的数字电压表时，$R_g\to\infty$，则

$$U_g=\frac{R_2R_3-R_1R_4}{(R_1+R_2)(R_3+R_4)}\varepsilon \tag{4.4.2}$$

设桥臂 R_4 为待测电阻 R_x，R_x 在实验过程中是变化的，可表示成

$$R_x=R_4+\Delta R_4$$

在实验前将电桥调至平衡，这时 $R_x=R_4$，且满足平衡条件

$$\frac{R_3}{R_4}=\frac{R_1}{R_2}=k$$

当电阻改变至 $R_x=R_4+\Delta R_4$ 时，电桥失去平衡，设非平衡时电流 I_g 由 D 流向 B，D、B 间的电压为 U_g，则此时

$$U_g=\frac{\Delta R_4R_1}{(R_1+R_2)(R_3+R_4+\Delta R_4)}\varepsilon \tag{4.4.3}$$

如果令 $\delta=\dfrac{\Delta R_4}{R_4}$，则式(4.4.3)可表示为

$$U_g=\frac{k\delta}{(1+k+\delta)(1+k)}\varepsilon \tag{4.4.4}$$

由式(4.4.4)可以看出：

(1) 不平衡电压 U_g 与电源电压 ε 成正比，因此电源电压不稳定对测量结果有直接影响，实验中要用稳压电源.

(2) 一般情况下，电桥输出的平衡电压与桥臂阻值的相对变化 δ 不呈线性关系，δ 与 U_g 的关系曲线如图 4.4.2 所示. 只有当 δ 很小，$\delta \leqslant 1+k$ 时，U_g 与 δ 才有近似的线性关系

$$U_g = \frac{k\delta}{(1+k)^2}\varepsilon \tag{4.4.5}$$

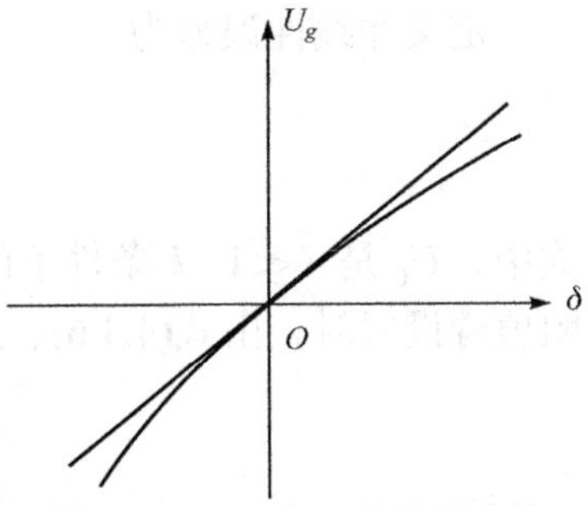

图 4.4.2　U_g 与 δ 的关系曲线

(3) 当桥臂等值设置时，即 $R_1 = R_2 = R_3 = R_4$，$k=1$ 时，式(4.4.4)、式(4.4.5)分别变为

$$U_g = \frac{\delta}{4+2\delta}\varepsilon \tag{4.4.6}$$

$$U_g = \frac{\delta}{4}\varepsilon \tag{4.4.7}$$

可以证明，这时每个桥臂阻值的相对变化对 U 的影响具有同样效果.

2. 灵敏度和非线性误差

灵敏度和非线性误差是非平衡电桥的两个重要性能，现在对这两个问题分别加以讨论.

1) 灵敏度

对于不同的指示仪表，需采用不同的灵敏度，我们以电压输出为例来讨论输出电压灵敏度.

非平衡电桥的输出电压灵敏度定义为

$$S_v = \frac{\Delta U}{\Delta \delta} \tag{4.4.8}$$

式中，ΔU 为输入量电阻变化 δ 时对应的输出电压的改变量. 随着 δ 的值不同，S_v 具有不同的值，当 $\delta \to 0$ 时，即当电桥在平衡态附近时，S_v 具有最大值

$$S_{v0} = \frac{K\varepsilon}{(1+k)^2} \tag{4.4.9}$$

当 $k=1$ 时，$S_{v0} = \dfrac{\varepsilon}{4}$ 为极值，称为非平衡电桥的“零点电压灵敏度”，它的几何意义就是图 4.4.2 中 U_g-δ 曲线在原点处的斜率，也就是图中直线的斜率.

2) 非线性误差

非平衡电桥在线性区和对数据处理是十分方便的. 我们仍以非平衡电压输出为例来讨论它的非线性误差. 如前所述，当 $\delta \to 0$ 时，我们可以认为 U_g 与 δ 为线性关系，一般当 $\delta < 0.05$ 时，表现出的非线性就可以忽略了.

定义非线性误差为

$$D=\frac{U_g-U_0}{U_g} \tag{4.4.10}$$

式中，U_0 是 $\delta\ll 1+k$ 条件下的理想输出电压，其值由式(4.4.5)或式(4.4.7)决定.当阻值臂设置时，由式(4.4.6)、式(4.4.7)得

$$D=\frac{\dfrac{\delta\varepsilon}{4+2\delta}-\dfrac{\delta\varepsilon}{4}}{\dfrac{\delta\varepsilon}{4+2\delta}}=-\frac{1}{2}\delta$$

由上述讨论可见，非线性误差 D 与输入变化量 δ 成正比，当 δ 很小时，D 也很小，例如，要求非线性误差小于 3%，允许 δ 的最大值为 0.06.

用标准电阻箱作为模拟传感器接入电桥中，由平衡态不断地改变电阻值，记下相应的输出的不平衡电压 U_g，作出非平衡电桥的 U_g-δ 特性曲线，可求出非线性误差.

大部分金属电阻随温度的升高而增加，在一定的温度范围内，电阻随温度的变化有如下关系式

$$R_t=R_0(1+\alpha t)$$

式中，R_t、R_0 分别是温度为 t 和 0℃时金属的电阻值；α 是电阻温度系数，单位是℃$^{-1}$. α 一般与温度有关，但对本实验所用的金属铜，在−50～100℃的范围内，α 变化很小，可视为常量

$$\alpha=\frac{R_t-R_0}{R_0 t}=\frac{\delta}{t}$$

在线性区域内，将上式代入式(4.4.7)，有

$$U_0=\frac{1}{4}\alpha\varepsilon t$$

这是本实验用非平衡电桥测量铜电阻温度系数所依据的公式，式中非平衡电压 U_0 与铜样品的温度 t 成正比(−50～100℃的范围内)，实验中记录下不同的温度 t 和相应的 U_0，用最小二乘法和作图法求得铜电阻温度系数 α.

3. 仪器使用

(1) 按图 4.4.1 接线，BD 两端接数字电压表，电源电压取 4V.

(2) 四个桥臂电阻均设为同样值(400 Ω)，由于仪器误差，还需适当调节 R_3 使得电桥平衡.

(3) 在误差允许的范围内，由平衡态 ΔR_4 至 20 Ω 每增加 4 Ω，记下相应的平

衡电压U_g.

(4) 根据所测数据，作出U_g-δ图，由图求出最大非线性误差和零点灵敏度，并与理论值比较.

(5) 线路设置同上，R_4用铜电阻代替. 铜电阻置于液体槽中，室温下调节 R_3使电桥平衡.

(6) 缓慢加热液体，每隔 5℃记下相应的 U_g，共测 10 个数据.

(7) 用作图法和最小二乘法求出铜的电阻温度系数α.

4.5　非线性元件伏安特性曲线测定及应用

【任务与要求】

(1) 了解二极管的工作特性及应用，学习测量非线性元件的伏安特性的方法.

(2) 设计实验方法，合理选用配套仪器，测绘出元件的伏安特性曲线.

(3) 学会用软件处理实验数据及绘图，分析实验结果.

【可供仪器】

发光二极管、数字万用表、直流电流表(毫安表、微安表)、电压表、直流稳压电源、滑线变阻器、电阻箱.

【预习问题】

(1) 非线性电阻元件与线性电阻元件的伏安特性曲线有何区别?

(2) 利用万用表如何判定二极管的好坏?

(3) 测量时电表接入误差会对测量产生什么影响？如何处理此误差?

(4) 发光二极管的正常工作电压和工作电流是多少？如何进行参数选择?

(5) 在测量中，改变电流表与电压表不同量程时对测量结果有无影响？为什么?

【实验提示】

(1) 先检查元件的好坏；开关断开接线.

(2) 滑线变阻器用于限流时，通电前必须把阻值调到最大；作分压器时，通电之前必须把输出分压调到最小位置.

(3) 测量时，电压和电流一定从零开始，由小到大增加，电源电压不能超过所用二极管的击穿电压.

(4) 电表虽经准确校准，但在测量二极管伏安特性曲线实验中，却发现当电源电压为零时，电流计中仍有微小电流通过，且此电流时有变化. 你在实验中观察到此种现象了吗? 试说明此现象产生的原因.

4.6　示波法测电容

【任务与要求】

(1) 要求选取两种不同容值的电容测量，设计实验方案及实验步骤.

(2) 结果用不确定度表示并分析产生误差的原因.

(3) 写出实验报告和自己的心得体会.

【可供仪器】

双踪数字示波器、多功能信号源、电阻、电容、电感、导线若干.

【预习问题】

(1) 查阅资料，整理 *RLC* 串联电路暂态特性、谐振特性及电容元件在生活生产中的应用.

(2) 设计实验方法测量给定电容的容值，说明测量方法依据的实验原理、实验步骤.

(3) 在实验中如何判断 *RLC* 串联电路发生了谐振? 为什么?

(4) *RLC* 串联电路谐振频率是否受电阻 R 的影响? 改变 C 是否影响谐振频率?

(5) 用示波器如何确定 *RLC* 串联电路谐振频率?

(6) 实验时有哪些应注意的事项?

【实验提示】

掌握半衰期、时间常数、谐振频率等概念及其实验测量方法.

4.7　光电池输出特性研究实验

光电池(photovoltaic cell)又名太阳能电池，是一种在光的照射下产生电动势的半导体元件，能够直接把太阳光转化成电. 光电池作为能源广泛应用在人造地球卫星、灯塔、无人气象站等领域.

【任务与要求】

(1) 设计研究光电池输出特性的电路图，给出实验方案与实验步骤.

(2) 测量光电池在不同光照下的输出特性曲线，并求出光电池的内阻.

(3) 依据实验数据拟合输出特性曲线，并写出实验总结报告.

【可供仪器】

光电池、光源、电阻箱、电流表、数字电压表、开关、导线等.

【预习问题】

(1) 为了减小系统误差，在测量中，电流表内阻及电压表内阻应满足什么关系?

(2) 实验中要保证光照度的稳定，应采取何种措施?

(3) 实验时有哪些应注意的事项?

【实验提示】

光电池也叫太阳能电池，是一种特殊的半导体二极管，能将可见光转化为直流电. 有的光电池还可以将红外线和紫外线转化为直流电. 因此,光电池的特点是能够把地球从太阳辐射中吸收的大量光能转化成电能，是一种在光的照射下产生电动势的半导体元件. 光电池的种类很多，常用的有硒光电池、硅光电池和硫化铊光电池、硫化银光电池等，主要用于仪表、自动化遥测和遥控方面. 有的光电池可以直接把太阳能转化为电能，这种光电池又叫太阳能电池. 太阳能电池作为能源广泛应用在人造地球卫星、灯塔、无人气象站等处.

任何电源都可以看作由电动势与内阻组成，它的输出特性即光电池端电压与输出电流之间的关系，由电动势、内阻及外部负载共同决定.

4.8　非线性系统混沌现象的观察

混沌运动是 1963 年由美国气象学家洛伦茨(E. Lorenz)在研究区域小气候，求解他所提出的模型方程时首先发现的. 混沌同步与控制现象广泛地应用于生物、医学、电子学和保密通信等领域，在物理实验教学中，可以借助非线性电路来模拟各种非线性动力系统的混沌现象，直观地观察到非线性动力系统随时间演化的规律.

【任务与要求】

(1) 用示波器观察 *RLC* 非线性电路的混沌现象，了解混沌产生的原因.

(2) 观察 *LC* 振荡器产生的正弦波与经过 *RC* 移相器移相的正弦波合成的相图(李萨如图)，观测振动周期发生的分岔及混沌现象.

(3) 记录观察到倍周期分岔现象、周期性窗口、单吸引子和双吸引子等相应状态的可调电阻的阻值.

(4) 依据实验现象归纳总结混沌的特点，写出实验总结报告.

【可供仪器】

双踪示波器/电源、非线性电阻(由双运放 TL082 与 6 个电阻构成)、可调电位器、电容、电感、接线板、导线若干等.

【预习问题】

(1) 通过查阅相关文献，了解什么叫非线性动力系统，以及混沌产生的原因和主要特征.

(2) 如何构成有源非线性电阻？它的伏安特性曲线具有什么特点？

(3) 什么叫倍周期分岔现象和奇怪吸引子(图 4.8.1)？

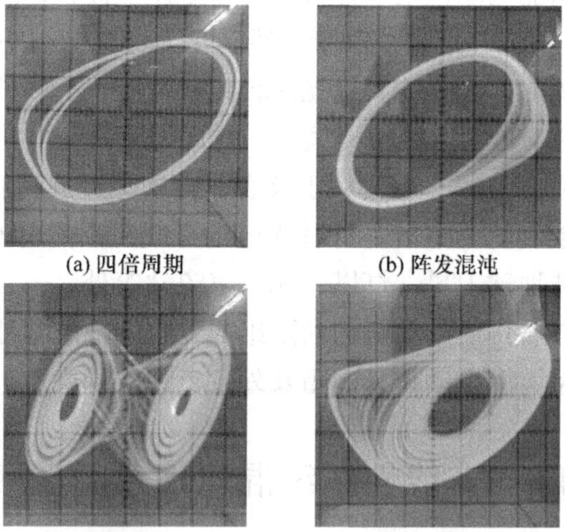

(a) 四倍周期　(b) 阵发混沌

(c) 双吸引子　(d) 奇怪吸引子

图 4.8.1　倍周期分岔和吸引子

(4) 依据文献画出实验 *RLC* 混沌电路，确定各元件的参数值并说明元件在电路中的作用(包含有源非线性负阻、*LC* 振荡器和 *RC* 移相器三部分).

【注意事项】

(1) 应用各种仪器前，仔细查阅有关说明书和使用方法.

(2) 使用双踪示波器要正确接线，注意两通道的接地点应该位于线路的同一点，否则会引起部分电路短路.

(3) 测量 *RLC* 串联特性改变频率时，注意随时调整输出幅度，要保证输出幅度的恒定.

【阅读资料】

无论是复杂系统，如气象系统、太阳系，还是简单系统，如钟摆、滴水龙头等，皆因存在着内在随机性而出现类似无轨但实际是非周期有序运动的现象，即混沌现象. 混沌的主要特征是“对初始条件的敏感依赖性”，意思是说，初始条件的微小差别在最后的现象中产生极大的差别，或者说，起初小的误差引起灾难性后果.

吸引子：系统的解最终收缩在一定区域内，该区域内无收点，系统只在区域内不停地振荡，振荡轨线形成的不变集合称为吸引子.

蝴蝶效应：蝴蝶效应即系统演化对初始条件的敏感性，在混沌出现的参数范围内，初始条件的一个微小误差在迭代过程中会不断地被放大，不但使迭代结果变得极为不同，而且最后随机地历经整个吸引子，由此使得系统的长期预测变得不可能.

4.9　显微镜与望远镜的组装

【任务与要求】

(1) 通过实验掌握望远镜和显微镜的基本原理，了解显微镜、望远镜的主要光学参数.

(2) 了解视觉放大率的概念并学习其测量方法.

(3) 设计放大率为 4 的开普勒望远镜，并对该望远系统放大率进行实际测量.

(4) 设计放大率为 4 的伽利略望远镜，并对该望远系统放大率进行实际测量.

(5) 设计一视放大率为 15 的显微镜，目镜焦距为 50mm，并实际测量该显微镜的视放大率.

【可供仪器】

透镜(40mm、200mm、150mm、−50mm、约 30mm 各一件)、半反半透镜、带小灯玻璃标尺(分格值 0.2mm)、标尺(分格值 5mm)、毫米标尺(分格值 1mm)、25×水准仪、平行光管、1×长工作距测量显微镜、视场仪、白炽灯、钢板尺、升降台、光学导轨、珀罗板、分辨率板、双筒军用望远镜、方孔架(被观察物).

【预习问题】

(1) 为什么用视放大率表示望远镜等目视光学仪器的放大作用？用同一台望远镜观测不同距离的物体时，其放大率是否会变化？

(2) 如何用实验方法使望远镜的物镜的像方焦点与目镜的物方焦点重合？

(3) 在设计某一显微镜时，其视放大率用公式 $\Gamma=\dfrac{Dy'}{f'_e y}=\dfrac{D\delta}{f'_e f'_o}$ 计算，但在实验中按设计参数组装系统时找不到清晰的像，为什么？

【实验报告要求】

(1) 根据实验要求，按照望远系统放大率的定义式、性质关系、结构特点，写出设计方案，并陈述实际测量步骤与结果，求出望远镜的放大率.

(2) 写出设计显微系统的实验方案及实际测量步骤与结果，求出显微系统的放大率.

【注意事项】

这组实验使用的仪器种类很多，实验对象大多为玻璃制品，容易碎裂，要特别注意爱护，轻拿轻放，切勿手摸镜面.

【阅读资料】

1. 显微镜原理

显微镜是用来观察近处微小物体细节的重要目视光学仪器. 它对被观察物进行了两次放大：第一次是通过物镜将被观察物成像放大于目镜的分划板上，在很靠近物镜焦点的位置上成倒立放大实像；第二次是经过目镜将第一次所成实像再次放大成虚像供眼睛观察，目镜的作用相当于一个放大镜. 原理如图 4.9.1 所示.

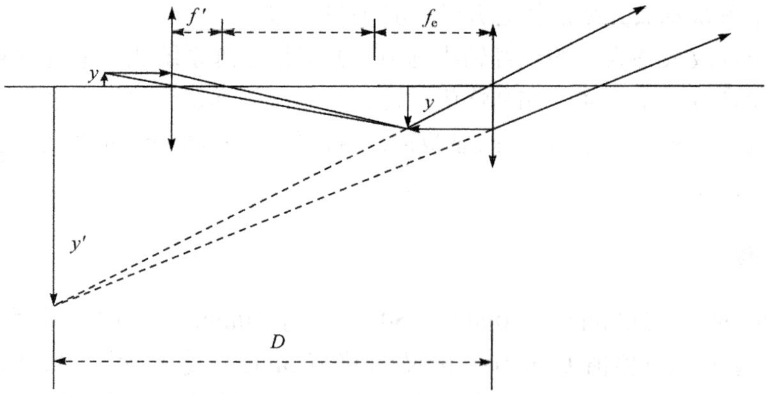

图 4.9.1　显微镜光路图

由于经过物镜和目镜的两次放大，显微镜总的放大率 Γ 应是物镜放大率 β 和目镜放大率 Γ_e 的乘积，即 $\Gamma=\dfrac{Dy'}{f_e'y}=-\beta\Gamma_e$，其中 $D=250\text{mm}$ 是明视距离.

2. 望远镜原理

望远镜是观察远距离物体的光学仪器. 其作用是使通过望远镜所看到的物体对眼睛的张角大于用眼睛直接观察物体的张角，从而产生放大的感觉，看清物体的细节，如图 4.9.2 所示.

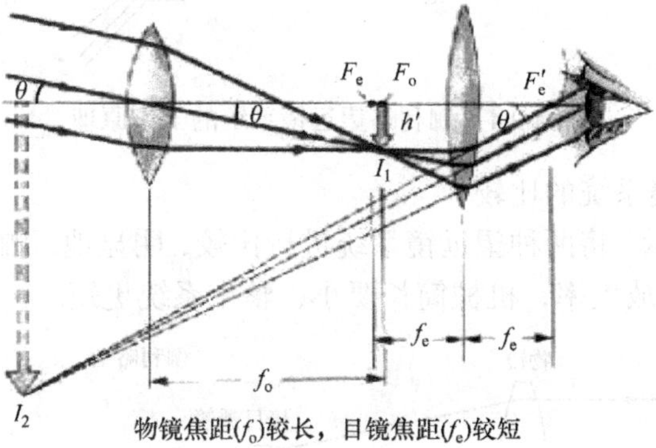

图 4.9.2　开普勒望远系统的工作原理

望远镜由物镜和目镜组成，物镜的像方焦点与目镜的物方焦点重合，因此平行光射入望远系统后，仍以平行光射出.

1) 开普勒望远镜

开普勒望远镜由两个凸透镜组成，物镜的像方焦点与目镜的物方焦点重合，如图 4.9.3 所示. 望远系统的垂轴放大率仅取决于望远系统的结构参数，与物距无关，即 $\Gamma=\dfrac{y}{y'}=-\dfrac{f_o'}{f_e'}$.

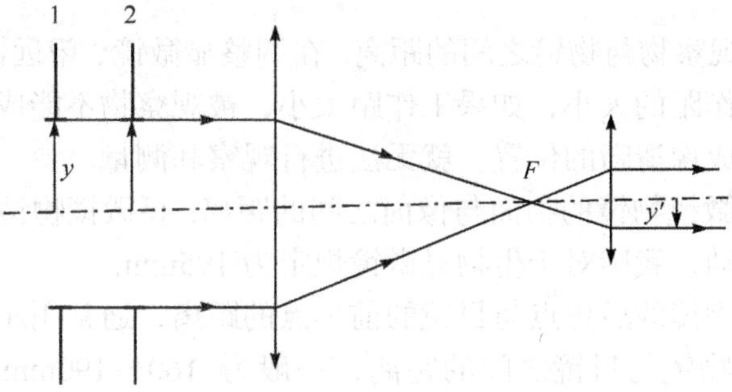

图 4.9.3　开普勒望远镜系统及其垂轴放大率

2) 伽利略望远镜

伽利略望远镜是由一个长焦距凸透镜和一个短焦距凹透镜组成的，物镜的像方焦点与目镜的物方焦点重合，其工作原理如图 4.9.4 所示.

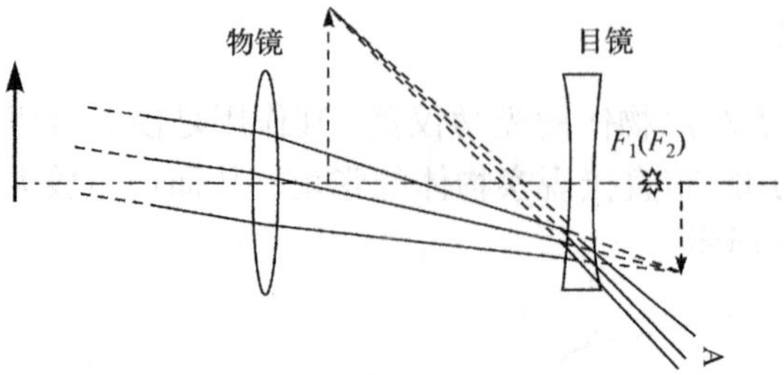

图 4.9.4　伽利略望远镜系统的工作原理

3) 两种望远镜系统的比较

如图 4.9.5 所示，将两种望远镜系统进行比较，明显地，伽利略望远镜的优点是：要达到同样的放大率，机械筒长要小，整个系统更短.

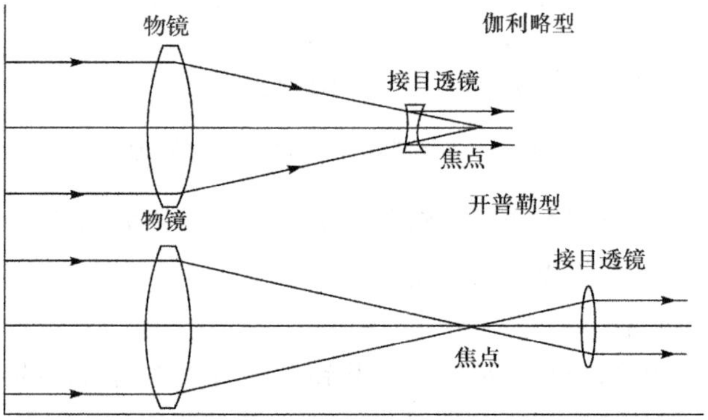

图 4.9.5　两种望远镜系统的比较

3. 与实验有关的几个重要概念

工作距：被观察物与物镜之间的距离. 在调整显微镜、望远镜寻找清晰像时，必须首先考虑工作距的大小，如果工作距太小，被观察物不能成像在分划板上，调整时将达不到成像清晰的位置，就无法进行观察和测量.

共轭距：显微镜物镜的物面与像面之间的距离. 显微镜物镜调焦后，要求像面不动，物面不动，我国对于生物显微镜规定为 195mm.

光学筒长：物镜的后焦点与目镜的前焦点的距离，通常用Δ表示.

机械筒长：物镜与目镜之间的距离，一般为 160～190mm，我国的标准为 160mm.

4.10　玻璃材料色散曲线的测定

在真空中，光以恒定的速度传播，而且速度与光的频率(波长)无关. 在通过任何物质时，光的速度均发生变化，并且不同频率的光波在同一物质中的传播速度不同. 光波在物质中的传播速度 $v=\dfrac{c}{n}$ (或折射率)随频率(波长 λ)而异的现象，称为色散($n=f(\lambda)$). 实验中光的色散指的是复色光分解为单色光的现象；复色光通过棱镜分解成单色光的现象；光纤中由光源光谱成分中不同波长的不同群速度所引起的光脉冲展宽的现象. 色散也是对光纤的一个传播参数与波长关系的描述. 牛顿在 1666 年最先利用三棱镜观察到光的色散，把白光分解为彩色光带(光谱). 色散现象说明光在介质中的速度 $v=\dfrac{c}{n}$ (或折射率 n)随光的频率 f 而变. 光的色散可以用三棱镜、衍射光栅、干涉仪等来实现. 光的色散证明了光具有波动性，通常用介质的折射率 n 或色散率 $\dfrac{dn}{d\lambda}$ 与波长 λ 的关系来描述色散规律. 任何介质的色散均可分为正常色散和反常色散两种.

介质的折射率 n 随波长 λ 的增加而减小的色散称为正常色散. 对于一般的不带颜色的透明材料而言，在可见光区域内，都表现为正常色散. 描述正常色散的公式是柯西(Cauchy)于 1836 年首先得到的

$$n=A+\frac{B}{\lambda^2}+\frac{C}{\lambda^4}$$

这是一个经验公式，式中，A、B 和 C 是由所研究的介质特性决定的常数. 对一种玻璃材料所作出的折射率和波长的关系曲线称为它的色散曲线. 本实验通过对光的色散特性的研究，绘出三棱镜的色散曲线，并求出该色散曲线的经验公式.

【任务与要求】

(1) 会用分光计观察光谱，测绘三棱镜的色散曲线，求出色散曲线的经验公式.

(2) 测量三棱镜的顶角 α .

(3) 测量各色谱线(汞灯，波长见表 4.10.1)的最小偏向角 $\delta_{\min}$.

表 4.10.1　汞灯光谱谱线波长值　(单位：nm)

颜色	橙	黄$_1$	黄$_2$	绿	绿蓝	蓝	蓝紫
波长	623.44	579.07	576.96	546.07	491.60	435.83	407.73

(4) 求汞灯各种光谱的折射率 n 及不确定度.

(5) 根据折射率 n 与波长 λ 作出玻璃材料的色散曲线 n-λ .

【可供仪器】

分光计、平面反射镜、三棱镜、汞灯及其光源等.

【预习问题】

(1) 依据光路分析，如何快而准确地用分光计找到棱镜光谱？试写出关键点.

(2) 排除分光计调整原因，为什么有同学无论将望远镜转动到任何位置都观察不到棱镜折射出来的光谱？试用所学光学知识分析.

(3) 用示意图标识出最小偏向角，并说明如何准确地找到最小偏向角的位置.

(4) 考虑到空气的折射率为 1.0003，实验所得的物质折射率将如何变化？

(5) 通过查阅参考文献，能否采用掠入射法测定固体薄膜或溶液的色散曲线？写出相应的实验条件和必要的实验步骤.

【实验报告要求】

(1) 阐明实验的研究意义、实验依据原理、设计测量方案和实验步骤.

(2) 自拟表格记录数据，并按照要求进行数据处理.

(3) 利用所测数据计算出汞灯各谱线的折射率，并用 Origin 作出玻璃材料的色散曲线 n-λ .

(4) 总结实验结论或心得体会.

4.11　低频全息光栅的制作

光栅是一种光学元件，其上有规则地配置着线、缝、槽或光学性质周期性变化的物质. 从广义角度讲，任何一种装置和结构，只要它能给入射光的振幅或相位，或者两者同时加上一个周期性的空间调制，都可以称之为光栅.

按照制造光栅的方法，光栅可分为刻划光栅、全息光栅.

刻划光栅通常是用精密的刻线机在玻璃或镀有金属膜的玻璃上刻出，它不仅需要昂贵的设备(刻线机)，对刻划条件要求很苛刻，而且很费时间.

1948 年，伽博发现了全息光学原理，随着 20 世纪 60 年代激光技术的发展，出现了用记录激光干涉条纹制作光栅的技术，发展了所谓的全息光栅. 国际上，在 1970 年就有全息光栅出售(法国 Jovin-Yvom 公司)；联邦德国在 1969 年制成了边长达 1m 的全息光栅，用于天文学研究方面. 我国也有一些单位在研制全息光栅，并有出售.

同刻划光栅比，全息光栅具有很多优点：不存在固有的周期误差，因而不存在罗兰鬼线；杂散光少；光栅的适用范围宽；分辨率高；有效孔径大；生产周期短. 全息光栅的上述特点使得它在生产和技术中得到了广泛的应用，它不仅适合于高分辨的发射、吸收和拉曼光谱分析，在光信息处理中得到广泛的应用，而且已用于激光器件中，作为波长选择元件. 全息光栅在集成光学和光通信方面作为光耦合元件将有着极大的应用潜力.

【任务与要求】

(1) 掌握制作全息光栅的原理和方法.

(2) 掌握制作全息光栅的常用光路和调整方法.

(3) 自行设计记录一个空间频率为 ν 满足要求的全息光栅要求出光路图，说明设计思路并对其进行特性测量.

(4) 利用排布好的光路，制作一块一维全息光栅，观察并分析实验结果.

【可供仪器】

光学平台(全息台)、He-Ne 激光器、定时器、快门、50%分束镜、平面镜、全息干板、像屏、底片夹、透镜、显定影用具等，见图 4.11.1.

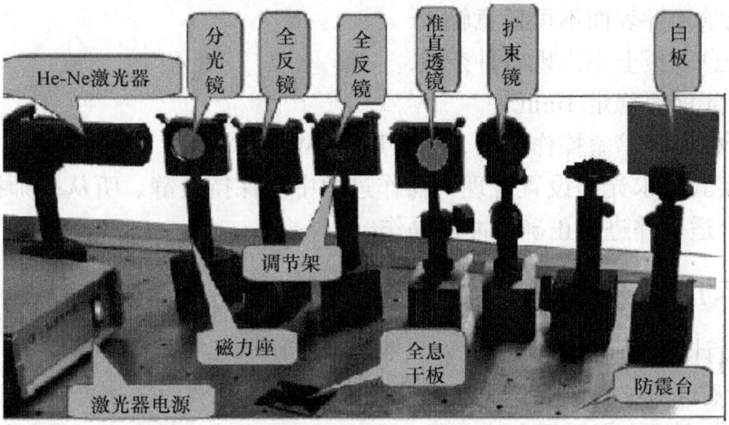

图 4.11.1　实验仪器

【预习问题】

(1) 光栅的主要参数是什么？光栅常数取决于哪些条件？

(2) 什么是一块质量好的光栅？

(3) 什么是空间相干性？在设计中怎样保证？

(4) 光路设计的原则是什么？好的光路应具备哪些要求？

(5) 什么是低频光栅？什么是高频光栅？制作时的难度有何不同？

(6) 为什么制作光栅的光路中常用平行光？产生平行光的方法是什么？倒置

望远镜的光路什么样？怎样调整？

(7) 光路调整的原则是什么？怎样保证各部件光轴与台面平行？怎样调整激光束与台面平行？

(8) 怎样估算两束光的夹角？

(9) 防震措施有哪些？

(10) 仔细研究分光计测量光栅常数的计算公式，式中的θ是哪个角？应怎样测量和计算？注意测量记录 0 级时的读数值.

【实验报告要求】

(1) 阐明实验的研究意义、实验依据原理，设计测量方案和实验步骤.

(2) 如何检测制作的光栅原理、方法、步骤及与设计值的误差分析.

(3) 实验讨论、分析和心得体会. 所制光栅须与报告一同交上.

【注意事项】

(1) 在任何情况下，不能使激光直接射入眼睛，注意安全.

(2) 按要求调整光路，正确使用磁力座.

(3) 光学元件表面不可任意触摸.

(4) 全息干板上不出现各种杂纹.

(5) 曝光前要稳定 1min.

(6) 严格遵守暗室操作规程，守秩序，不喧哗.

整个实验要求光路设置合理，操作过程中要保持安静、听从教师指挥. 曝光时间选择合适，并进行正确的冲洗操作.

【实验提示】

光路设计的原则：

(1) 所有光束必须出自同一台激光器.

(2) 充分利用全息防震台的面积 1.2m×0.8m，光路的排布应以方便操作为宜.

(3) 尽可能少用光学元件.

(4) 选取合适的路径，使相干光束达到等光程.

光路的排布：根据所设计的光路图，在防震台上排布光路. 请把光路排布中遇到的问题、解决的思路和办法写在实验报告中.

光路排布的原则：

(1) 各光学元件必须调到共轴，光束走向应相对于台面保持平行，以获得一致的偏振态，避免相干不完全.

(2) 根据要求的光栅空间频率，计算两束相干光的夹角，并按照计算值排布光路.

(3) 全息干板应与两光束对称放置.

(4) 选取合适的分束镜分束比及扩束镜倍数，以获得合适的光强比(光强比通常取 1∶1，以便获得较高的衍射效率).

(5) 所有夹持光学元件的支架必须保持稳定，不得有丝毫震动.

注意：

(1) 本实验使用天津 I 型银盐干板.

(2) 选取合适的曝光时间 t_E.

(3) 将银盐干板安装在干板架上，干板在干板架上被夹持应稳固不摇晃.

(4) 曝光前需静台 2min，曝光过程中应保证全息防震台稳定，室内空气平稳，无大的气流运动.

(5) 银盐干板应严格避光操作，待定影结束后才可见白光.

银盐干板的后处理：

对曝光后的干板进行化学处理，应严格按常规的暗室操作规则进行，具体处理步骤如下：

(1) 在 D-19 显影液中显影，温度 200℃，时间 2min 左右.

(2) 清水中轻涮一遍.

(3) 用 F-5 定影液定影，时间 5～10min.

(4) 流水冲洗 20min 以上.

(5) 自然晾干或吹干.

(6) 为了提高全息光栅的衍射效率，后处理过程可增加“漂白”过程，使全息光栅由振幅型转化为相位型，此过程可在(4)、(5)两步之间进行. 实验室提供的漂白液为铁氰化钾溶液.

一维光栅的特性测量：

测量全息光栅的空间频率：用几何光学或物理光学方法测出自制全息光栅的空间频率 ν，并与设计值 ν 比较.

4.12　用迈克耳孙干涉仪测透明介质折射率

【任务与要求】

(1) 熟练使用迈克耳孙干涉仪观察白光干涉条纹.

(2) 测定单色光波长、钠黄双线的波长差.

(3) 设计实验方案及实验步骤测试透明介质的折射率.

(4) 结果用不确定度表示并分析产生误差的原因.

【可供仪器】

迈克耳孙干涉仪、He-Ne 激光器、钠灯、扩束镜、白光光源、毛玻璃、千分尺、薄玻璃片.

【预习问题】

(1) 定域干涉与非定域干涉的区别是什么?

(2) 白光干涉条纹有什么特征?

(3) 白光照明时为什么且必须加补偿板?

【实验提示】

迈克耳孙干涉仪的结构，熟悉仪器上各个部件的作用及调节方法，掌握仪器调节和使用注意事项. 详见迈克耳孙干涉仪实验.

4.13　用 Multisim 软件仿真电学实验

Multisim 是由美国国家仪器公司(National Instruments)推出的一款用于仿真模拟、数字电路的性能优良的软件，它实现了对模拟、数字和模拟数字混合电路的仿真，为电子产品的项目设计、开发研制提供了更快捷、更便利的条件，提高了电路设计以及实验教学的效果.

【任务与要求】

(1) 用 Multisim 软件仿真 *RLC* 串联电路暂态过程. 记录电路元件值变化时对电路输出的影响.

(2) 查阅资料，设计一应用电路，用 Multisim 软件仿真，根据实验结果优化电路.

(3) 写出总结实验报告和自己的心得体会.

【可供仪器】

计算机、Multisim 软件.

【预习问题】

(1) 查阅资料，整理 *RLC* 串联电路稳态特性、谐振特性及电容元件在生活和生产中的应用.

(2) 查阅资料，设计应用电路，说明元件参数对电路性能的影响，以及优化的方法.

(3) 熟练应用 Multisim 软件.

【实验提示】

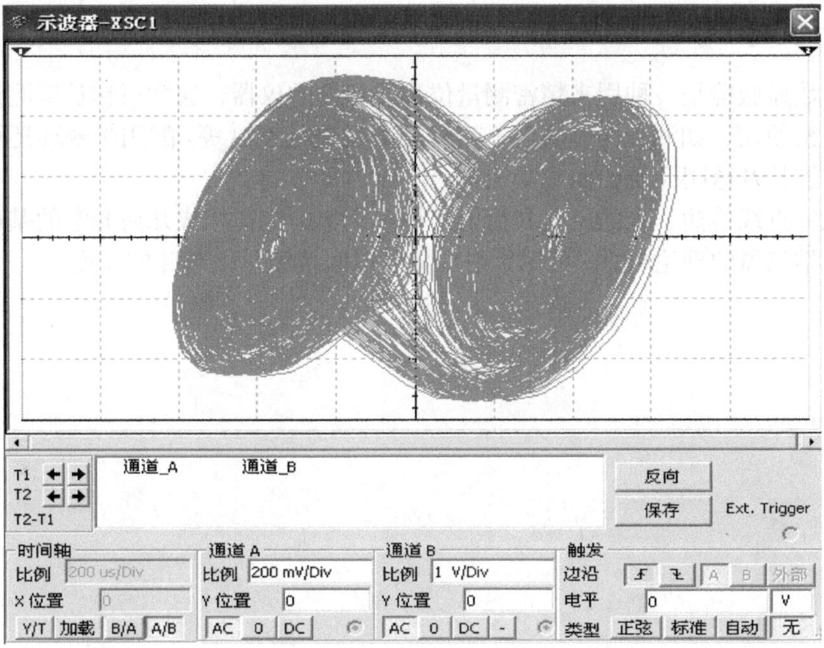

电路混沌模拟——双吸引子

4.14　用读数显微镜测玻璃的折射率

固体折射率与选购眼镜镜片：出于佩戴舒适和美观考虑，应选择折射率较高的镜片，折射率越高，清晰的视野越大. 佩戴高折射率的眼镜看物体更清楚，眼睛更舒服，故最优质的镜片为折射率高达 1.9 左右的水晶镜片. 利用折射率不同，可以鉴别矿物与宝石. 折射率在生物、化学分析领域也是很重要的一个参数.

【任务与要求】

(1) 要求用读数显微镜测量玻璃折射率，设计实验方案及实验步骤.

(2) 结果用不确定度表示并分析产生误差的原因.

(3) 写出实验总结报告.

【可供仪器】

玻璃砖、读数显微镜、游标卡尺、白纸.

【预习问题】

(1) 光在介质中传播遵循的定律是什么?

(2) 如何提高实验精度?

【实验提示】

读数显微镜是一种用来精密测量位移或长度的仪器，通常可作长度测量，也可作观察使用，如测孔距、直径、直线距离及刻线宽度等. 配用牛顿环还可以测定光的波长及透明介质的曲率半径等.

光的直线传播、光的反射和折射定律三个实验定律构成几何光学的基础，是各种光学仪器的理论根据. 利用折射现象可以间接测量玻璃砖的厚度.

附录　物理学常用数表

附表 1　国际单位制中的基本物理量

物理量名称	常用符号	单位名称	单位符号
长度	l	米	m
质量	m	千克	kg
时间	t	秒	s
电流	I	安培	A
热力学温度	T	开尔文	K
物质的量	n	摩尔	mol
发光强度	Iv	坎德拉	cd

注：(1) 米(长度单位). 1790 年 5 月由法国科学家组成的特别委员会，建议以通过巴黎的地球子午线全长的四千万分之一作为米的长度；1983 年 10 月在巴黎召开的第十七届国际计量大会："米是 1/299792458s 的时间间隔内光在真空中行程的长度."

(2) 千克(质量单位). 2018 年 11 月 26 日，第 26 届国际计量大会(CGPM)通过：de Brogile-Compton 频率等于 $\nu=c^2/h$ 的质量，$E=h\nu=mc^2$.

(3) 秒(时间单位). 1967 年第十三届国际计量大会："铯-133 原子基态的两个超精细能级之间跃迁所对应的辐射的 9192631770 个周期的持续时间."

(4) 安培(电流单位). 2018 年 11 月 26 日，第 26 届国际计量大会(CGPM)通过：每秒通过 n=1/e 个电子电荷的电流.

(5) 开尔文(热力学温度). 2018 年 11 月 26 日，第 26 届国际计量大会(CGPM)通过：热能改变 1.3806505e−23J 的热力学温度变化.

(6) 摩尔(物质的量). 2018 年 11 月 26 日，第 26 届国际计量大会(CGPM)通过：$1\text{mol}=6.02214076\times10^{23}/N_A$.

(7) 坎德拉(光强度单位). 1979 年第十六届国际计量大会："1cd 为一光源在给定方向上的发光强度，该光源发出频率为 540×10^{12} Hz 的单色辐射，且在此方向上的辐射强度为 $\frac{1}{683}$ W/sr(瓦/球面度)."

附表 2　常用单位(导出单位)

物理量名称	单位名称	单位符号	用 SI 基本单位表示
频率	赫[兹]	Hz	s^{-1}
力	牛[顿]	N	$m\cdot kg\cdot s^{-2}$
压强	帕[斯卡]	Pa	$m^{-1}\cdot kg\cdot s^{-2}$
功率	瓦[特]	W	$m^2\cdot kg\cdot s^{-3}$
能量	焦[耳]	J	$m^2\cdot kg\cdot s^{-2}$
电荷量	库[仑]	C	$s\cdot A$

续表

物理量名称	单位名称	单位符号	用 SI 基本单位表示
电压	伏[特]	V	$m^2 \cdot kg \cdot s^{-3} \cdot A^{-1}$
电容	法[拉]	F	$m^{-2} \cdot kg^{-1} \cdot s^4 \cdot A^2$
电阻	欧[姆]	Ω	$m^2 \cdot kg \cdot s^{-3} \cdot A^{-2}$
电导	西[门子]	S	$m^{-2} \cdot kg^{-1} \cdot s^3 \cdot A^2$
磁通量	韦[伯]	Wb	$m^2 \cdot kg \cdot s^{-2} \cdot A^{-1}$
磁感应强度	特[斯拉]	T	$kg \cdot s^{-2} \cdot A^{-1}$
电感	亨[利]	H	$m^2 \cdot kg \cdot s^{-2} \cdot A^{-2}$
光通量	流[明]	lm	$cd \cdot sr$
光照度	勒[克斯]	lx	$m^{-2} \cdot cd \cdot sr$
吸收剂量	戈[瑞]	Gy	$m^2 \cdot s^{-2}$
剂量当量	希[沃特]	Sv	$m^2 \cdot s^{-2}$
放射性活度	贝可[勒尔]	Bq	s^{-1}

附表 3　常用词头

所表示的因数	词头名称	词头符号	所表示的因数	词头名称	词头符号
10^{24}	尧[它]	Y	10^{-1}	分	d
10^{21}	泽[它]	Z	10^{-2}	厘	c
10^{18}	艾[可萨]	E	10^{-3}	毫	m
10^{15}	拍[它]	P	10^{-6}	微	μ
10^{12}	太[拉]	T	10^{-9}	纳[诺]	n
10^{9}	吉[咖]	G	10^{-12}	皮[可]	p
10^{6}	兆	M	10^{-15}	飞[母托]	f
10^{3}	千	k	10^{-18}	阿[托]	a
10^{2}	百	h	10^{-21}	仄[普托]	z
10^{1}	十	da	10^{-24}	幺[科托]	y

附表 4　基本物理常数

名称	符号、数值和单位
真空中的光速	c=2.99792458×10^8m/s
元电荷	e=1.60217653×10^{-19}C
普朗克常量	h=6.6260693×10^{-34}J · s
阿伏伽德罗常量	N_0=6.02214076×10^{23}mol^{-1}
原子质量单位	u=1.66053886×10^{-27}kg
电子质量	m_e=9.1093826×10^{-31}kg
中子质量	m_n=1.67492728×10^{-27}kg
质子质量	m_p=1.67262171×10^{-27}kg
里德伯常量	R_H=1.0973731×10^7m^{-1}
普适气体常量	R=8.314472 J/(mol · K)
玻尔兹曼常量	k=1.3806505×10^{-23}J/K
万有引力常量	G=6.67242×10^{-11}N · m^2/kg^2

续表

名称	符号、数值和单位
标准大气压	P_0=101325Pa
冰点的热力学温度	T_0=273.15K
声音在空气中的速度(标准状态下)	v = 331.46m/s
干燥空气的密度(标准状态下)	$\rho_{空气}$=1.293kg/m^3
水银的密度(标准状态下)	$\rho_{水银}$=13595.04kg/m^3
理想气体的摩尔体积(标准状态下)	V_m=22.41383×10^{-3}m^3/mol
真空介电常数(电容率)	ε_0=8.8541878×10^{-12}C/(N · m^2)
真空磁导率	μ_0=12.56637×10^{-7}N/A^2
钠光谱中黄线的波长	D=589.3×10^{-9}m
镉光谱中红线的波长(15℃，101325Pa)	λ_{cd}=643.84696×10^{-9}m

附表 5 20℃时固体和液体的密度

物质	密度ρ/(kg/m^3)	物质	密度ρ/(kg/m^3)
铝	2698.9	钢	7600～7900
铜	8960	石英	2500～2800
铁	7874	水晶玻璃	2900～3000
银	10500	乙醇	789.4
金	19320	乙醚	714
钨	19300	汽车用汽油	710～720
铂	21450	氟利昂-12	1329
铅	11350	(氟氯烷-12)	
锡	7298	变压器油	840～890
水银	13546.2	甘油	1260

附表 6 标准大气压下不同温度时水的密度

温度 t/℃	密度ρ/(kg/m^3)	温度 t/℃	密度ρ/(kg/m^3)	温度 t/℃	密度ρ/(kg/m^3)
0	999.841	16	998.943	32	995.025
1	999.900	17	998.774	33	994.702
2	999.941	18	998.595	34	994.371
3	999.965	19	998.405	35	994.031
4	999.973	20	998.203	36	993.68
5	999.965	21	997.992	37	993.33
6	999.941	22	997.770	38	992.96
7	999.902	23	997.538	39	992.59
8	999.849	24	997.296	40	992.21
9	999.781	25	997.044	50	988.04
10	999.700	26	996.783	60	983.21
11	999.605	27	996.512	70	977.78
12	999.498	28	996.232	80	971.80
13	999.377	29	995.944	90	965.31
14	999.244	30	995.646	100	958.35
15	999.099	31	995.340		

附表 7　海平面上不同纬度处的重力加速度

纬度 ϕ/(°)	g/(m/s^2)	纬度 ϕ/(°)	g/(m/s^2)
0	9.78049	50	9.81079
5	9.78088	55	9.81515
10	9.78204	60	9.81924
15	9.78394	65	9.82294
20	9.78652	70	9.82614
25	9.78969	75	9.82873
30	9.78338	80	9.83065
35	9.79746	85	9.83182
40	9.80180	90	9.83221
45	9.80629		

注：表中所列数值是根据公式 g=9.78049(1+0.005288sin$^2\phi$–0.000006sin$^2\phi$)算出的，其中ϕ为纬度.

附表 8　固体的线膨胀系数

物质	温度或温度范围/℃	α/(×10^{-6}℃$^{-1}$)
铝	0～100	23.8
铜	0～100	17.1
铁	0～100	12.2
金	0～100	14.3
银	0～100	19.6
钢(0.05%碳)	0～100	12.0
康铜	0～100	15.2
铅	0～100	29.2
锌	0～100	32
铂	0～100	9.1
钨	0～100	4.5
石英玻璃	20～200	0.56
窗玻璃	20～200	9.5
花岗石	20	6～9
瓷器	20～700	3.4～4.1

附表 9　20℃时常见金属的杨氏模量

金属	杨氏模量 Y/(×10^{9}N/m^2)	金属	杨氏模量 Y/(×10^{9}N/m^2)
铝	69～70	锌	78
钨	407	镍	210
铁	186～206	铬	235～245
铜	103～127	合金钢	206～216
金	77	碳钢	196～206
银	69～80	康铜	160

注：杨氏模量的值与材料的结构、化学成分及其加工制造方法有关，某些情况下，其值可能与表中所列的平均值不同.

附表 10　20℃时与空气接触液体的表面张力系数

液体	$\sigma/(\times10^{-3}N/m)$	液体	$\sigma/(\times10^{-3}N/m)$
石油	30	甘油	63
煤油	24	水银	513
松节油	28.8	蓖麻油	36.4
水	72.75	乙醇	22.0
肥皂溶液	40	乙醇(60℃)	18.4
氟利昂-12	9.0	乙醇(0℃)	24.1

附表 11　不同温度下与空气接触水的表面张力系数

温度/℃	$\sigma/(\times10^{-3}N/m)$	温度/℃	$\sigma/(\times10^{-3}N/m)$	温度/℃	$\sigma/(\times10^{-3}N/m)$
0	75.62	16	73.34	30	71.15
5	74.90	17	73.20	40	69.55
6	74.76	18	73.05	50	67.90
8	74.48	19	72.89	60	66.17
10	74.20	20	72.75	70	64.41
11	74.07	21	72.60	80	62.60
12	73.92	22	72.44	90	60.74
13	73.78	23	72.28	100	58.84
14	73.64	24	72.12		
15	73.48	25	71.96		

附表 12　不同温度时水的黏滞系数

温度/℃	$\eta/(\times10^{-6}Pa\cdot s)$	温度/℃	$\eta/(\times10^{-6}Pa\cdot s)$
0	1787.8	60	469.7
10	1305.3	70	406.0
20	1004.2	80	355.0
30	801.2	90	314.8
40	653.1	100	282.5
50	549.2		

附表 13　某些液体的黏滞系数

液体	温度/℃	$\eta/(\times10^{-6}Pa\cdot s)$	液体	温度/℃	$\eta/(\times10^{-6}Pa\cdot s)$
汽油	0	1788		20	243
	18	530	变压器	20	19800
甲醇	0	817	蓖麻油	10	2.42×10^6
	20	584	葵花子油	20	50000
乙醇	–20	2780	甘油	–20	134×10^6
	0	1780		0	12.1×10^6
	20	1190		20	1.499×10^6
乙醚	0	296		100	12945

续表

液体	温度/℃	$\eta/(\times10^{-6}Pa \cdot s)$	液体	温度/℃	$\eta/(\times10^{-6}Pa \cdot s)$
蜂蜜	20	6.5×10^6	水银	−20	1855
	80	0.1×10^6		0	1685
鱼肝油	20	45600		20	1554
	80	4600		100	1224

附表 14　不同温度时干燥空气中的声速　(单位：m/s)

温度/℃	0	1	2	3	4	5	6	7	8	9
60	366.05	366.60	367.14	367.69	368.24	368.78	369.33	369.87	370.42	370.96
50	360.51	361.07	361.62	362.18	362.74	363.29	363.84	364.39	364.95	365.50
40	354.89	355.46	356.02	356.58	357.15	357.71	358.27	358.83	359.39	359.95
30	349.18	349.75	350.33	350.90	351.47	352.04	352.62	353.19	353.75	354.32
20	343.37	343.95	344.54	345.12	345.70	346.29	346.87	347.44	348.02	348.60
10	337.46	338.06	338.65	339.25	339.84	340.43	341.02	341.61	342.20	342.58
0	331.45	332.06	332.66	333.27	333.87	334.47	335.07	335.67	336.27	336.87
−10	325.33	324.71	324.09	323.47	322.84	322.22	321.60	320.97	320.34	319.52
−20	319.09	318.45	317.82	317.19	316.55	315.92	315.28	314.64	314.00	313.36
−30	312.72	312.08	311.43	310.78	310.14	309.49	308.84	308.19	307.53	306.88
−40	306.22	305.56	304.91	304.25	303.58	302.92	302.26	301.59	300.92	300.25
−50	299.58	298.91	298.24	397.56	296.89	296.21	295.53	294.85	294.16	293.48
−60	292.79	292.11	291.42	290.73	290.03	289.34	288.64	287.95	287.25	286.55
−70	285.84	285.14	284.43	283.73	283.02	282.30	281.59	280.88	280.16	279.44
−80	278.72	278.00	277.27	276.55	275.82	275.09	274.36	273.62	272.89	272.15
−90	271.41	270.67	269.92	269.18	268.43	267.68	266.93	266.17	265.42	264.66

附表 15　固体导热系数

物质	温度/K	$\lambda/(\times10^2W/(m \cdot K))$	物质	温度/K	$\lambda/(\times10^2W/(m \cdot K))$
银	273	4.18	康铜	273	0.22
铝	273	2.38	不锈钢	273	0.14
金	273	3.11	镍铬合金	273	0.11
铜	273	4.0	软木	273	0.3×10^{-3}
铁	273	0.82	橡胶	298	1.6×10^{-3}
黄铜	273	1.2	玻璃纤维	323	0.4×10^{-3}

附表 16　某些固体的比热容

固体	比热容/(J/(kg · K))	固体	比热容/(J/(kg · K))
铝	908	铁	460
黄铜	389	钢	450
铜	385	玻璃	670
康铜	420	冰	2090

附表 17 某些液体的比热容

液体	温度/℃	比热容/(J/(kg · K))	液体	温度/℃	比热容/(J/(kg · K))
乙醇	0 20	2300 2470	水银	0 20	146.5 139.3

附表 18 不同温度时水的比热容

温度/℃	0	5	10	15	20	25	30	40	50	60	70	80	90	99
比热容/(J/(kg · K))	4217	4202	4192	4186	4182	4179	4178	4178	4180	4184	4189	4196	4205	4215

附表 19 某些金属和合金的电阻率及其温度系数

金属或合金	电阻率/($\times10^{-6}\Omega\cdot m$)	温度系数/$℃^{-1}$	金属或合金	电阻率/($\times10^{-6}\Omega\cdot m$)	温度系数/$℃^{-1}$
铝	0.028	42×10^{-4}	锌	0.059	42×10^{-4}
铜	0.0172	43×10^{-4}	锡	0.12	44×10^{-4}
银	0.016	40×10^{-4}	水银	0.958	10×10^{-4}
金	0.024	40×10^{-4}	武德合金	0.52	37×10^{-4}
铁	0.098	60×10^{-4}	钢(0.10%~0.15%碳)	0.10～0.14	6×10^{-3}
铅	0.205	37×10^{-4}	康铜	0.47～0.51	$(-0.04\sim0.01)\times10^{-3}$
铂	0.105	39×10^{-4}	铜锰镍合金	0.34～1.00	$(-0.03\sim0.02)\times10^{-3}$
钨	0.055	48×10^{-4}	镍铬合金	0.98～1.10	$(0.03\sim0.4)\times10^{-3}$

注：电阻率与金属中的杂质有关，表中给出的只是20℃时电阻率的平均值.

附表 20 常温下某些物质相对于空气的折射率

物质	H_α线(656.3nm)	D 线(589.3nm)	H_β线(486.1nm)
水(18℃)	1.3314	1.3332	1.3373
乙醇(18℃)	1.3609	1.3625	1.3665
二硫化碳(18℃)	1.6199	1.6291	1.6541
冕玻璃(轻)	1.5127	1.5153	1.5214
冕玻璃(重)	1.6126	1.6152	1.6213
燧石玻璃(轻)	1.6038	1.6085	1.6200
燧石玻璃(重)	1.7434	1.7515	1.7723
方解石(寻常光)	1.6545	1.6585	1.6679
方解石(非常光)	1.4846	1.4864	1.4908
水晶(寻常光)	1.5418	1.5442	1.5496
水晶(非常光)	1.5509	1.5533	1.5589

附表 21　常用光源的谱线波长　　(单位：nm)

序号	光源谱线	λ_1	λ_2	λ_3	λ_4	λ_5	λ_6	λ_7	λ_8	λ_9
一	H(氢)	656.28	486.13	434.05	410.17	397.01				
		红	绿蓝	蓝	蓝紫	蓝紫				
二	He(氦)	706.52	667.82	587.56	501.57	492.19	471.31	447.15	402.62	388.87
		红	红	(D_3)黄	绿	绿蓝	蓝	蓝	蓝紫	蓝紫
三	Ne(氖)	650.65	640.23	638.30	626.25	621.73	614.31	588.19	585.25	
		红	橙	橙	橙	橙	橙	黄	黄	
四	Na(钠)	589.592	588.995							
		(D_1)黄	(D_2)黄							
五	Hg(汞)	623.44	579.07	576.96	546.07	491.60	435.83	407.78	404.66	
		橙	黄	黄	绿	绿蓝	蓝	蓝紫	蓝紫	
六	He-Ne激光	632.8								
		橙								

附表 22　不同金属或合金与铂(化学纯)构成热电偶的热电动势(热端在 100℃，冷端在 0℃时)

金属或合金	热电动势/mV	连续使用温度/℃	短时使用最高温度/℃
95%Ni＋5%(Al,Si,Mn)	−1.38	1000	1250
钨	+0.79	2000	2500
手工制造的铁	+1.87	600	800
康铜(60%Cu＋40%Ni)	−3.50	600	800
56%Cu＋44%Ni	−4.00	600	800
制导线用铜	+0.75	350	500
镍	−1.50	1000	1100
80%Ni＋20%Cr	+2.50	1000	1100
90%Ni＋10%Cr	+2.71	1000	1250
90%Pt＋10%Ir	+1.30	1000	1200
90%Pt＋10%Rh	+0.64	1300	1600
银	+0.72	600	700

注：(1) 表中的"+"或"−"表示该电极与铂组成热电偶时其热电动势是正或负．当热电动势为正时，在处于0℃的热电偶一端电流由金属(或合金)流向铂．

(2) 为了确定用表中所列任何两种材料构成的热电偶的热电动势，应当取这两种材料的热电动势的差值．例如，铜-康铜热电偶的热电动势等于+0.75−(−3.50)=4.25(mV).

附表 23　几种标准温差电偶

名称	分度号	100℃时的电动势/mV	使用温度范围/℃
铜-康铜(Cu55Ni45)	CK	4.260	−200～400
镍铬(Cr9～10Si0.4Ni90)-康铜(Cu56～57Ni43～44)	EA-2	6.950	−200[illegible]
镍铬(Cr9～10Si0.4Ni90)-镍硅(Si2.5～3Co<0.6Ni97)	EV-2	4.100	[illegible]
铂铑(Pt90Rh10)-铂	LB-3	0.643	[illegible]
铂铑(Pt70Rh30)-铂铑(Pt94Rh6)	LL-2	[illegible]	[illegible]